미국장로교(PCA) 목사이자 개혁주의 신학자인 스프라울은 리폼드신학교에서 교수했으며, 일반 성도를 위해 피츠버그에 리고니어 미니스트리(Ligonier Ministries)를 설립했고, 많은 나라에 라디오로 복음 사역을 펼쳤다. 스프라울은 후천년설에 입각한 휫필드신학교에서 박사 학위(2001)를 취득했는데, 그가 신학적으로 많이 의존하는 케네스 젠트리와 그의 제자 키이스 메시슨도 이 신학교를 졸업했다. 스프라울 박사는 칼빈주의에 충실한 학자로서 왕성한 집필 활동을 했으며, 20세기에 개혁 신학을 발전시킨 주요 인물이다.

이 책에서 스프라울은 자신의 종말론을 정립하기 위해, 예수님의 감람산 강화를 "부분적 과거종말론"이라고도 부르는 "온건한 과거종말론"으로 이해하고 있다. 그는 감람산 강화에서 두 가지 주제를 찾는데, 승천하신 예수님의 하나의 파루시아인 예루살렘 성전의 파괴와 마지막 파루시아로 세상 역사가 완성될 것이 바로 그것이다. 스프라울은 예수님이 유대인의 종말과 세상의 종말에 대해 가르치신 바를 감람산 강화의 사상의 흐름과 구속사를 고려하여 살피는 데 주의를 기울인다. 그는 현대 주석가들과 종말론을 연구하는 교리학자들이 간과하기 쉬운 주후 70년 사건의 구속사적 중요성을 파악하는데, 이런 관심은 톰 라이트와 유사하다. 하지만 마태복음 24장의 감람산 강화의 후반부에서 예수님의 재림을 찾는 스프라울과 달리, 톰 라이트는 복음서에서 예수님의 최종 재림에 대한 구절을 찾을 수 없다고 본다. 스프라울은 예루살렘 성전의 파괴와 더불어 구속사가 모두 성취되었다고 주장하는 "완전 과거종말론"을 단호하게 거부한다.

스프라울은 요한계시록의 이른 연대를 지지하면서, 감람산 강화와 계시록의 종말론적 강조점이 일치한다고 주장하고 있다. 그리고 데살로니가후서 2장의 "불법의 사람"과 요한서신의 "적그리스도"를 미래의 종말이 아니라 주후 1세기 맥락에서 이해한다. 대부분의 부분적 과거주의자들에게서 쉽게 볼 수 있듯이, 스프라울 역시 후천년설, 즉 승리의 종말론을 견지하므로, 그의 글과 강연에는 예수 그리스도의 왕적 통치와 십자가와 부활의 소망과 능력이 잘 드러나 있다.

이 책에서 스프라울은 유대-로마전쟁에 대해 중요한 정보를 제공하는 요세푸스, 개혁주의 주석가 장 칼뱅, 철저 완전 과거론자인 제임스 스튜어트 러셀, 바울신학에 통찰력을 제공하는 헤르만 리덜보스, 신율주의와 과거론에 대해 정보를 제공하는 게리 드마, 요한계시록의 부분적 과거론적 주석을 쓴 데이비드 칠턴, 그리고 무엇보다 요한계시록의 이른 연대를 탁월하게 밝힌 케네스 젠트리를 대화의 주요 파트너로 삼는다.

모든 신학의 어머니와 같은 종말론을 바르게 정립할 때, 그리스도인은 세계관과 인생관을 올바로 수립할 수 있으며, 더 나아가 세상 속에서 하나님 나라를 역동적으로 건설하는 데 충성할 수 있을 것이다. 이 책은 한국교회에 똬리를 틀고 있는 불건전한 미래적 종말론과 비관주의적 세계관에 대한 해독제가 될 것이다. 설령 독자들이 스프라울과 다른 종말론을 견지하고 있더라도, 탄탄한 성경 주해와 구원계시사적 해석에 근거한 균형 잡힌 성경적 종말론의 진수를 이 책을 통해 맛보기를 바란다.

송영목 고신대학교 신학과 신약학 교수

로버트 스프라울(Robert C. Sproul, 1939-2017)은 성경의 영감과 권위에 대한 확고한 신념 위에서 개혁신학과 신앙의 다양한 주제들에 관련된 수많은 저술들을 출간하여 심원한 영향을 끼쳐 온 개혁주의자다. 국내에도 이미 수십 권의 책들이 역간되어 많은 독자들의 사랑을 받고 있다. 그의 장점은 어려운 신학적 주제라 하더라도 일반 대중이 알아들을 수 있는 수준으로 간단명료하게 설명한다는 것이다. 존 거스트너나 G. C. 베르까우어 등과 공부했고 전도 유명한 신학자였지만, 그는 신학자로서의 명성을 추구하기보다는 일반 신자들에게 개혁주의 신학과 신앙을 해설하고 소개함으로 교회를 세우고자 했다. 그의 『웨스트민스터 신앙고백 해설 1-3』을 공역한 바 있는 나는 이러한 장점을 잘 알기에, 예정이나 자유의지 같은 어려운 문제들을 포함하여 난제들에 대한 질문을 받을 때마다 그의 저술들을 우선적으로 읽어 볼 것을 권한다.

이번에 새로이 출간되는 『예수의 종말론』은 스프라울의 저술 중 특이한(unique) 책이라는 생각을 지울 수 없다. 그는 감람산의 종말론 강화를 비롯하여, 바울과 요한계시록의 메시지에 주목하며 종말론적인 주제들을 검토하되, 완전 과거 종말론(full preterism)을 주장하는 존 스튜어트 러셀(1816-1895)의 견해를 많이 소개한다. 물론 스프라울이 지지하는 입장은 부분적 과거 종말론(partial preterism)임이 독서 과정에서 두드러질 것이다. 전자의 입장에 따르면 예루살렘 멸망 사건에서 종말의 주요 사건들이 성취되는 것으로 이해되지만, 후자의 입장에 따르면 예루살렘 멸망 사건의 중요성을 강조하면서도 미래에 성취될 부활, 심판, 재림 등에 대한 기대를 확고히 말할 수 있게 된다.

칼뱅이나 화란개혁주의자들이 대변하는 무천년설의 입장에 굳건히 서서 개혁주의 종말론을 가르치고 있는 나 자신이나 다른 천년기 입장을 가진 독자들에게 이 책은 생경하거나 불편하게 느껴질 것이다. 그러나 스프라울은 '오직 성경으로'라는 개혁주의 모토에 충실한 신학자로서 종말에 대한 본문들을 설명하고자 한다. 독자들의 판단은 각각 다르겠으나, 이 책을 읽음으로써 종말론 이해에 유익을 더할 수 있을 것이다. 개혁주의 신학을 추구하는 독자들에게 주의 깊은 독서를 권한다.

이상웅 총신대학교신학대학원 조직신학 교수

예수의 종말론

예수의 종말론

R. C. 스프라울 지음

김정식   옮김

좋은씨앗

예수의 종말론

초판　　1쇄 발행 | 2003년 5월 20일
개정1판 1쇄 발행 | 2004년 9월 15일
개정2판 1쇄 발행 | 2019년 5월 7일

지은이 | R. C. 스프라울
옮긴이 | 김정식
펴낸이 | 신은철
펴낸곳 | 좋은씨앗
출판등록 제4-385호(1999. 12. 21)
주소 | (06753) 서울시 서초구 바우뫼로 156(양재동, MJ빌딩) 402호
주문전화 | (02) 2057-3041 주문팩스 | (02) 2057-3042
이메일 | good-seed21@hanmail.net
페이스북 | www.facebook.com/goodseedbook

ISBN 978-89-5874-317-0 03230

The Last Days according to Jesus
Copyright ⓒ 1998 by R. C. Sproul
Published by the permission of Baker Books,
a division of Baker Book House Company, Grand Rapids, Michigan, U.S.A.

This Korean translation edition ⓒ 2003 by Good Seed Publishing, Seoul, Republic of Korea.

This edition published by arrangement with The Baker Books,
a division of Baker Book House Company, through rMaeng2, Seoul, Republic of Korea.
All rights reserved.

이 한국어판의 저작권은 알맹2 에이전시를 통해 Baker Book House와 독점 계약한 도서출판 좋은씨앗에 있습니다. 신저작권법에 의하여 한국 내에서 보호받는 저작물이므로 무단전재와 무단복제를 금합니다.

종말에 관해 궁금한 9가지 질문과 대답

차례

서론   13

1장   예수님은 감람산에서 무슨 말씀을 하셨는가?   43
2장   말세의 징조를 알리는 '이 세대'는 무엇인가?   75
3장   끝나게 될 '세대'는 무엇을 가리키는가?   107
4장   바울은 말세에 대해 무슨 말을 했는가?   139
5장   예루살렘의 멸망은 무엇을 말하는가?   169
6장   요한은 계시록에서 말세에 대해 무슨 말을 했는가?   195
7장   부활은 언제 이루어지는가?   229
8장   적그리스도는 누구인가?   263
9장   천년왕국은 언제 실현되는가?   293

부록 1   마태복음의 감람산 강화   313
부록 2   공관복음의 감람산 강화 비교   321
미주   330

0

서론

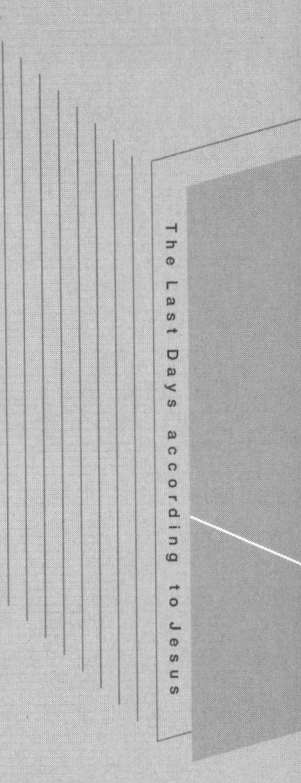

이 동네에서 너희를 박해하거든 저 동네로 피하라
내가 진실로 너희에게 이르노니
이스라엘의 모든 동네를 다 다니지 못하여서
인자가 오리라.

마태복음 10:23

"예수 그리스도는 거짓 선지자였다!" 누구든지 그리스도에 대한 견해를 이런 식으로 표명한다면, 그것은 도를 넘어 다시는 용서받을 수 없는 최악의 불경죄를 저지르는 것과 같다. 이런 말은 저주받은 무리가 살고 있는 저 깊은 나락에서나 나올 만한 말이다.

그리스도의 완전한 신성을 인정하기 주저하는 많은 사람들조차 그분의 이름에 '선지자'라는 경칭을 붙임으로써 빠져나갈 구멍을 마련한다. 아무리 그리스도를 믿지 않는다 해도 감히 그분에게 '거짓 선지자'라는 돼먹지 않은 호칭을 붙일 만큼 용감한 사람은 거의 없을 것이다. 이스라엘에서는 어떤 사람이 거짓 선지자라고 불린다면, 그것은 곧 돌에 맞아 죽는 것을 의미한다. 이스라엘 사회에서 거짓 선지자를 하나의 재앙으로 여겼던 이유는 그가 하나님의 진리라는 황금에 불순물을 섞어서 진짜를 가짜로, 진실을 거짓으로 바꾸고 때로는 하나님의 백성들을 치명적으로 오도(誤導)했기 때문이다.

이스라엘에서는 어떤 선지자가 예언한 내용이 실제로 일어나지 않으면, 그를 거짓 선지자로 판정했다. 이런 엄격한 판단 기준이 있어서 사람들은 하나님 말씀의 권위를 내세워 자신의 그릇된 주장을 재가받으려는 몽상가들을 밝혀낼 수 있었다. 하나님은 때때로 거짓 정보를 유포하는 자들의 동조자, 실로 유해한 거짓말의 원천이 되었다. 그들은 자신의 주장을 펼칠 때 "주께서 말씀하시기를"이라는 말로 시작하여 인간의 견해에 지나지 않는 것에 신적 영감을 덧붙이며, 영감을 받지 않은 인간으로서는 얻을 수 없는 무오성을 주장하려고 했다.

정신이 올바로 박힌 사람이라면, 예수님에 대해 거짓 선지자라는 말을 함부로 내뱉지 않을 것이다. 그런 비방은 심각한 결과를 불러올 수 있기 때문이다. 아주 무모하거나 확신에 찬 비평가가 아니라면, 감히 이런 모험을 감행하지 않을 것이다. 그런데 버트런드 러셀(Bertrand Russell)이 바로 그런 모험을 감행했다. 러셀은 세계적인 철학자, 수학자로 명성을 떨친 인물이며, 많은 업적을 인정받아 영국 왕실로부터 귀족 작위를 받았다. 또한 전쟁, 특히 핵전쟁에 대한 반전주의자로 뉴스에 자주 오르내렸다. 당시 지도층 지식인의 한 사람으로 칭송받았던 러셀은 지식인들 사이에서 중요한 인물이었다.

그리스도를 부인한 러셀

러셀은 『나는 왜 기독교인이 아닌가』(*Why I Am Not a Christian*)[1]

에서 종교 전반, 특히 기독교에 대해 반론을 제기한다. 그는 종교가 인류 문명에 나쁜 영향을 끼쳐 왔다고 확신하며 이렇게 말한다. "종교의 진리성과 유용성은 별개의 문제다. 나는 종교가 거짓이라고 확신하며, 또 그만큼 해로운 것이라고 확신한다."[2]

러셀은 예수님의 도덕성에 대해서는 대체로 존경을 표함으로써 어느 정도 빠져나갈 여지를 남긴다. 하지만 예수님의 기록된 행적에 대해서는 몇 가지 반론을 제기한다. 나는 러셀이 말하는 '기록된 행적'에 주목하고자 한다. 러셀은 그리스도의 삶과 가르침에 대한 성경의 기록에 회의적이기 때문이다. 그는 자신의 견해를 이렇게 밝힌다. "그리스도가 실제로 존재했는지조차 의심스럽다. 설령 그가 존재했다고 하더라도 우리가 그에 대해 알 수 있는 것은 없다. 그러므로 나는 그리스도의 역사적 실존에는 관심이 없다. 그것은 아주 어려운 문제이기 때문이다."[3]

그는 계속해서 이렇게 말한다. "내가 관심이 있는 것은 복음서에 나오는 그리스도다. 그리고 복음서의 이야기를 있는 그대로 받아들일 때, 그리 현명해 보이지 않는 몇 가지 사실을 발견하게 된다. 첫 번째로 지적할 수 있는 것은, 그 당시 살아 있던 사람들이 죽기 전에 그리스도가 구름을 타고 영광스럽게 재림할 것이라고 확신했다는 점이다."[4]

러셀은 자신의 주장을 입증하기 위해 신약성경의 여러 구절을 인용한다. "이 점을 증명해 주는 구절들이 많다. '이스라엘의 모든 동네를 다 다니지 못하여서 인자가 오리라'(마 10:23). '여기 서 있는 사람 중에 죽기 전에 인자가 그 왕권을 가지고 오는 것을 볼 자들도 있느니라'(마 16:28). 당시 사람들이 살아 있는 동안에 그리스도가 재림할 것이라고 믿었다는 사실을 명백하게 알려 주는 구절은 이 밖에도 많다. 그것은 초창기에 그리스도를 따르는 사람들이 가진 믿음이었다. 그리스도가 행한 도덕적 가르침의 상당 부분이 바로 이 믿음에 기초하고 있었다. 이 점에서 그리스도는 다른 사람들보다 현명하지 않았다. 그는 최고로 현명한 사람이 아니었다."[5]

복음서가 묘사하는 예수님에 대한 러셀의 주된 비판 가운데 하나는 재림에 대한 예수님의 시간 구상이 잘못되었다는 것이다. 예수님의 재림에 대한 예언에서 언급한 시간 구상이 러셀에게 쟁점이 되고 있다. 즉, 러셀은 예수님이 예언한 시간 내에 재림하지 않았다고 비판한다.

그러나 러셀의 이 비판적 주장은 아이러니하다. 러셀의 주장과 정반대로, 예수님이 감람산 강화에서 하신 예루살렘 멸망과 성전 파괴에 대한 예언은 놀라울 정도로 정확하게 성취되었기 때문이다. 이 사실은 그리스도의 인격과 성경의 신적 영감을 입증하는 가장 중요한 증거 가운데 하나다. 예수님의 예언이 성경에 기록된 시기는 실제로 그 예언이 성취된 시기보다 빠르다는 것은 의심의 여지가 없다. 마태, 마가, 누가의 세 복음서가 주후 70년 이전에 기록되었다는 것은 오늘날 보편적으로 받아들이고 있는 사실이다.

감람산 강화에서 하신 그리스도의 예언은, 모호하고 일종의 기술이라 할 수 있는 '델포이 신탁'(the Oracle of Delphi) 같은 것과는 분명히 다르다. 이런 신탁들은 그 성취에 대해 자유롭게 생각할 수 있도록 해놓았으며, 신탁 자체도 그 해석이 엇갈릴 소지가 많았다. 요컨대 그런 신탁들은 어쩌다 우연히 들어맞을 수도 있지만 지극히 포괄적이고 모호한 오늘날의 별점과 다를 바 없는 것이었다.

또한 예수님의 구체적인 예언은, 어떤 경험에 근거한 추측이나 미래 학자의 통찰로도 돌릴 수 없다. 1세기 유대인들이 헤롯 성전의 파괴, 거룩한 성 예루살렘의 황폐, 유대 백성들이 세계 사방으로 흩어지는 일과 같은 파국적인 사건이 가까운 장래에 발생할 것이라고 생각할 가능성은 거의 없다. 그런 사건들은 전지하신 하나님께 계시를 받은 사람이 아니라면 도저히 미리 알 수 없는 것이었다.

따라서 러셀과 같은 비평가들이 예수님과 성경의 정체를 폭로하기 위해 근거로 제시하는 그 예언이 공교롭게도 예수님과 성경의 영감에 신임장이 된다. 예수님과 성경의 신뢰성에 대한 입증 자료는 동시에 예수님과 성경의 허위성에 대한 입증 자료가 되기도 한다. 앞으로 언급하겠지만, 이런 문제에 대해 러셀이 표명하는 회의주의는 단지 그만의 주장은 아니다.

이 회의주의는 성경 고등 비평가들이 주로 사용하는 도끼다. 현대 성경학자들에게 급진적인 비평의 주된 근거가 되는 명제는, 예수님의 예언을 담고 있는 복음서의 기록에 뚜렷한 오류와 엄청난 부정확성이 있다는 것이다. 이들로 말미암아 성경의 신뢰성이 대대적인 공격을 받았으며, 우리가 '역사적 예수의 실재성'(the real historical Jesus)에 대해 과연 어떤 사실을 알 수 있겠는가 하는 회의주의가 광범위하게 퍼지게 되었다.

비평가들이 예수님의 감람산 예언에서 중점적으로 문제 삼는 것은 예루살렘과 성전에 대한 것뿐만 아니라 — 이는 놀라울 정도로 정확하게 이루어졌다 — 예수님의 영광스러운 오심, 즉 '재림'에 대한 것이다. 러셀이 자신의 비판적 주장을 뒷받침하는 근거로 붙드는 것이 예수님의 재림에 대한 예언이다. 당신은 러셀이 철학과 수학 분야에서는 박식하고 빈틈이 없는 것이 사실이지만, 훈련된 유능한 성경학자는 아니지 않느냐는 말로 반박하고 싶을 수도 있다. 물론 그가 성경에 비평을 가할 때 자신의 전문 분야 밖에서 말하고 있음은 분명하다. 하지만 문제는 현대사에서 러셀의 목소리가 자기 혼자 내뱉은 말로 끝나지 않았다는 데 있다. 그의 비평이 성경 연구 분야에서 학문적으로 뛰어난 수많은 전문가들에게 반영되고 있기 때문이다.

이 시점에서 내 개인적인 이야기를 해야 할 것 같다. 내가 학문을 연구하는 데 대부분의 시간을 보냈던 신학교는 보수적이거나 복음주의적 기독교 계열이라고 할 수 없는 곳이었다. 나를 가르쳤던 교수들 중에는 루돌프 불트만(Rudolf Bultmann) 아래에서 박사 과정을 밟은 사람도 있었다. 신학교에서 나는 날마다 지도 교수들이 지지하는 성경 비평 이론을 접해야 했다.

그 시절을 회고할 때 가장 먼저 떠오르는 것은, 그 교수들이 예수님의 재림에 대한 성경 본문을 대단히 강조했다는 것이다. 그들은 신약성경이 잘못되었음을 보여 주는 실례로, 또한 소위 예수님의 재림이 지연되면서 초래된 초대교회의 위기 상황을 해결하기 위해 성경 본문이 편집되었다는 주장의 근거로 그 본문들을 끊임없이 인용했다. 요컨대 성경의 신뢰성을 겨냥한 그들의 비평 대부분이 성경의 종말론을 둘러싼 문제와 관련하여 이루어졌다.

예수님이 말씀하신 기간

그리스도와 성경의 진정성에 대한 논쟁에서 가장 첨예하게 다뤄지는 것은 감람산 강화에 나오는 시기 언급에 대한 대목이다. 마가의 기록을 살펴보자.

> 예수께서 성전에서 나가실 때에 제자 중 하나가 이르되 "선생님

이여 보소서 이 돌들이 어떠하며 이 건물들이 어떠하니이까" 예수께서 이르시되 "네가 이 큰 건물들을 보느냐 돌 하나도 돌 위에 남지 않고 다 무너뜨려지리라 하시니라"

예수께서 감람산에서 성전을 마주 대하여 앉으셨을 때에 베드로와 야고보와 요한과 안드레가 조용히 묻되 "우리에게 이르소서 어느 때에 이런 일이 있겠사오며 이 모든 일이 이루어지려 할 때에 무슨 징조가 있사오리이까" 예수께서 이르시되 "너희가 사람의 미혹을 받지 않도록 주의하라 많은 사람이 내 이름으로 와서 이르되 내가 그라 하여 많은 사람을 미혹하리라 난리와 난리의 소문을 들을 때에 두려워하지 말라 이런 일이 있어야 하되 아직 끝은 아니니라 민족이 민족을, 나라가 나라를 대적하여 일어나겠고 곳곳에 지진이 있으며 기근이 있으리니 이는 재난의 시작이니라 너희는 스스로 조심하라 사람들이 너희를 공회에 넘겨주겠고 너희를 회당에서 매질하겠으며 나로 말미암아 너희가 권력자들과 임금들 앞에 서리니 이는 그들에게 증거가 되려 함이라 또 복음이 먼저 만국에 전파되어야 할 것이니라 사람들이 너희를 끌어다가 넘겨줄 때에 무슨 말을 할까 미리 염려하지 말고 무엇이든지 그때에 너희에게 주시는 그 말을 하라 말하는 이는 너희가 아니요 성령이시니라 형제가 형제를, 아버지가 자식을 죽는 데에 내주며 자식들이 부모를 대적하여 죽게 하리라 또 너희가 내 이름으로 말미암아 모든 사람에게 미움을 받을 것이나 끝까지 견디는 자는 구원을 받으리라"

예수의 종말론

"멸망의 가증한 것이 서지 못할 곳에 선 것을 보거든 (읽는 자는 깨달을진저) 그때에 유대에 있는 자들은 산으로 도망할지어다 지붕 위에 있는 자는 내려가지도 말고 집에 있는 무엇을 가지러 들어가지도 말며 밭에 있는 자는 겉옷을 가지러 뒤로 돌이키지 말지어다 그날에는 아이 밴 자들과 젖 먹이는 자들에게 화가 있으리로다 이 일이 겨울에 일어나지 않도록 기도하라 이는 그날들이 환난의 날이 되겠음이라 하나님께서 창조하신 시초부터 지금까지 이런 환난이 없었고 후에도 없으리라 만일 주께서 그날들을 감하지 아니하셨더라면 모든 육체가 구원을 얻지 못할 것이거늘 자기가 택하신 자들을 위하여 그날들을 감하셨느니라 그때에 어떤 사람이 너희에게 말하되 보라 그리스도가 여기 있다 보라 저기 있다 하여도 믿지 말라 거짓 그리스도들과 거짓 선지자들이 일어나서 이적과 기사를 행하여 할 수만 있으면 택하신 자들을 미혹하려 하리라 너희는 삼가라 내가 모든 일을 너희에게 미리 말하였노라"

"그때에 그 환난 후 해가 어두워지며 달이 빛을 내지 아니하며 별들이 하늘에서 떨어지며 하늘에 있는 권능들이 흔들리리라 그때에 인자가 구름을 타고 큰 권능과 영광으로 오는 것을 사람들이 보리라 또 그때에 그가 천사들을 보내어 자기가 택하신 자들을 땅 끝으로부터 하늘 끝까지 사방에서 모으리라"

"무화과나무의 비유를 배우라 그 가지가 연하여지고 잎사귀를 내면 여름이 가까운 줄 아나니 이와 같이 너희가 이런 일이 일어나는 것을 보거든 인자가 가까이 곧 문 앞에 이른 줄 알라 내가 진실로 너희에게 말하노니 이 세대가 지나가기 전에 이 일이 다 일어나리라"(막 13:1-30).

이 본문에서 가장 논쟁이 되는 부분은 "이 세대가 지나가기 전에 이 일이 다 일어나리라"(30절)고 한 예수님의 선언이다. 러셀은 이 선언을 지적하면서 두 가지 전제를 설정했다. 첫 번째로 "이 세대"는 특정한 시기를 가리키는데, 이는 대략 40년이 될 것이다. 즉, 이 예언 성취의 한계 시점은 40년이다. 예수님이 이 예언을 한 시점이 주후 30-33년이라고 한다면, 주후 70년에 발생한 예루살렘 멸망은 완벽하게 이 시기 안에 이루어진 것이다. 러셀(그리고 다른 비평가들)이 설정한 두 번째 전제는 "이 일이 다"라는 말이 큰 권능과 영광으로 구름을 타고 오시는 예수님의 재림을 비롯해 그분의 미래 예언에 들어 있는 모든 내용을 포함해야 한다는 것이다.

이 전제에 기초하여 본문을 문자 그대로 읽으면, 40년이라는 기간 내에 예루살렘과 성전이 파괴될 뿐만 아니라, 그리스도의 재림도 이루어질 것이라는 결론에 이르게 된다. 그런데 러셀에 따르면, 이 기간에 종말이 오지 않았기 때문에 그리스도와 성경이 잘못되었다는 것이다.

러셀이 설정한 이 두 가지 전제는 여러 방식으로 비판을 받아 왔다. 이 점은 나중에 다시 언급하겠다. 지금은 러셀과 다른 비평가들이 제기한 성경 본문의 일차적 읽기(first-glance reading)라는 문제에 초점을 맞추고자 한다. 내가 우려하는 것은 오늘날 복음주의 신학자들이 러셀의 전제에 중대한 문제점이 있는데도 그것을 대수롭지 않게 여기는 경향이 있다는 사실이다. 그런 것이 성경의 영감과 그리스도의 인격과 사역에 대한 현대의 모든 논쟁에 광범위한 영향을 끼쳐 왔다는 사실을 인식한다면, 우리는 그런 문제에 너무 쉽게 접근하는 것이 얼마나 심각한 일인지 깨닫게 될 것이다. 따라서 이 같은 문제점의 중요성을 좀더 깊이 인식하기 위해 종말론에 대한 현대적 견해를 간략하게 살펴보자.

종말론의 위기

오늘날 만연해 있는 성경에 대한 비판적 견해들이 이성주의와 자연주의 철학을 특징으로 하는 계몽주의 시대에서 비롯되었지만, 그것들은 19세기를 뒤흔들었던 소위 자유주의의 발전과 더불어 비로소 그 절정에 이르게 되었다. 이 시대의 특징은 헤겔 철학의 지배라 할 수 있다. 헤겔 철학은 역사는 변증법적 발전 과정을 통해 스스로 완성해 간다는 진화론적 역사관의 모태가 되었다. 마르크스주의 철학의 '변증법적 유물론'(dialectical materialism)과 구별하여 헤겔 철학은 '변증법적 관념론'(dialectical idealism)으로 불렸다.

19세기의 이론적 용어 가운데 가장 빠르게 퍼져 나간 단어가 있다면 그것은 바로 '진화'일 것이다. 진화의 개념은 생물학뿐만 아니라, 다른 학문 분야에도 적용되었다. 예컨대 허버트 스펜서(Herbert Spencer)는 정치학 이론에 '사회적 진화론'(Social Darwinianism)을 적용했다. 진화론적 관점은 특히 역사 이론에서 뚜렷하다. 그에 따르면 단순한 것에서 복잡한 것으로 진화 과정을 겪는 것은 생물학적 존재만이 아니며, 다른 존재들도 이와 유사한 변화 과정을 겪는다고 한다.

진화론적 철학을 받아들인 19세기 종교사학파는 모든 종교가 진화론적 발전 단계를 밟는 것은 자명한 일이라고 생각한다. 즉, 모든 종교는 단순한 형태에서 복잡한 형태로 발전해 간다는 것이다. 이 이론에 따르면, 모든 종교는 원시적 형태인 애니미즘(Animism)에서 더욱 복잡한 단계인 유일신론(Monotheism)으로 변화한다. 율리우스 벨하우젠(Julius Wellhausen) 같은 19세기 학자들은 이 이론을 구약성경에 적용했다. 그들은 이스라엘의 종교가 애니미즘, 다신론(Polytheism), 택일신론(Henotheism), 유일신론 등 네 단계의 뚜렷한 발전 과정을 거쳐 진화했다고 믿는다.

가장 원시적 형태인 애니미즘은 자연물에 악한 영들이 거한다고 본다. 이 같은 사실을 암시하는 것이 창세기에 나오는 말하는 뱀(창 3장)과 아브라함이 마므레의 상수리나무들이 있

도표 0.1

종교사학파의 입장에서 본 이스라엘 종교의 진화

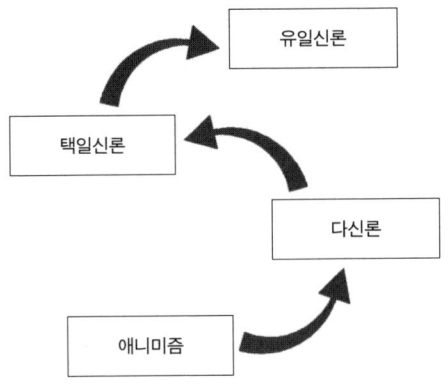

는 곳에서 천사들과 나눈 대화(창 18장)라고 본다. 비평가들은 아브라함이 대화를 나눈 대상은 나무 안에 거하는 영혼들이라고 주장한다.

다신론 단계에서는 그리스·로마 신화에서 볼 수 있듯이 각자 뚜렷한 역할을 하는 많은 남신들과 여신들이 존재한다. 여기서 우리는 전쟁, 지혜, 사랑, 농업 등을 주관하는 신들을 보게 된다. 비평가들의 주장에 따르면 구약성경, 특히 모세오경의 E 문서에 다신론이 존재한다고 한다. 즉, E 문서에서 하나님에 대한 주된 호칭이 엘로힘(*Elohim*)인데, 이는 복수형이라는 것이다.

다신론과 유일신론의 중간 단계인 택일신론은 모든 국가

와 민족 집단은 각각 하나의 신에 의해 지배를 받는다는 개념이다. 따라서 국가와 민족 집단의 수만큼 신들이 존재하게 된다. 비평가들은 이것이 이스라엘의 종교에도 해당되어, 그들의 국가신인 야훼가 바알(삿 2:11-13)이나 다곤(삿 16:23)과 같은 다른 민족들의 신과 겨룬다고 주장한다.

마지막으로 유일신론 개념이 (유대 역사 말기에) 등장하는데, 이는 하나님을 모든 피조물의 주인으로 본다.

19세기에 자유주의가 발전함에 따라 성경적 종교의 핵심을 수정하거나 개정하려는 노력이 진지하게 이루어졌다. 이 같은 기독교 신앙의 재구성 작업에 중심이 된 것은 성경이 말하는 하나님 나라의 개념을 재정의하려는 시도였다. 최근에 존 브라이트(John Bright)가 주목하는 바와 같이, 구약과 신약을 연결시키고 둘 사이에 연속성을 제공하는 것은 '하나님 나라'라는 주제다. 19세기의 자유주의는 신비적 요소를 제거하고 본질적으로 내재적인 기독교 신앙을 모색했다. 헤겔 철학의 영향으로 그들은 하나님 나라가 초자연적인 하나님의 개입 없이 자연적으로 진화해 왔다고 생각했다.

이러한 맥락에서 다비드 프리드리히 슈트라우스(David Friedrich Strauss), 윌리엄 브레데(William Wrede) 같은 사상가들은 성경에서 기적적인 요소들을 부정했다. 그래서 성경의 기적들, 특히 예수님이 행하신 기적들은 자연주의적인 방식으로 해석되었다. 예컨대 5천 명을 먹인 사건을 여러 방식으로 해석했다. 그중 두 가지를 들면 다음과 같은 식이다. 첫째, 예수님과 제자들이 동굴 속에 커다란 식량 창고를 마련해 놓고, 동굴 속에서 제자들이 은밀히 날라다 주는 음식을 예수님이 동굴의 작은 입구에 서서 군중에게 나누어 주었다는 것이다. 이런 유치한 견해에 따르면, 예수님은 교활한 마술사 내지는 협잡꾼으로 전락하게 된다. 둘째, 예수님이 빈약한 음식을 바친 소년을 본으로 삼아서 음식을 가져온 사람들에게 음식을 가져오지 못한 사람들과 나누어 먹도록 권고했다는 해석이다. 따라서 이 사건은 자연적 기적이라기보다는 많이 가진 자들에게 가지지 못한 자들과 나눌 것을 설득한 '윤리적' 기적이라고 해야 한다는 것이다.

성경적 기독교의 자유주의의 재구성 작업에서 핵심은 윤리의 강조였다. 알브레히트 리츨(Albrecht Ritschl) 같은 선도적인 사상가들은 삼위 하나님 각각에게 신적 본질의 동일성을 부여하는 것처럼 역사적 교리 형성에서 헬라 철학의 형이상학이 기독교에 끼친 영향을 제거하려 했다. 그는 예수님의 가르침의 핵심은 초자연적인 구속이라기보다는 윤리적·도덕적 가치라고 주장했다. 자유주의 학자들은 예수님을 동정녀에게서 태어나 우주적 의미를 가진 대속적 죽음을 당하고, 죽은 자들 가운데서 육체적으로 부활하여, 하늘로 올라간 성육신하신 하나님의 아들이 아니라 탁월한 윤리 교사로 바꾸어 놓았다. 이처럼 성경이 묘사하는 초자연적인 요소들을 배척하고,

대신 그 자리에 가치와 사회적 책임을 이념으로 하는 나라를 옹호하는 도덕적 유대인이 들어서게 되었다.

19세기에는 세계 종교들을 비교하여 그 종교들의 핵심을 분류한 후 기본적인 공통 분모 안에서 통합시키려는 노력이 유행했다. 그 결과 기독교도 환원주의로 심한 몸살을 앓았다. 교회사가 아돌프 하르낙(Adolf Harnack)은 『베젠』(Wesen), 즉 기독교의 '본질' 내지는 '존재'에 대한 소책자를 저술했다. 이 책의 영문판은 『기독교란 무엇인가?』(What Is Christianity?)라는 제목으로 출간되었다.[6] 이 책에서 하르낙은 기독교의 핵심을 '하나님의 우주적인 보편적 부성'과 '인간의 보편적 형제 됨'이라는 두 가지 근본적 개념으로 압축시켜 버렸다.

슈바이처의 탐구

이런 자유주의적 배경에서 알버트 슈바이처(Albert Schweitzer)는 『역사적 예수에 대한 탐구』(The Quest of the Historical Jesus)[7]를 쓰게 된다. 이 책은 『라이마루스로부터 브레데까지』(Von Reimarus zu Wrede)라는 독일어 제목으로 1906년에 출간되었다. 독일어 제목이 암시하듯이, 슈바이처는 19세기의 사상적 발전을 비판적으로 분석했다. 그는 다분히 내재적이고 진화론적인 윤리적 가치 왕국에 대해 말한 리츨의 입장을 반박한 요하네스 바이스(Johannes Weiss)의 사상을 대부분 받아들이고 있다. 바이스는 리츨의 생각이 신약성경에 근거하기보다는 계몽주의 신학과 임마누엘 칸트(Immanuel Kant)의 윤리 철학에 뿌리를 둔 것이라고 주장했다.

헤르만 리덜보스(Herman Ridderbos)는 바이스에 대해 이렇게 말한다. "바이스는 하나님 나라에 대한 예수님의 가르침이 그분이 사셨던 시대의 사상 세계, 특히 후기 유대교의 종말론 저술의 관점과 그 배경 속에서만 이해될 수 있다고 주장한다. 이런 견지에서 볼 때, 하나님 나라를 발전 과정에 있는 내재적인 사회나 윤리적 이상향으로 보는 모든 관념을 거부해야 한다. 하나님 나라는 이 세상의 종말을 전제로 하는 순전히 미래적이고 종말론적인 사건이다. 따라서 현세에서는 이루어질 수 없다는 사실이 명백하기 때문이라는 것이다."[8]

바이스가 하나님 나라의 종말론적 성격에 대해 말할 때, 그가 사용한 '종말론적'이란 단어는 단순한 '미래'나 '마지막 일들' 이상을 의미한다. 이 단어에는 '하나님이 행하시는 초자연적이고 파국적인 행위'라는 관념이 담겨 있다. 그것은 진화론적인 발전 과정에 나타나는 미래 사건이 아니라, 하나님의 행위가 개입됨으로써 위로부터 급작스럽게 초래되는 미래 사건이라는 것이다. 슈바이처는 하나님 나라에 대한 이 같은 종말론적 개념을 받아들였다. 그는 이런 개념이야말로 예수님의 삶과 가르침을 이해할 수 있는 열쇠라고 보았다.

서론

슈바이처는 이 같은 견해를 '철저한 종말론'(consistent eschatology)이라고 불렀다. 하지만 그는 초자연적 종말론의 관점에서 예수님의 삶을 해석하려 했음에도 불구하고, 예수님의 종말 예언은 성취되지 않았다고 결론내렸다. 역사적으로 예수님은 하나님의 파국적인 행위로 하나님 나라가 시작될 것이라고 믿었지만 이러한 신적 행위가 현실적으로 나타나지는 않았다는 것이다.

슈바이처에 따르면, 예수님은 일련의 위기를 겪었다. 즉 예수님은 70인을 파송했을 때처럼 자기 사역의 여러 시점에 하나님 나라가 극적으로 도래할 것으로 기대했다. 그런데 자신의 기대가 지연되고 있음을 느낀다. 그래서 마지막으로 자신이 십자가를 받아들인다면 하나님이 행동을 개시하실 것이라고 기대한다. 그런데 이것마저 무위로 돌아가자 예수님이 이렇게 절망적으로 외쳤다는 것이다. "나의 하나님, 나의 하나님, 어찌하여 나를 버리셨나이까"(마 27:46). 이는 한 인간이 환상에서 깨어나면서 부르짖은 고뇌의 외침이었다는 것이다.

슈바이처가 보기에 예수님의 종말은 실현되지 않았다. 이로 인해 슈바이처는 '종말의 지연'이라는 관점에 이르게 되었다. 그는 사도 시대 교회의 저술들은 사고의 조정을 반영하고 있다고 말한다. 즉, 그리스도의 재림이 임박했다는 (그리고 하나님 나라가 완성될 것이라는) 기대가 그리스도의 재림은 알 수 없는 미래에 이루어질 것이라는 기대로 바뀌었다는 것이다.

슈바이처는 예수님의 가르침과 자의식의 요체가 윤리적 왕국이었다는 관점을 거부하고, 그것을 종말론적 관점으로 대체했다. 하지만 그에게는 여전히 실현되지 않은 종말이었다. 비록 슈바이처의 견해가 학자들 사이에서 널리 인정받지는 못했지만, 그의 저술은 많은 이론적 논쟁을 촉발시켰다.

슈바이처의 저술에 뒤이어 도드(C. H. Dodd)의 저술이 나오는데, 그는 '실현된 종말론'(realized eschatology)이라는 철저한 틀을 도입했다. 도드는 종말론적 하나님 나라가 예수님이 사역하시는 동안 임했다고 본다. 도드가 『하나님 나라의 비유』(The Parables of the Kingdom)[9]에서 언급하듯이, 예수님의 비유에서 공통된 주제는 하나님 나라의 현재성이다. 또 다른 저서에서 도드는 이렇게 말한다.

> 초대교회의 종말론에는 두 가지 견해가 있다. 하나는 그리스도가 세상에 옴으로써 '때의 참'(fulness of time)이 이루어지고 예언이 성취되었으며, 하나님 나라가 이 땅에 열리기 시작했다는 것이다. 다른 하나는 하나님 나라의 완성에 대한 기대는 여전히 미래로 유보된다는 것이다. 신약성경의 거의 모든 기록에서 이 둘이 어느 정도 긴장 관계를 유지하는데, 이미 역사적 사실이 된 완성과 미래에 속하는 완성 사이의 관계를 바라보는 관점은 기록마다 다르다. 예를 들어, 요한복음에서는 '미래적 의미의 종말' 개념은 거의 찾아볼 수 없다.[10]

도드에게 하나님 나라는 본질적으로 영적 실재로서 과거에 완전하게 실현된 것이었다. 실현된 종말과 실현되지 않은 종말 간의 긴장 관계는 현대의 신약학자들을 끊임없이 괴롭혀 왔다. 오스카 쿨만(Oscar Cullmann)과 헤르만 리덜보스는 이런 압박감에서 벗어나려고 시도했다. 이 두 학자는 하나님 나라에 대한 신약성경의 개념을 현재적 측면과 미래적 측면에서 이해하려 했다.

리덜보스는 하나님 나라의 '이미'(already)와 '아직'(not yet)이라는 개념을 유행시켰다. 세례 요한이 역사의 무대에 등장함으로 결정적인 순간이 도래했다. 알 수 없는 먼 미래에 하나님 나라가 임할 것이라 말했던 구약의 선지자들과 달리, 세례 요한은 하나님 나라가 임박했다고 말한다. 그는 다가올 하나님 나라의 전령이었다. 요한은 "이미 도끼가 나무 뿌리에 놓였으니"(마 3:10), "손에 키를 들고"(마 3:12)라고 선언한다. 도끼와 키의 이미지는 하나님 나라의 임재가 절대적으로 가까이 왔다는 사실을 환기시킨다.

도끼 이미지는 나뭇꾼이 그저 나무를 베려고 생각하거나 나무 껍질을 벗기기 시작했다는 것을 의미하지 않고 이 작업이 거의 완료되었음을 보여 준다. 도끼가 이미 나무 한가운데를 관통했으며, 한 번만 더 내리찍으면 나무가 완전히 쓰러질 것이라는 사실을 암시한다.

키는 농부가 알곡과 가라지를 분리할 때 사용하는 풍(風)

구를 말한다. 농부는 키를 가지러 헛간에 가는 중이 아니다. 키는 이미 농부의 손에 들려 있으며, 그는 이제 막 키질을 시작하려고 한다.

이런 견지에서 볼 때, 요한의 세례에는 급진적인 성격이 포함되어 있다. 그는 유대인들에게 정결하게 하는 이 의식을 행하라고 촉구한다. 그들의 왕이 곧 출현할 것인데, 그들이 불결하여 그분을 맞이할 준비가 되지 않았기 때문이다. 그래서 요한은 사람들에게 회개하고 세례를 받으라고 촉구했다. "회개하라 천국이 가까이 왔느니라"(마 3:2). 예수님이 오심으로 하나님 나라가 열리기 시작했으며, 그분의 승천으로 신약적 완성에 이르게 된다. 승천은 단순히 하늘로 '올라가는' 것을 의미하지 않는다. 그것은 특별한 사건, 즉 그분이 왕의 왕, 주의 주로 즉위하기 위한 승천이다. 예수님이 우주적 권위를 갖는 이 자리를 차지하시는 동안 하나님 나라가 임한 것이다. 그러나 사람들은 그분의 통치를 볼 수 없다. 아직 지상에서 완전하게 가시화되지 않았다.

이 점에서 오스카 쿨만은 그의 유명한 '디데이 유추법'(D-Day analogy)을 도입한다. 그리스도의 부활과 승천은 구속사에서 결정적 전환점인 하나님 나라의 디데이에 해당한다. 물론 제2차 세계대전 때 디데이가 전쟁에 종지부를 찍은 것은 아니었다. 하지만 전쟁의 의도와 목적을 종결시킨 결정적 전환점이 된 것은 사실이다. 마무리 작업[벌지 전투(the Battle of

과거 종말론	
과거 종말론	하나님 나라는 현존하는 실체다.
급진적 과거 종말론	신약에 나오는 미래에 대한 모든 예언은 이미 성취되었다.
온건한 과거 종말론	신약에 나오는 미래에 대한 많은 예언은 이미 성취되었고, 중요한 몇 가지 예언은 아직 성취되지 않았다.

Bulge)]만 남아 있었다. 마찬가지로, 하나님 나라의 결정적인 작업은 이미 완료되었다. 우리는 단지 그리스도의 재림과 함께 이루어질 완성을 기다리는 중간기에 살고 있는 것이다.

하나님 나라와 종말에 대한 이런 견해들 외에 우리가 접할 수 있는 것으로 세대주의를 들 수 있다. 세대주의는 종말을 미래 사건으로 여긴다. 세대주의에 따르면, 하나님 나라는 예수님의 재림 전에는 임하지 않는다. 이외에도 여러 형태의 과거 종말론이 제기되었다. 과거 종말론자들은 하나님 나라가 현존하는 실체일 뿐만 아니라, 실제 역사적으로도 그리스도의 재림이 이미 일어났다고 주장한다.

온건한 과거 종말론

과거 종말론에는 서로 뚜렷하게 구별되는 두 가지 유형이 있다. 나는 이것을 "급진적 과거 종말론"과 "온건한 과거 종말론"이라 부른다. 급진적 과거 종말론은 신약에 나오는 미래에 대한 예언들이 이미 성취되었다고 본다. 반면에 온건한 과거 종말론은 결정적인 사건들은 미래에 성취될 것으로 본다. 이 책의 목적은 온건한 과거 종말론과 거기서 말하는 종말론의 견해를 평가하는 것이다. 과거 종말론 학파에서 가장 중요한 학자는 스튜어트 러셀(J. Stuart Russell)일 것이다. 러셀의 『재림』(The Parousia)[11]이 처음 나온 것은 1878년이며, 9년이 지나 제2판이 출간되었다. 그리고 1887년판은 1983년에 다시 인쇄되었다. 러셀은 20세기가 되면 학자들이 많은 이론을 낼 것이라고 미리 예측했다. 그의 주된 관심사는 신약성경의 종말론에서 시기에 대한 언급이다. 특히 하나님 나라의 임재에 대한 예수님의 언급과 그분의 감람산 강화에 관심을 보였다. 러셀은 자신의 책 끝부분에서 이렇게 요약한다.

이미 왔던 길을 되돌아갈 필요는 없다. 재림 시점에 대해 우리 주님이 하신 명확하고 결정적인 세 가지 선언에 의지하는 것으로 충분하다. 이 각각의 선언에는 엄숙한 확언의 말씀이 덧붙여져 있다.

1. "이 동네에서 너희를 박해하거든 저 동네로 피하라 내가 진실로 너희에게 이르노니 이스라엘의 모든 동네를 다 다니지 못하여서 인자가 오리라"(마 10:23).

2. "진실로 너희에게 이르노니 여기 서 있는 사람 중에 죽기 전에 인자가 그 왕권을 가지고 오는 것을 볼 자들도 있느니라"(마 16:28).
3. "내가 진실로 너희에게 말하노니 이 세대가 지나가기 전에 이 일이 다 일어나리라"(마 24:34).

이 말씀들의 명백한 문법적 의미는 이미 충분히 언급했다. 이것을 아무리 왜곡한다 하더라도 우리 주님의 재림이 현존하는 세대에 이루어질 것이라는 분명한―즉, 결코 모호하지 않은―의미 이외에 그 어떤 의미도 여기에서 이끌어 낼 수 없을 것이다.[12]

러셀을 비롯한 과거 종말론자들의 중심 명제는 신약성경에 있는 종말 예언의 성취 시점이 예수님의 제자들 가운데 적어도 몇 사람이 살아 있는 동안이라는 것이다. 과거 종말론자들 중 일부 학자들은 구체적으로 주후 70년에 일차적으로 예언의 성취가 이뤄졌으며, 이차적이자 최종적인 성취 시점은 아직 알 수 없는 미래라고 주장한다. 우리가 과거 종말론에 대해 어떤 평가를 내린다 해도, 적어도 두 가지 업적은 인정해야 할 것이다. 첫째, 신약의 종말론에서 시기 언급에 초점을 맞췄다는 것이다. 둘째, 구속사에서 예루살렘의 멸망이 가진 의미를 강조했다는 것이다.

제임스 스튜어트 러셀의 생애	
1816년	모레이셔 엘진(Elgin, Morayshire)에서 11월 28일 출생
1829년	에버딘 킹스 칼리지 입학
1835년	M.A.학위를 받음
1843년	그레이트 야머스의 회중교회의 부목사가 되고 이후에 목사가 됨
1843년	복음주의 동맹 창립에 가담
1857년	토튼햄과 에드먼튼에서 회중교회의 목사가 됨
1862년	베이스워터에서 회중교회의 목사가 됨
1878년	익명으로 『재림』(The Parousia)을 출판
1887년	그의 이름으로 『재림』 2판을 출판
1888년	목회에서 은퇴
1895년	10월 5일 사망

한편으로 현대의 종말 이론, 특히 복음주의 계열에서 발견할 수 있는 종말 이론들은 오늘날 이스라엘과 예루살렘을 중심으로 벌어지는 사건의 의미에 대단히 관심을 보인다. 칼 바르트(Karl Barth)는 현대 그리스도인들은 한 손에는 성경을, 또 다른 한 손에는 신문을 들고 읽어야 한다고 말했다.

1948년에 일어난 유대인들의 극적인 팔레스타인 귀환과 이스라엘 국가 건설, 그리고 1967년에 일어난 예루살렘의 재탈환은 종말론자들을 흥분시킨 사건이었다. 그래서 그들은 또다시 이렇게 묻는다. "성경의 예언에서 현대 이스라엘과 예루살렘의 의미는 무엇일까?" 오늘날 예루살렘에 대해 어떤 관점을 갖느냐와 상관없이 1세기에 예루살렘이 로마에 의해 파괴된 사건이 갖는 의미를 살펴보는 일은 필수적이다. 예루살렘이 이전에 파괴되었다는 사실에 비추어 볼 때만이 예루살렘의 재건이 비로소 의미가 있기 때문이다. 우리가 종말론의 어떤 입장을 지지하든 간에, 주후 70년 예루살렘의 파괴가 갖는 구속사적 중요성은 진지하게 받아들여야 한다.

이 책에서 우리는 예루살렘의 파괴를 직접 목격한 유대인 역사학자 플라비우스 요세푸스(Flavius Josephus)의 증언은 물론이고, 그 사건에 대해 말하는 신약성경의 예언에 많은 논의를 할애할 것이다. 성경에서 하나님 나라의 도래와 그리스도의 재림에 대한 예언은 주님의 날에 대한 예언과 밀접한 관련이 있다. 주님의 날은 일정 부분에서 하나님의 심판이 이루어지고 하나님의 진노가 내리는 날로 여겨진다. 이 개념들은 서로 긴밀하게 연관되어 있으므로 상호 관련성 속에서 고찰해야 한다.

계몽주의 시대 이후로 교회는 성경의 신뢰성 문제로 인해 지속적으로 심각한 위기를 겪었다. 오늘날 전 세계를 지배하는 회의주의적 사고는 거센 성경 비평의 직접적인 소산이다. 20세기 초 네덜란드 신학자 아브라함 카이퍼(Abraham Kuyper)는 성경 비평이 야만적인 성경 파괴 행위로 변질되어 버렸다고 개탄했다. 성경을 조롱하고 자기 멋대로 그리스도의 모습을 만들어 내는 비평가들에게 답하는 것이 우리 시대의 과제일 것이다. 성경의 그리스도만이 그리스도다. 재구성된 그리스도는 어떤 모습이든 적그리스도의 그림자일 뿐이다.

종말론 논의가 신약성경에 언급된 시기에 집중적으로 매달려야 하는 이유는, 성경의 진리와 권위에 대한 확신이 이처럼 위기를 맞고, 그 결과 역사적 예수의 실재성이 위기에 직면했기 때문이다.

01

예수님은 감람산에서 무슨 말씀을 하셨는가?

The Last Days according to Jesus

그때에 인자의 징조가 하늘에서 보이겠고
그때에 땅의 모든 족속들이 통곡하며
그들이 인자가 구름을 타고
능력과 큰 영광으로 오는 것을 보리라.
마태복음 24:30

감람산 강화라는 명칭은 예수님이 그 말씀을 하신 장소에서 유래한 것이다. 이 강화는 공관복음서(마태복음 24장, 마가복음 13장, 누가복음 21장)에 모두 기록되어 있고, 마가복음에 가장 길게 기록되어 있다. 윌리엄 레인(William L. Lane)은 이렇게 말한다. "마가복음에서 성전 파괴에 대한 예수님의 예언만큼 논쟁의 소지가 많은 대목도 없다. 마가복음 13장의 형식과 내용, 그리고 나머지 복음서와의 관계를 둘러싸고 제기되는 문제들은 복잡하고 어려워서, 수많은 저작들이 앞다투어 이를 다루도록 자극했다."[1] 마가복음에 대한 레인의 말은 마태복음과 누가복음에도 똑같이 적용된다.

성경 학자들은 '소계시록'이라고 불리는 이 감람산 강화의 진정성에 대해 의문을 제기해 왔다. 예를 들어, 빈센트 테일러(Vincent Taylor)는 다음과 같은 이론을 주장했는데, 많은 성경 비평가들이 이것을 그대로 채택했다. "예루살렘이 멸망하는 무시무시한 사건을 내다본 무명의 그리스도인이 동시대 그리스도인들에게 용기와 희망을 주려는 목적으로 유대교적 묵시록 내지는 유대-기독교적 묵시록을 전단 형식으로 편집하여 이를 예수님의 종말론 가르침에 끼워 넣은 것이 감람산 강화다."[2]

이 밖에도 감람산 강화는 전적으로 조작된 것이라든지, 아니면 후대의 편집자가—예수님의 가르침에 근거하고 있지만 복음서에서 발견되는 것과는 다른 형태인—여러 갈래의 구전들을 한데 모아 놓은 것이라는 등의 이론이 있다.

감람산 강화는 다음과 같은 말들로 시작된다.

마태복음 24:1-2	마가복음 13:1-2	누가복음 21:5-6
예수께서 성전에서 나와서 가실 때에 제자들이 성전 건물들을 가리켜 보이려고 나아오니	예수께서 성전에서 나가실 때에 제자 중 하나가	어떤 사람들이 성전을 가리켜
	이르되 "선생님이여 보소서 이 돌들이 어떠하며 이 건물들이 어떠하니이까?"	그 아름다운 돌과 헌물로 꾸민 것을 말하매
대답하여 이르시되	예수께서 이르시되	예수께서 이르시되
"너희가 이 모든 것을 보지 못하느냐? 내가 진실로 너희에게 이르노니	"네가 이 큰 건물들을 보느냐?	"너희 보는 이것들이
돌 하나도 돌 위에 남지 않고 다 무너뜨려지리라"	돌 하나도 돌 위에 남지 않고 다 무너뜨려지리라 하시니라"	날이 이르면 돌 하나도 돌 위에 남지 않고 다 무너뜨려지리라"

예수님은 성전의 돌 하나도 돌 위에 남지 않고 다 "무너뜨

려지리라"(thrown down)는 말씀으로 감람산 강화를 시작하신다. 이처럼 감람산 강화 전체가 성전 파괴에 대한 예수님의 말씀으로 시작한다는 것에 주목해야 한다. 제자들은 예수님의 예언에 대한 반응으로 이 사건의 시기에 대해 질문한다.

마태복음 24:3	마가복음 13:3-4	누가복음 21:7
예수께서 감람산 위에 앉으셨을 때에	예수께서 감람산에서 성전을 마주 대하여 앉으셨을 때에	
제자들이	베드로와 야고보와 요한과 안드레가	그들이
조용히 와서 이르되	조용히 묻되	물어 이르되
"우리에게 이르소서 어느 때에 이런 일이 있겠사오며	"우리에게 이르소서 어느 때에 이런 일이 있겠사오며	"선생님이여 그러면 어느 때에 이런 일이 있겠사오며
또 주의 임하심과 세상 끝에는 무슨 징조가 있사오리이까?"	이 모든 일이 이루어지려 할 때에 무슨 징조가 있사오리이까?"	이런 일이 일어나려 할 때에 무슨 징조가 있사오리이까?"

세 복음서에서 모두 볼 수 있듯이, 제자들이 던진 질문은 두 가지다. 첫째, 언제 이런 일이 일어날 것인가? 둘째, 이런 일이 일어나려 할 때 무슨 징조가 있을 것인가? 그런데 여기서 우리는 그리스도의 재림과 세상 끝에 대한 질문이 마태복음에만 기록되어 있고, 마가복음과 누가복음에는 빠져 있다는 사실을 보게 된다.

이에 대해 칼뱅(John Calvin)은 『복음서들 간의 조화』(Commentary on a Harmony of the Evangelists)에서 마태복음에 명백하게 언급된 것이 마가복음과 누가복음에는 배후에 암시되어 있을 뿐이라고 말한다.

마태, 누가와는 달리 마가는 베드로, 야고보, 요한, 안드레의 이름을 구체적으로 언급한다. 하지만 마가와 누가는 마태만큼 사건에 대해 상세하게 말하지 않는다. 마가와 누가는 제자들이 언제 성전이 파괴되며—그리고 그것은 도저히 믿을 수 없는 일이었기에—그 전에 하나님이 어떤 외적 징조를 하늘로부터 보여 주실 것인지를 물어보았다고 기록한다. 그들과 달리 마태는 제자들이 그리스도가 언제 다시 오시며 세상의 끝이 언제인지에 대해서도 물어보았다고 기록한다.

   그러나 우리는 다음과 같은 사실을 알아야 한다. 즉, 제자들이 성전은 시간이 멈추는 순간까지 서 있을 것이라고 어릴 때부터 믿어 왔으며, 그 같은 믿음이 그들 가슴 속에 깊이 뿌리박혀 있었기에 세상이 존재하는 동안에 성전이 파괴된다는 것은 상상조차 할 수 없는 일이었다. 그러므로 그리스도가 성전이 파괴될 것이라고 말씀하셨을 때 그들의 생각이 곧바로 세상의 끝으로 향했던 것이다.… 그들에게 그리스도의 임하심과 세상의 끝, 이 두 가지는 분리하여 생각할 수 없는 것이었다.[3]

예수님이 감람산에서 대답하신 질문들	
질문 1	어느 때에 이런 일이 있겠사오며
질문 2	① 주의 임하심과 ② 세상 끝에는 　무슨 징조가 있사오리이까?

　칼뱅은 예루살렘의 파괴가 곧 그리스도의 재림과 세상의 끝을 의미한다고 여긴 제자들의 전제가 잘못되었다고 지적한다. 즉, 예수님이 애초에 전제가 잘못된 질문에 대답하셨다는 것이다.

　러셀의 과거 종말론적 견해는 칼뱅의 입장과 첨예하게 대립된다. 러셀은 제자들의 전제가 잘못되지 않았다고 주장하면서, 이를 뒷받침하는 결정적인 증거로 제자들이 물은 것은 세상의 끝(the end of the world)이 아니라 시대의 끝(the end of the age)이라는 사실을 든다. 이 같은 구분은 러셀뿐만 아니라 모든 과거 종말론자들의 생각에 결정적으로 중요한 쟁점이 된다. 즉 성경이 말하는 끝이란 모든 시간의 종료 시점이 아니라, 유대 시대의 끝이라는 것이다.

　러셀은 이렇게 쓰고 있다. "제자들이 세 가지 질문을 했는데, 이 질문들은 각각 시간적으로 오랜 간격이 있는 서로 다른 세 가지 사건들과 관련되어 있다고 보는 것이 일반적인 입장이다. 즉 '언제 이런 일이 일어날 것인가?' 하는 첫 번째 질문은 성전 파괴와 관련된 것이며, '주의 임하심과 세상 끝에는 무슨 징조가 있을 것인가?' 하는 두 번째와 세 번째 질문은 예루살렘이 파괴되고 오랜 시간이 지난 후에 벌어질 사건들, 그리고 실제로 아직 성취되지 않은 사건들과 관련이 있다는 것이다."[4]

그러나 러셀은 세 복음서의 저자가 모두 정확하게 세 가지를 모두 동일한 일반 역사적 사건에서 통합하고 있다고 주장함으로써 이와는 반대 입장을 표명한다. "마가와 누가는 제자들의 질문을 하나의 시점에 이루어질 하나의 사건에 결부시키고 있다.…그러므로 제자들이 동일한 대사건의 다른 측면들에 대해 질문한 것이라고 생각할 수 있다. 아니, 그것은 의심의 여지가 없는 사실이다. 이렇게 볼 때 마태의 기록은 마가, 누가의 기록과 조화를 이루며, 또한 정황을 고려한다 하더라도 그렇게 봐야 마땅하다."[5]

분명히 러셀은 성경의 기록이 영감되었다고 전제하고 있으며, 감람산 강화에 대한 복음서들 간의 조화라는 문제도 이같은 전제에서 접근하고 있다. 즉, 성경의 진정성을 전제한다면, 이 세 가지 사건이 마가복음과 누가복음의 질문에서는 암시적일 뿐이지만 마태복음에서는 이 사건들이 모두 명시적으로 결합되어 있다는 것이 분명해진다. 제자들의 분명한 질문은 시기에 대한 것이다. 즉 그들은 언제 이런 일이 일어날 것이며, 그리스도의 재림과 세상 끝에는 어떤 징조가 나타날 것인지를 묻고 있다.

엄숙한 경고

예수님은 속지 말라는 엄숙한 경고로 제자들의 질문에 대답하신다. 마태는 그분의 대답을 이렇게 기록한다.

> 예수께서 대답하여 이르시되 너희가 사람의 미혹을 받지 않도록 주의하라 많은 사람이 내 이름으로 와서 이르되 나는 그리스도라 하여 많은 사람을 미혹하리라 난리와 난리 소문을 듣겠으나 너희는 삼가 두려워하지 말라 이런 일이 있어야 하되 아직 끝은 아니니라 민족이 민족을, 나라가 나라를 대적하여 일어나겠고 곳곳에 기근과 지진이 있으리니 이 모든 것은 재난의 시작이니라 그때에 사람들이 너희를 환난에 넘겨주겠으며 너희를 죽이리니 너희가 내 이름 때문에 모든 민족에게 미움을 받으리라 그때에 많은 사람이 실족하게 되어 서로 잡아 주고 서로 미워하겠으며 거짓 선지자가 많이 일어나 많은 사람을 미혹하겠으며 불법이 성하므로 많은 사람의 사랑이 식어지리라 그러나 끝까지 견디는 자는 구원을 얻으리라(마 24:4-13).

예수님은 먼저 거짓 메시아의 출현으로 인해 초래될 위험에 초점을 맞추신다. 러셀은 이 거짓 메시아의 거짓 주장에 대한 예언은 그리스도가 승천하신 후부터 예루살렘이 멸망하기 전까지 실제로 실현되었다고 주장한다. "거짓 그리스도와 거짓 선지자들은 초대교회의 매우 이른 시기부터 출현했으며, 유대 역사가 막을 내릴 때까지 전국에 횡행했다. 예컨대 본디오 빌라도가 통치하던 시기(주후 36년)에 그런 인물이 사마리아에 출현하여 수많은 군중을 현혹했으며, 쿠스피우스 파두스(Cuspius Fadus)가 통치하던 시기(주후 45년)에도 마찬가지였다. 한편 요세푸스는 펠릭스(Felix)가 통치하던 시기(주후 53-60년)에 '전국이 강도, 마술사, 거짓 선지자, 사기꾼들로 들끓었으며 이들은 대사건이 일어나리라는 예언으로 사람들을 현혹했다'고 증언한다."[6]

칼뱅도 초대교회 시대에 거짓 메시아들이 발흥했음을 인정한다. "그리스도의 부활 직후에 사기꾼들이 나타나 각기 자신이 '그 그리스도'(the Christ)라고 주장했다. 당시 모든 민중의 가슴은—비록 참된 구원자가 십자가에 못 박히는 치욕스러운 죽음을 당했음에도 불구하고—여전히 희망과 구원에 대한 욕구로 불타고 있었기에 이 사기꾼들이 그들을 기만하기가 그리 어렵지 않았을 것이다. 한편 하나님도 그분의 아들을 배척한 유대인들이 이러한 속임수에 넘어가도록 그대로 내버려 두셨을 것이다."[7]

표 1.1

예수님의 재림과 세상 끝의 징조들

	마태복음 24장	마가복음 13장	누가복음 21장
거짓 그리스도	5절	6절	8절
전쟁과 전쟁의 소문	6절	7절	9절
(민족들 간의 전쟁)	7절	8절	10절
(나라들 간의 전쟁)	7절	8절	10절
기근	7절	8절	11절
질병과 재난	8절	8절	11절
지진	7절	8절	11절
그리스도의 제자들에 대한 박해	9-10절	9, 11-13절	12-17절
그리스도인들의 배교	10절		
거짓 선지자	11절		
불법	12절		
복음이 전 세계에 전파됨	14절	10절	
멸망의 가증한 것	15절	14절	20절
대환난	21절	19절	23절
천체의 격변	29절	24-25절	25절

칼뱅은 그리스도의 부활 이후 초대교회 시대에 거짓 그리스도들로 인한 문제가 이처럼 심각했음을 인정하면서도 예수

1장 • 예수님은 감람산에서 무슨 말씀을 하셨는가?

님의 경고를 1세기 교회에만 국한시키지 않고 모든 시대의 교회에 적용시킨다. 사실 사기꾼들이란 어느 시대에나 출현하기에 칼뱅의 해석이 타당하다고 할 수도 있다. 하지만 문제는 예수님의 경고를 직접 들은 사람들에게 그것이 어떤 의미를 가졌는가 하는 것이다. 예수님의 가르침이 오늘날 우리에게 어떻게 적용되는가 하는 것과 그것이 본래의 배경 속에서 어떤 의미를 가졌는가 하는 것은 별개의 문제다. 예수님은 제자들의 질문에 대답하신 것이다. 그 질문은 예수님이 앞서 말씀하신 일들이 언제 일어날 것인가였다. 그리고 그분의 말씀은 제자들을 향한 것이었다.

예수님은 "너희가 사람의 미혹을 받지 않도록 주의하라"고 하시며, 난리와 난리의 소문을 듣게 될 것이라고 말씀하셨다. 전쟁, 기근, 지진 등 예수님이 열거하신 재앙들은 '재난의 시작'이라고 묘사된다. 그리고 예수님은 제자들이 환난에 넘겨지고, 죽임을 당하게 되며, 예수님의 이름 때문에 미움을 받게 될 것이라고 말씀하신다. 이 점에 대해서도 러셀은 과거 종말론자의 입장에서 접근한다. 그는 이러한 재난을 그리스도의 부활과 예루살렘의 파괴 사이에 실제로 발생한 사건들과 결부시킨다.

> …알렉산드리아, 셀류키아, 시리아, 바빌로니아에서는 같은 도시에 거주하는 유대인들과 그리스인들, 유대인들과 시리아인

들 사이에 격렬한 충돌이 벌어지곤 했다.…칼리굴라가 통치하던 시기에는 그가 예루살렘 성전에 자신의 동상을 세우려 하자 유대인들 사이에서는 로마인들과 일전을 치르게 될지도 모른다는 긴장감이 팽배했다. 한편 클라우디우스 황제(주후 41-54년) 때는 사계절 내내 기근이 계속되었다. 그의 통치 제4년에는 유대 지역에 기근이 극심하여 식량 가격이 폭등하고 수많은 사람들이 죽었다. 또 칼리굴라와 클라우디우스가 통치하던 시기에는 지진이 발생했다. 주님은 '끝'이 오기 전에 그러한 재난들이 일어날 것이라고 제자들에게 이해를 촉구하셨다. 그러나 그런 재난들의 바로 뒤에 끝이 오는 것은 아니었다. 그것들은 단지 '끝의 시작'(beginning of the end)일 뿐이며, 아직 끝은 아니었다(but the end is not yet)."[8]

예수님은 이러한 사건들을 '재난(고통)의 시작'(beginning of sufferings)이라고 말씀하셨다. 올브라이트(W. F. Albright)와 맨(C. S. Mann)은 이 구절을 이렇게 해석한다. "문자적으로 이 말은 '산고의 시작'(beginnings of birth-pains)을 의미하는 것으로, 이는 성경이 새로운 시대 직전에 있게 될 고통을 묘사할 때 사용하는 전문적인 용어다.…유대 전역을 휩쓸었던 격변적인 사건들에 비춰 볼 때, 이런 많은 재난과 더불어 메시아의 시대가 도래했음을 분명히 알 수 있다."[9]

윌리엄 레인도 이와 유사한 방식으로 말한다. "이 같은 사실을 밝히기 위해 예수님은 랍비 문학에서 메시아의 구원에 앞서 있게 될 극심한 고통의 시기를 묘사할 때 '(메시아의) 산고'라는 전문 용어를 사용하셨다. 구약성경에서도 산고는 하나님의 심판을 묘사하는 이미지로 자주 등장한다."[10]

이 재난들은 예수님의 예언이 언제 일어날 것인가 하는 제자들의 질문에 하신 대답에서 언급된 것들이었다. 그러므로 이것들은 예언 성취의 전조, 즉 예수님의 말씀이 실현되기 전에 벌어질 일들을 가리킨다고 한 러셀의 주장은 옳다고 할 수 있다. 다시 말해, 예수님이 예언하신 내용이 예루살렘의 파괴라면 이 같은 사건들은 예루살렘과 성전이 파괴되기 전에 일어나야 한다고 보는 게 자연스럽다는 것이다.

아마도 예수님의 말씀을 둘러싸고 있는 가장 핵심적인 문제는 바로 이것일 것이다. 예수님이 말씀하신 '끝'(the end)은 도대체 무엇을 의미하는가? 그것은 무엇의 끝인가? 성전의 끝? 세상의 끝? 그 세대의 끝? 이것들 가운데 하나 또는 둘을 의미하는 것인가? 그것도 아니면 이 세 가지가 모두 혼재되어 있는 것인가?

복음이 온 세상에 전파됨

마태는 계속해서 다음과 같이 전한다. "이 천국 복음이 모든 민족에게 증언되기 위하여 온 세상에 전파되리니 그제야 끝이 오리라"(마 24:14).

예수님은 '끝'이 오기 전에 나타나야 할 또 다른 현상에 대해 말씀하신다. 복음이 온 세상에 전파되리라는 것이다. 이 세상에는 아직도 복음을 듣지 못한 오지의 종족들과 민족들이 남아 있다는 사실을 근거로 이 '징조'는 아직 성취되지 않았다고 보는 것이 오늘날 널리 받아들여지는 입장이다.

그러나 러셀은 종말의 이 징조도 사도 시대에 이미 성취되었다고 주장한다. "종말 전에 '또 하나의 징조'가 나타나야 한다. 복음이 모든 민족에게 증언되기 위해 온 세상에 전파되는 일이다. 그리고 나서야 끝이 올 것이다. 우리는 이 예언이 사도 시대에 성취되었다는 사실을 앞서 언급(내지는 암시)한 바 있다. 우리 주님의 말씀을 증명할 정도로 당시에 복음이 온 천하에 전파된 것을 사도 바울이 증거하고 있다. 그의 말은 우리 주님의 예언을 방증하는 것이다(골 1:6, 23). 그러나 단 한 사도의 이 명백한 증거만으로는 예루살렘이 멸망하기 전에 우리 주님의 말씀이 어떤 의미로든 실현되었다는 것을 일부 주석가들에게 납득시킬 수 없을 것이다."[11]

문제가 되는 구절은 다음과 같다. "이 복음이 이미 너희에게 이르매 너희가 듣고 참으로 하나님의 은혜를 깨달은 날부터 너희 중에서와 같이 또한 온 천하에서도 열매를 맺어 자라는도다… 만일 너희가 믿음에 거하고 터 위에 굳게 서서 너희들은 바 복음의 소망에서 흔들리지 아니하면 그리하리라 이 복음은 천하 만민에게 전파된 바요 나 바울은 이 복음의 일꾼이 되었노라"(골 1:6, 23).

러셀은 바울의 이 말을 예수님이 앞서 하신 예언과 연결시킨다.

> 여기서 우리는 이전에 주님이 재림에 대해 말씀하신 대목 중에서 시간에 대한 언급을 떠올려 보는 게 좋을 것 같다. "내가 진실로 너희에게 이르노니 이스라엘의 모든 동네를 다 다니지 못하여서 인자가 오리라"(마 10:23). 이 말씀을 우리가 현재 논의하고 있는 예언(마 24:14)과 비교해 볼 때, 우리는 이 두 곳의 진술 및 목표(*terminus ad quem*)가 완벽하게 조화를 이루는 것을 볼 수 있다. 즉 전자에서는 이스라엘의 복음화를, 후자에서는 종말의 전조로서 로마 제국의 복음화를 말하고 있는 것이다. 이 두 곳의 말씀은 모두 사실이며 서로 모순되지 않는다.… 복음이 널리, 즉 이스라엘과 로마 제국 전역에 전파되었다는 사실만으로도 우리 주님의 예언은 그 진실성을 확보하기에 충분하다.[12]

이처럼 러셀이 "인자가 오리라"는 말씀을 종말과 결부시키는 것과 달리, 올브라이트나 맨 같은 다른 학자들은 그것을 그리스도의 부활과 더불어 성취된 것으로 보면서 예수님의 재림 또는 종말과는 구분하려고 한다.

멸망의 가증한 것

감람산 강화의 다음 대목에서는 멸망의 가증한 것이 나타남에 대해 말한다.

> 그러므로 너희가 선지자 다니엘이 말한 바 멸망의 가증한 것이 거룩한 곳에 선 것을 보거든 (읽는 자는 깨달을진저) 그때에 유대에 있는 자들은 산으로 도망할지어다 지붕 위에 있는 자는 집 안에 있는 물건을 가지러 내려가지 말며 밭에 있는 자는 겉옷을 가지러 뒤로 돌이키지 말지어다 그날에는 아이 밴 자들과 젖 먹이는 자들에게 화가 있으리로다 너희가 도망하는 일이 겨울에나 안식일에 되지 않도록 기도하라 이는 그때에 큰 환난이 있겠음이라 창세로부터 지금까지 이런 환난이 없었고 후에도 없으리라 그날들을 감하지 아니하면 모든 육체가 구원을 얻지 못할 것이나 그러나 택하신 자들을 위하여 그날들을 감하시리라(마 24:15-22).

감람산 강화의 이 대목은 일반적으로 대환난으로 묘사되는, 아직 일어나지 않은 사건을 가리킨다는 것이 오늘날의 대체적인 견해다. 이 구절은 여러 해석을 낳았으며, 특히 세대주의 신학 진영에서는 휴거의 시점과 관련하여 그것이 대환난 전에 일어나는 것인지, 아니면 그 중간이나 그 후에 일어나는 것인지가 논쟁이 되고 있다. 휴거에 대한 문제는 나중에 논의할 것이다. 지금은 이 구절들을 둘러싸고 진행되는 여러 종말론 간의 논쟁에 대해 살펴볼 것이다.

과거 종말론의 견해에 따르면, 대환난과 멸망의 가증한 것은 예루살렘이 파괴되기 전에 나타날 징조에 포함된다. 러셀의 주장을 들어 보자. "이 대목이 예루살렘 및 유대와 관련되어 있음이 분명하다는 것은 더 이상 논의할 필요가 없다. 이 구절들에 일차적인 성취와 궁극적인 성취라는 이중의 의미가 담겨 있다는 그 어떤 증거도 발견할 수 없다. 즉 여기서 '그 땅'은 유대 땅이고, '이 민족'은 이스라엘 민족이며, '시간'은 제자들이 살아 있는 동안의 시간['그러므로 너희가 보게 될 때에'(when ye therefore shall see, KJV)]을 말한다."[13]

러셀은 이 예언이 1세기에 성취되었다고 계속해서 주장한다. "대부분의 주석가들은 '멸망의 가증한 것'이란 표현에서 로마군대의 깃발에 대한 암시를 찾는데, 이 같은 이해는 매우 타당한 것이다. 로마군기에 그려진 독수리는 그들에게 종교적 숭배의 대상이었다. 그리고 이와 관련된 누가복음의 언급은 이러한 사실을 거의 결정적으로 증거하고 있다(눅 21:20). 한편 요세푸스의 증언을 통해 알 수 있듯이, 티베리우스 황제가 통치하던 시기에 로마 장군 비텔리우스가 유대 지방으로 진군을 시도하다가 그들의 군기에 그려진 우상의 형상이 율법을 모독한다는 이유로 유대 당국에 의해 저항을 받은 적도 있었다.[14]

올브라이트와 맨은 마태복음 24장 15절을 다음과 같이 주석한다.

> 마태는 단지 암시적으로 말하는 마가와는 달리, 아주 분명하게 말한다. 마태는 '거룩한 곳'(the holy place)이 분명히 성전을 가리킨다고 말한다. 이 대목은 다니엘 9장 27절에서 인용한 것이다(마카비1서 1장 52절과 59절의 우상 제단). 예수님은 역사적으로 안티오쿠스 에피파네스(Antiochus Epiphanes)의 선례를 알고 계셨을 것이다. 로마의 점령 아래에서 민족주의의 봉기가 어떤 결과를 가져올 것인지는 예지나 초자연적인 통찰이 아니더라도 분명하게 파악하셨을 것이다. '멸망의 가증한 것'이 실제적인 우상 숭배를 뜻하는 것인지, 아니면 로마군의 독수리 군기가 성전 안으로 들어오는 것을 의미하는지는 중요하지 않다. 당시뿐만 아니라 그 이전에도 정복자들이 피정복 국가의 신을 제거하고 자신들의 신들로 대체함으로써 통치권을 주장하는 일은 일반적인 관행이었다.[15]

칼뱅은 이 구절에 대해 다음과 같이 쓰고 있다.

> 제자들에게 유대 정부의 몰락과 예루살렘의 성전과 도시의 파괴는 (우리가 앞서 살펴본 바와 같이) 믿을 수 없는 일이었다. 또한 제자들이 양자 됨과 영원한 구원의 언약(롬 9:4)을 받은 나라에

서 떨어져 나가야 구원받을 수 있다는 것은 도무지 생각할 수 없는 일이었다. 그리스도는 다니엘서의 증거를 들어 이 두 가지 사실을 확증하신다. 그것은 마치 이렇게 말씀하시는 것 같았다. "너희가 성전과 율법의 의식에 너무 집착하지 않도록 하나님이 그 기한을 정해 두셨으며, 또 구속자가 오시면 희생 제사를 그치게 되리라는 것을 오래전에 언명하셨다. 또한 어느 날 너희가 너희 나라와 관계를 끊게 되는 상황에 직면했을 때 당혹스럽게 여기지 않도록 하나님은 정한 때가 이르면 그 나라를 버리실 것을 미리부터 그 백성에게 경고하셨다."[16]

러셀은 마태복음의 다음 구절에 대해 주석한다.

그때에 사람이 너희에게 말하되 보라 그리스도가 여기 있다 혹은 저기 있다 하여도 믿지 말라 거짓 그리스도들과 거짓 선지자들이 일어나 큰 표적과 기사를 보여 할 수만 있으면 택하신 자들도 미혹하리라 보라 내가 너희에게 미리 말하였노라 그러면 사람들이 너희에게 말하되 보라 그리스도가 광야에 있다 하여도 나가지 말고 보라 골방에 있다 하여도 믿지 말라 번개가 동편에서 나서 서편까지 번쩍임같이 인자의 임함도 그러하리라 주검이 있는 곳에는 독수리들이 모일 것이니라(마 24:23-28).

러셀은 이 구절이 앞의 내용과 연결된 것이라고 주장한다.

이 구절의 첫 단어, '그때에'(*tote*, 토테)가 이러한 연속성을 말해 준다. 또한 연이어 나오는 말인 '너희에게'도 이것이 제자들을 위한 경고와 안내이며, 그들에게 하신 말씀이라는 것을 분명히 보여 준다. 여기서 명확하게 알 수 있는 사실은, 우리 주님은 제자들에게 머지않아 무슨 일이 일어나리라는 것을, 아니면 적어도 그들이 살아 있는 동안 어떤 사건을 목격하게 되리라는 것을 암시하셨다는 것이다. 이 말씀은 유대 정부 말기에 실제로 일어난 사건을 생생하게 떠올리게 한다.… 유대인 역사가(요세푸스)는 이렇게 기록한다. "수많은 사람들 중에서 빠져나온 사람은 하나도 없었다. 이 비극은 한 거짓 선지자에 의해 야기되었다. 그는 그날 시내에 남아 있던 사람들에게 '하나님께서 성전에 들어가 거기서 구원의 징조를 받으라고 명령하셨다'고 선포했다."[17]

러셀은 예수님이 말씀하신 바 독수리들이 모여드는 주검은 로마군에게 죽임을 당하게 될 이스라엘 백성들을 가리킨다고 주장한다. 즉 주검은 이스라엘을 의미하고, 독수리는 로마를 의미한다는 것이다.

인자의 나타남

러셀의 견해에서 매우 중요한 점은, 그가 마태복음 24장 28절과 인자의 나타남에 대한 징조를 묘사하는 다음 구절을 서로 연관시킨다는 사실이다.

> 그날 환난 후에 즉시 해가 어두워지며 달이 빛을 내지 아니하며 별들이 하늘에서 떨어지며 하늘의 권능들이 흔들리리라 그때에 인자의 징조가 하늘에서 보이겠고 그때에 땅의 모든 족속들이 통곡하며 그들이 인자가 구름을 타고 능력과 큰 영광으로 오는 것을 보리라 그가 큰 나팔 소리와 함께 천사들을 보내리니 그들이 그의 택하신 자들을 하늘 이 끝에서 저 끝까지 사방에서 모으리라(마 24:29-31).

이 구절은 생생한 그림 같은 천체의 격변 이미지로 재림을 묘사한다. 눈으로 볼 수 있는 하늘의 징조들과 귀로 들을 수 있는 나팔 소리에 대해 말한다. 아마도 감람산 강화에서 과거 종말론자들을 가장 곤란하게 만드는 대목이 바로 이 부분일 것이다. 많은 성경 주석가들은 이 대목이 예루살렘의 파괴와 그리스도의 재림을 역사적으로 뚜렷하게 구별하고 있다고 본다. 이들은 예루살렘 성과 성전의 파괴가 한 세대라는 시기에 일어났음을 인정하면서도 그리스도는 아직 구름을 타고 영광

가운데 임하지 않으셨다고 본다. 이러한 입장은 자유주의나 보수주의나 모두 동일하다. 그러나 러셀을 비롯한 과거 종말론자들이 자신들의 이론의 정당성을 입증하려면 이 구절이 1세기라는 시기와 어떻게 일치하는지를 해명해야 한다.

러셀은 마태복음 24장 29-31절이 '즉시'라는 부사로 시작된다는 사실을 근거로 하여 대환난(마 24:15-22)이 임박한 그리스도의 재림과 밀접하게 연관되어 있다고 주장한다. 즉, 그는 이 두 사건 사이에는 시간적인 간격이 있을 수 없다고 본다. 그러므로 이 후자의 사건(재림)이 1세기에 발생했다고 하는 러셀의 주장이 타당하려면, 그는 대환난에 대한 언급이 예루살렘이 파괴되는 동안 유대인들이 겪었던 환난을 말하는 것임을 입증해야 한다.

러셀은 이렇게 말한다.

> 그러나 '대환난'의 배경이 예루살렘과 유대라는 것은 의심의 여지가 없다(15-16절). 그러므로 이 두 구절은 그 주제가 서로 단절된 것이 아니다. 또다시 30절에서 "땅의 모든 족속들이(pasai ai plulai tēs gēs) 통곡하며"라고 말하는데, 이는 유대 지역의 주민들을 가리키는 것이 분명하다. 따라서 랑게(John Peter Lange)의 주장처럼, 이 말이 전 세계 모든 국가와 민족을 가리킨다고 하는 것은 매우 부자연스러운 억지에 불과하다. 신약성경에서는 일반적으로 땅(gē)이란 말이 제한적인 의미를 갖는다.

그리고 여기에서처럼 이 말('땅')이 족속(*phulai*)이란 말과 결합될 때는 이스라엘 민족을 가리킨다는 것도 분명한 사실이다. 이는 매우 자명한 사실로 조지 캠벨(George Campbell)과 모세스 스튜어트(Moses Stuart) 같은 학자들도 동의한다.[18]

많은 학자들은 이 본문을 이같이 해석하는 것을 강력히 반대한다. 그들이 보기에는 본문의 의미가 러셀이 말하는 것처럼 자명하지 않은 것이다. 예를 들어, 칼뱅은 "그날의 환난이 예루살렘의 멸망을 가리킨다고 보는 일부 주석가들의 해석은 타당하지 않다"고 말한다.[19] 아가일(A. W. Argyle) 같은 학자들은 이 본문과 스가랴 12장 10절의 연관성을 주시하는데, 이것은 이스라엘 민족보다 더 넓은 의미를 준다.[20]

본문에서 재림 사건을 묘사하면서 사용하는 생생한 이미지 때문에 많은 학자들—대부분은 아니라 할지라도—은 감람산 강화의 본 대목이 아직 성취되지 않았다고 이해한다. 러셀도 이 사실을 잘 인식하고 있다.

많은 학자들은 이 구절에서 우리 주님이 사용하시는 언어의 성격상 그것은 아직 이루어지지 않은 어떤 거대하고 끔찍한 대재앙이나, 우주의 총체적인 격변을 가리킨다고 말한다. 그들은 그 누가 해가 어두워지고 달이 빛을 내지 아니하며 별들이 하늘에서 떨어지는 것을 보았노라고 말할 수 있으며, 인자가 구름을 타고 능력과 큰 영광으로 오는 것을 보았다고 말할 수 있겠느냐고 묻는다. 과연 그런 현상들이 예루살렘 멸망 때 일어났다고 말할 수 있으며, 만물의 최종적인 종말 이외의 그 어떤 사건에 적용할 수 있겠느냐는 것이다.[21]

그리스도의 재림에 대해 말하는 신약의 다른 구절들에 눈을 돌리면, 러셀은 더 심각한 문제에 봉착하게 된다. 그중 하나는 사도행전에서 찾을 수 있다. "이 말씀을 마치시고 그들이 보는데 올려져 가시니 구름이 그를 가리어 보이지 않게 하더라 올라가실 때에 제자들이 자세히 하늘을 쳐다보고 있는데 흰옷 입은 두 사람이 그들 곁에 서서 이르되 갈릴리 사람들아 어찌하여 서서 하늘을 쳐다보느냐 너희 가운데서 하늘로 올려지신 이 예수는 하늘로 가심을 본 그대로 오시리라 하였느니라"(행 1:9-11).

예수님의 승천에 대한 보도에서 누가는 현장에 있던 제자들에게 그것은 가시적인 경험임을 분명히 밝힌다. 즉 제자들은 그리스도가 구름 속으로 올려지실 때 그것을 보았다. 그들은 땅에 박힌 듯이 꼼짝하지 않고 서서 하늘을 쳐다보았다. 그때 천사들이 나타나 예수님이 제자들을 떠나 하늘로 올라가신 것을 본 그대로 다시 오실 것이라고 선언한다. 이 말은 예수님이 영광스러운 모습으로 떠나가시는 모습을 볼 수 있었다면, 마찬가지로 영광스럽게 오시는 모습도 볼 수 있으리라는 의미일 것이다. 그러므로 예수님의 승천을 영적이고 신비스러운 환상으로 여긴다면, 그것은 마치 성경의 본문에 폭력을 가하는 것과 다름없는 일일 것이다.

러셀은 예언의 문학적 성격에 호소함으로써 이 문제에 대답한다.

> …구약의 예언을 읽는 독자들은 예언의 문법이 상징과 은유라는 것을 인식해야 한다. 예루살렘의 멸망을 바벨론이나 보스라, 두로의 멸망을 묘사할 때처럼 현란하고 수사학적인 언어로 묘사한다는 것을 이해할 수 없단 말인가? 이사야는 바벨론의 멸망을 어떻게 묘사하는가?
>
> "보라 여호와의 날 곧 잔혹히 분냄과 맹렬히 노하는 날이 이르러 땅을 황폐하게 하며 그중에서 죄인들을 멸하리니 하늘의 별들과 별 무리가 그 빛을 내지 아니하며 해가 돋아도 어두우며 달이 그 빛을 비추지 아니할 것이로다…그러므로 나 만군의 여호와가 분하여 맹렬히 노하는 날에 하늘을 진동시키며 땅을 흔들어 그 자리에서 떠나게 하리니"(사 13:9-10, 13).[22]

이사야가 사용하는 이미지는 예수님이 감람산 강화에서 사용하신 이미지와 놀라울 정도로 유사하다. 러셀은 이 점을 대단히 강조한다. 그는 비슷한 이미지를 사용하는 구약성경의 또 다른 구절을 인용한다.

…선지자 이사야는 에돔의 수도인 보스라의 멸망에 대해 다음과 같이 묘사하며 선포한다. "그 살륙 당한 자는 내던진 바 되며 그 사체의 악취가 솟아오르고 그 피에 산들이 녹을 것이며 하늘의 만상이 사라지고 하늘들이 두루마리같이 말리되 그 만상의 쇠잔함이 포도나무 잎이 마름 같고 무화과나무 잎이 마름 같으리라 여호와의 칼이 하늘에서 족하게 마셨은즉 보라 이것이 에돔 위에 내리며 진멸하시기로 한 백성 위에 내려 그를 심판할 것이라"(사 34:3-5). 여기에서도 우리는 주님이 감람산 강화에서 사용하신 그 이미지를 보게 된다. 보스라의 운명을 이처럼 상징적인 언어로 묘사하는 것이 타당하다면, 예루살렘의 멸망에 대해서도 비슷한 방법으로 묘사하는 것이 지나치다고 할 수 있겠는가?[23]

이 시점에서 우리는 러셀이 성경은 성경으로 해석해야 한다는 개혁주의 해석학적 원칙에서 벗어나지 않음을 볼 수 있다. 분명 이것은 '신앙의 유비'(analogy of faith) 원리를 적용한 예라고 볼 수 있다.

칼뱅은 본문의 이미지를 예루살렘의 멸망에 적용하는 것은 거부하지만, 본문에 사용된 언어들이 시적이라는 것은 인정한다.

우리는 해가 어떤 식으로 어두워질지 추측할 수 없다. 하지만 그 일은 일어날 것이다. 마태는 실제로 별이 떨어질 것이라는 의미로 말하지 않았을 것이며, 사람들의 예상을 그렇게 표현했을 뿐이다. 누가는 그저 해와 달과 별들에서 징조가 나타날 것이라고 말한다. 따라서 본문은 별이 떨어질 정도로 격렬한 천체의 대변동이 있으리라는 의미일 것이다. 또한 누가는 땅에서 민족들이 바다와 파도의 성난 소리로 인해 두려움과 공포에 떨 것이라고 덧붙인다. 한마디로, 하늘과 땅에 있는 모든 피조물이 사람에게 대환난을 알리는 전령이 될 것이며, 그럼에도 불구하고 사람은 불경하고 방자하게도 마지막 날까지 이것을 무시하리라는 것이다.[24]

러셀과 칼뱅은 성경의 예언이 서양 세계에서 일반적인 엄격하고 논리적인 언어를 늘 사용하는 것이 아니라 동양 세계에서 익숙한 열정적인 언어를 사용하는 것이 일반적이라는 데 동의한다. 성경은 하나님의 심판을 묘사할 때 보통 격변과 혼돈의 이미지를 사용한다. 러셀은 이렇게 말한다. "감람산 예언에서 우리 주님이 사용하신 이미지는 예루살렘의 멸망으로 이루어질 유대 국가와 정치 체계의 붕괴와 관계가 있다는 결론을 내릴 수밖에 없다. 그것이 고대 선지자들의 문체를 채택하고 있다는 사실과 그 사건이 가진 도덕적 성격이 언어의 사용을 정당화하고 있다는 사실에 비추어 볼 때 이 같은 결론이 타당하다고 할 수 있다."[25]

러셀이 (감람산 강화만큼) 파국적인 용어로 가득하지 않은 사도행전 본문을 어떻게 해석하는지 살펴보자. 그는 이렇게 말한다. "(올라가심을 본) '그대로'라는 표현을 너무 지나치게 강조해서는 안 된다. 승천과 재림의 방식에는 명백한 차이가 있기 때문이다. 예수님이 승천하실 때는 혼자셨고, 눈에 띄는 영광도 보이지 않았지만, 재림하실 때는 천사들과 함께 영광스럽게 오실 것이다. 이 말은 그분의 재림이 섭리적이거나 영적인 것이 아니라 가시적이고 인격적인 것임을 함축하고 있다. 재림의 가시성은 사도들의 일관된 가르침이며, 초대교회 그리스도인들의 한결같은 믿음이었다. '볼지어다 그가 구름을 타고 오시리라 각 사람의 눈이 그를 보겠고'(계 1:7)."[26]

사도행전 본문에 대한 러셀의 해석은 너무 간단해서 만족스럽지 못하다. 그는 본문의 표현을 지나치게 강조해서는 안 된다고 말하지만, 내가 보기에는 너무 강조하지 않아서 문제다. 그는 예수님이 '가시적인 영광 없이' 승천하셨다고 말한다. 하지만 제자들이 무엇을 보고 있었는가? 예수님이 구름 속으로 올려지셨다는 것은 명백한 영광과 존귀를 보여 주는 쉐키나(Shekina)의 임재를 암시한다. 러셀은 예수님이 천사들과 함께 영광스럽게 재림하실 것이라고 말하며, 이 점은 그분의 승천과 뚜렷하게 구별된다고 주장한다. 하지만 예수님이 승천하실 때도 영광스러움이 있었고 천사들도 있었다.

러셀은 예수님의 승천에 대한 기록에는 재림의 시점에 대한 언급이 없다는 것을 인정한다. 하지만 예수님이 다시 올 것이라고 선언하셨기 때문에 제자들은 그분이 '얼마 있지 않아' 이 세상으로 오시리라 생각했을 것이라고 러셀은 주장한다. 러셀은 바로 이러한 사실 때문에 예수님이 그들 곁을 떠나셨음에도 불구하고 제자들이 크게 기뻐하며 예루살렘으로 돌아갔다고 믿는다.

무화과나무의 비유

감람산 강화는 무화과나무의 비유로 이어진다. "무화과나무의 비유를 배우라 그 가지가 연하여지고 잎사귀를 내면 여름이 가까운 줄을 아나니 이와 같이 너희도 이 모든 일을 보거든 인자가 가까이 곧 문 앞에 이른 줄 알라"(마 24:32-33). 감람산 강화에서 가장 논쟁이 되는 부분, 즉 "이 세대가 지나가기 전에 이 일이 다 일어나리라"(마 24:34)는 말씀을 하기에 앞서 예수님은 무화과나무에 대한 간략한 비유를 말씀하신다. 러셀은 이 비유가 '이 세대'에 대한 말씀의 서론 역할을 한다고 믿는다.

그러나 우리 주님은 우리가 어떤 오해나 과오를 하지 않게 하시려는 듯, 다음 단락에서 자신의 예언에 분명한 선을 그어 명확하고 뚜렷한 울타리 안에 두셨다. 이로써 그 의미에 대해 제기될 수 있는 의문의 소지는 사전에 모두 차단된다.…

이처럼 엄숙한 순간에 말씀하신 이 말('이 세대')이 감람산 강화에서 계속 언급되는 대사건이 임박했음을 확인시켜 주는 것이 아니라면 주님의 말씀은 아무 의미도 없을 것이다. 우선 무화과나무의 비유에서 무화과나무가 잎사귀를 내면 여름이 가까운 줄 아는 것처럼, 예수님이 앞서 말씀하신 징조들은 종말이 가까운 것을 말해 준다. 그들, 즉 예수님의 말씀을 듣고 있던 제자들이 그 징조들을 보게 될 것이며, 그러면 그들은 종말이 '가까이 곧 문 앞에' 이른 것을 깨닫게 된다.[27]

게리 드마(Gary DeMar)는 이 비유가 유대인들의 팔레스타인 귀환 및 국가 재건을 내다본 것이라는 일부 주석가들, 특히 세대주의자들의 견해에 주목한다. 그는 신약성경 어디에도 이스라엘의 국가 재건에 대한 언급이 없다는 사실을 들어 이러한 입장을 반박한다. 반대로 그는 이 비유가 그 세대가 지나가기 전에 다시 와서 예루살렘과 성전을 파괴하겠다고 하신 다음 단락의 말씀과 연관이 있다고 보는 러셀의 견해에 동의한다.[28]

아직 감람산 강화의 끝부분까지 전부 살펴보지는 않았지만, 이 시점에서 이 장을 마무리해야 할 것 같다. 다음 장에서 "이 세대가 지나가기 전에"(마 24:34)라는 말씀의 의미를 더 상세히 살펴보기 위해서다. 지금까지의 논의에서 러셀을 중심으로 한 온건한 과거 종말론자들의 견해를 요약하면 이렇다.

1. 감람산 강화의 예언이 일관되게 다루는 것은 예루살렘과 성전의 파괴와 그리스도의 재림은 동일한 사건이라는 것이다.
2. 이 사건들의 전조가 되는 몇 가지 징조가 있다. 거짓 그리스도와 거짓 선지자의 출현, 사회적 대혼란, 자연 재해 및 천체의 격변, 사도들에 대한 박해, 신자들의 배교, 로마 제국 전역에 복음이 전파되는 것이다.
3. 대환난은 예루살렘의 포위 사건을 가리킨다.
4. 감람산 강화는 세상의 종말에 대한 예언이 아니라, 한정된 시간의 종말, 즉 '유대 시대' 내지는 '유대 정부의 종말'에 대한 예언이다.
5. 예수님이 종말에 수반되는 사건들을 이야기하면서 사용하신 생생한 언어들은 은유적인 것으로, 이는 구약의 예언에서 사용된 시적 어법과 맥을 같이한다.

02

말세의 징조를 알리는 '이 세대'는 무엇인가?

The Last Days according to Jesus

내가 진실로 너희에게 말하노니
이 세대가 지나가기 전에
이 일이 다 일어나리라.
마태복음 24:34

이미 언급한 것처럼, 버트런드 러셀의 회의주의와 요하네스 바이스, 알버트 슈바이처의 '일관된 종말론'은 감람산 강화에 언급된 시기와 직접적인 관련이 있다. '종말의 지연'이라는 위기 상황도 사실은 상당 부분 이 문제로 인해 야기된 것이다. 또 과거 종말론이 여러 분파로 나뉜 것도 바로 이 점에 대한 입장 차이 때문이다.

감람산 강화의 다음 대목으로 들어가 보자.

> [34]내가 진실로 너희에게 말하노니 이 세대가 지나가기 전에 이 일이 다 일어나리라 [35]천지는 없어질지언정 내 말은 없어지지 아니하리라 [36]그러나 그날과 그때는 아무도 모르나니 하늘의 천사들도, 아들도 모르고 오직 아버지만 아시느니라 [37]노아의 때와 같이 인자의 임함도 그러하리라 [38]홍수 전에 노아가 방주에 들어가던 날까지 사람들이 먹고 마시고 장가 들고 시집 가고 있으면서 [39]홍수가 나서 그들을 다 멸하기까지 깨닫지 못하였으니 인자의 임함도 이와 같으리라(마 24:34-39).

이 대목에 대한 과거 종말론자들의 해석을 검토하기에 앞서 '이 세대'라는 구절을 둘러싼 여러 견해를 살펴보자.

데이비드 힐(David Hill)은 34절을 이렇게 해석한다.

이 구절은 제자들 가운데 일부는 살아서 그리스도의 재림을 보리라고 한 마태복음 16장 28절을 상기시킨다. 이 구절에는 그 사건이 비교적 멀지 않은 때에 일어나리라는 사실이 암시되어 있다. 반면에 36절은 정확한 시점에 대한 어떤 추측도 용납하지 않는다. 36절이 진정으로 예수님의 말씀이라면, 종말이 임박했다고 말한 앞의 예언은 그분의 실수였을까? 이 같은 문제를 해결하기 위해 여러 의견이 제시되어 왔다.

첫째, 예수님은 여기서 세상의 종말이 아니라 예루살렘의 멸망에 대해 말씀하고 계신다는 것이다. 하지만 연이어 나오는 35-36절의 말씀이 갖는 엄숙성에 비추어 볼 때, 그것이 어떤 특정한 역사적 사건을 가리킨다고 보기는 어렵지 않은가? 둘째, '이 세대'는 역사가 끝날 때까지 존속할 '하나님의 백성들'을 가리킨다는 것이다. 여기서 우리는 예언서들에서 흔히 사용되는 어법인 '역사적 시계(時界)의 단축'(shortening of historical perspective)의 한 예를 보게 된다.[1]

흥미로운 사실은, 힐이 35-36절에서는 기본적으로 예루살렘의 멸망이라는 개념을 찾아볼 수 없다고 생각한다는 것이다. 하지만 날짜와 시간에 대한 구체적 언급이 없다고 해서 이 구절에 나오는 '세대'에 인간의 한 세대를 적용할 수는 없다고 말할 수 없다.

누군가가 어떤 사건이 앞으로 40년 내에 일어나리라는 것을 예측할 수 있는데, "그러나 그 사건이 일어나는 정확한 날짜와 시간은 알 수 없다"고 말했다고 해서 그의 예언의 정확성이 훼손되었다고 말할 수 있겠는가? 그리고 힐이 역사적 시계의 단축이라는 현상에 호소하는 것에도 문제가 있다. 예수님은 예언이 '언제' 성취되느냐고 한 제자들의 질문에 대답하셨던 것이기 때문이다.

"이 세대가 지나가기 전에"(마 24:34)라는 구절은 마가복음과 누가복음에서도 동일하게 반복되는 표현이다(부록 2를 보라). 가장 먼저 지적해야 할 사실은, 예수님이 지금 말씀을 나누고 있는 대상은 동시대를 살아가는 제자들이라는 점이다. 즉 예수님의 말씀을 듣는 일차적인 청중이 제자들이라는 사실이다. 사실 예수님의 말씀을 듣는 청중에는 이후의 모든 그리스도인이 포함된다. 하지만 그렇다고 해서 본래의 청중을 고려 대상에서 배제하거나 이차적인 지위로 전락시키는 것은 위험한 일이다.

러셀은 100명 중 99명은 예수님이 예언하신 사건들이 향후 한 세대 안에 일어날 것이라는 의미로 말씀하셨으리라고 이해할 것이라 주장한다. 하지만 그렇다고 해서 이 말은 당시

예수님의 예언	
마태복음 16장 28절	여기 서 있는 사람 중에 죽기 전에 인자가 그 왕권을 가지고 오는 것을 볼 자들도 있느니라
마태복음 24장 34절	이 세대가 지나가기 전에 이 일이 다 일어나리라

에 살아 있던 사람들이 모두 예언이 성취되는 순간까지 반드시 살아 남게 되리라는 뜻은 아니며, 그들 중 대부분이 그렇게 되리라는 의미라고 주장한다.

예수님의 또 다른 예언

여기서 우리는 예수님의 또 다른 시기에 대한 언급에 주의를 돌리게 된다. "인자가 아버지의 영광으로 그 천사들과 함께 오리니 그때에 각 사람이 행한 대로 갚으리라 진실로 너희에게 이르노니 여기 서 있는 사람 중에 죽기 전에 인자가 그 왕권을 가지고 오는 것을 볼 자들도 있느니라"(마 16:27-28).

마태는 예수님이 말씀하셨을 때 그곳에 있던 사람들('여기 서 있는 사람') 가운데는 죽음을 맛보지 않고 살아서, 인자가 그 왕권을 가지고 오는 것을 볼 사람들도 있다고 선언한다. 헬라어 성경에는 "오는 것"(coming)이란 말에 파루시아(parousia, 재림)라는 단어가 사용되지 않는다. 그럼에도 불구하고 예수님은 여기서 인자가 "오는 것"에 대해 말씀하신다. "죽기 전에"라는 말이 분명히 죽음을 가리키고 있다. 따라서 우리는 이 본문이 예수님의 말씀을 듣고 있던 사람들 가운데 일부는 죽기 전에 예수님의 오심을 목격하게 될 것을 의미한다고 이해할 수 있다. 마태는 예수님이 "그 왕권을 가지고 오는 것을 볼 자들도 있느니라"고 말한다. 마가는 제자들 중에 죽기 전에 "하나님의 나라가 권능으로 임하는 것을 볼 자들도 있느니라"고 말하며(막 9:1), 누가는 "하나님의 나라를 볼 자들도 있느니라"고 말한다(눅 9:27).

이제 이 구절들과 관련하여 생기는 문제는 다음과 같다. 즉 제자들이 죽기 전에 보게 될 것은 무엇인가? 공관복음서는 이 '인자의 옴'을 하나님 나라의 현현과 결부시킨다. 많은 주석가들은 하나님 나라의 현현이 그리스도의 부활과 승천, 오순절 등 구속사에서 결정적으로 중요한 순간에 나타났으며, 그때마다 그리스도의 왕적 영광이 외적으로 나타났다고 해석한다. 한편으로 변화산 사건을 드는 학자들도 많다. 그들은 재림 때 나타날 예수님의 영광이 변화산에서 일시적으로 보였다고 이해한다.

윌리엄 레인은 이렇게 말한다. "예수님의 변모는 일시적이었지만 그분의 주권이 현실에서 드러나고 또 목격된 사건이다. 그것은 그 자체를 뛰어넘어 그분이 '큰 권능과 영광'(막 13:26)으로 오시게 될 재림을 내다보게 한다. 예수님의 변모

직후에 성취된 그분의 약속(막 9:2)은 로마와 그 밖의 다른 곳에서 고통을 겪고 있던 그리스도인들에게 예수님과 복음에 대한 헌신이 결코 헛되지 않다고 격려하기에 충분했다." 레인은 시어스(J. Schierse)의 말을 인용하여 예수님의 변모와 재림을 서로 연결시킨다. 이 두 가지 사건은 결코 같지 않지만, 전자는 후자의 증거가 된다.[2]

예수님의 변모와 부활 사건이 하나님 나라의 도래를 표시한다는 것에 신약 학자들 사이에서 논쟁의 여지는 거의 없다. 다만 이 사건들의 연관성에서 문제가 되는 것은 시기에 대한 언급이다. 그러나 이 경우에는 이 시기가 그 예언과 너무 멀리 떨어져 있다거나 시간적으로 맞지 않는다는 것이 문제가 아니라, 시기 언급이 너무 임박하다는 것이 문제다. 즉 마가복음에서는 예수님의 변모에 대한 언급이 바로 다음 구절에 나온다. 게다가 "엿새 후에"(막 9:2)라는 명확한 시간 언급으로 시작된다.

그러나 자신의 종말 예언이 한 주 내에 성취될 것이었다면 (그렇지 않고 그것이 부활이나 승천, 오순절 사건을 지칭하는 것이었다 해도) 예수님이 굳이 "여기 서 있는 사람 중에는 죽기 전에"(막 9:1) 종말의 사건들이 일어날 것이라고 말씀하실 필요가 있었을까? 예수님이 "너희들 가운데 일부는 이번 주에 죽지 않을 것이다"라고 말씀하시지 않은 것이 이상하지 않은가?

이 문제에 대해 혹자는 예수님이 하나님 나라가 그렇게

빨리 임하리라고는 미처 생각하지 못하셨으며, 단지 모든 제자들이 죽기 전에 그런 일이 일어나리라는 사실만 아셨다고 주장한다. 그분이 자신의 예언이 성취되기까지 어느 정도 시간이 걸릴 것이라고 생각했다는 것은 분명하다. 이 같은 견해는 제자들이 죽기 전에 그런 일이 있으리라고 한 예수님의 말씀을 옹호하는 것임에는 틀림없다. 하지만 예언이 6일 만에 실현되었다면, 이것은 예수님이 자신의 예언이 성취되기까지 경과할 시간에 대해 완전히 오해했음을 말하는 것이 된다. 물론 이 예언을 예수님의 변모와 관련 있는 것으로 보는 레인의 해석이 전혀 불가능한 것은 아니지만, 그렇게 보기에는 어렵다.

예수님이 예루살렘의 멸망을 내다보고 말씀하신 것이라면, 그 시기를 며칠이나 몇 주보다는 몇 년으로 잡았을 것이라고 보는 것이 더 타당하다. "[제자들이] 죽기 전에"라는 말씀에는 예수님의 예언과 그 성취 사이에 몇 년의 간격이 있으리라는 사실이 강하게 암시되어 있기 때문이다.

이 같은 논의가 중요한 이유는, 그것이 감람산 강화에서 언급된 "세대"라는 개념(마 24:34)을 이해하는 데 필수적이기 때문이다. 예수님이 대략 40년이라는 시기를 염두에 두셨다면, 이 시기 내에 제자들 중 일부가 죽지 않을 것이라는 말도 가능하다. 그리고 감람산 강화가 일차적으로 예루살렘의 멸망을 전후한 사건들을 가리키며, '세대'라는 말이 40년의 기간을 의미한다면, 마태복음 16장 28절에서 인자가 오리라고 한 언급 역시 예수님의 변모와 같이 가까운 장래에 있어날 사건을 가리키는 것이 아니라 예루살렘의 멸망을 지칭한다고 할 수 있다.

마태복음 16장에 나오는 예수님의 언급에 대한 스튜어트 러셀의 입장은 아주 단호하다.

이 범상치 않은 선언이야말로 우리의 논의에서 가장 중요하다. 그것은 또한 신약성경의 재림 교리를 올바르게 해석하는 열쇠가 될 수 있다. 여기에 언어상 어떤 특별한 어려움이 있다고 말할 수는 없지만 그것은 주석가들을 매우 곤혹스럽게 해왔으며, 그 결과 수많은 해석을 낳게 했다. 여기서 말하는 '인자의 옴'이 무엇을 가리키는지를 물어볼 필요는 없다. 그것이 변화산에서 예수님이 영광스럽게 변모하신 사건을 가리킨다고 하는 해석은—이 같은 주장을 지지하는 사람들이 많지만—명백하게 적절하지 못한 것이므로, 논박할 필요조차 없다.…우리 주님의 그 말씀을 들은 사람이라면 누구라도 그렇게 해석할 수 없었을 것이라고 말하는 것만으로 충분할 것 같다.…어떻게 그리스도의 부활을 아버지의 영광으로, 거룩한 천사들과 함께, 그분의 왕권을 가지고 심판하러 오시는 인자의 옴과 동일시할 수 있단 말인가?[23]

또한 러셀은 예수님이 사용하신 표현도 40여 년의 시간 간격에 어울린다고 주장한다. 그 정도의 시기라야 당시 예수님과 함께 있던 사람들 중—전부는 아니더라도—일부가 살아남게 되리라고 예상할 수 있기 때문이다. 그는 또 이것을 마태복음 10장과도 연결시킨다. "이 동네에서 너희를 박해하거든 저 동네로 피하라 내가 진실로 너희에게 이르노니 이스라엘의 모든 동네를 다 다니지 못하여서 인자가 오리라"(마 10:23).

러셀은 이렇게 말한다. "이 구절에서 우리는 이후로 우리 주님과 사도들이 빈번히 언급하게 될 바로 그 대사건, 즉 예수님의 재림 내지는 파루시아에 대한 최초의 언급을 접하게 된다.…'인자의 옴'이라는 말이 그 밖의 다른 곳에서와 마찬가지로 파루시아, 즉 그리스도의 재림을 표현하는 공식이라는 사실을 부인할 사람이 어디 있겠는가? 요컨대 이 구절에 담긴 의미는 십자가에 못 박히심이나 부활에 대한 말씀이 그러하듯이 명백하고 일관된 것으로써, 이를 대신할 어떤 해석도 용납하지 않는다."[4]

이 구절에서 말하는 '인자의 옴'이 그리스도의 재림을 가리킨다고 하는 러셀의 주장이 옳다면, 재림의 일차적인 시기는 40년이라는 기간으로 제한될 것이라는 결론이 나오게 된다. 제자들이 팔레스타인 전역에 복음을 전파하는 데 40년 이상의 시간이 필요하지 않았을 테니까 말이다.

'이 세대'의 의미

우리가 지금까지 살펴본 구절의 핵심 문제는 "이 세대가 지나가기 전에"라는 구절이 무엇을 의미하는가에 관련되어 있다. 러셀은 이 구절이 갖는 자명한(prima facie) 의미는 한 세대라는 기간, 즉 30-40년의 기간 이외에 그 무엇도 될 수 없다고 주장한다. 그는 이렇게 말한다.

> 그러나 주석가들은 우리 주님의 이 같은 선언을 최종적인 것으로 받아들이지 않는다. 그 대신, 그분의 말씀에 담긴 당연하고 상식적인 의미를 강하게 거부해 왔다. 그들은 예수님이 말씀하신 사건들이 말씀대로 그 세대에 이루어지지 않았으며, 따라서 세대(genea)라는 말을 통상적으로 이해하듯이 특정 시대나 기간에 걸쳐 살고 있는 사람들—즉 여기서는 우리 주님과 동시대인들—을 의미하는 것으로 볼 수 없다고 주장해 왔다.
>
>   예수님이 말씀하신 이런 일들이 일어나지 않았다고 하는 것은 아무런 근거도 없는 주장에 불과하다. 그러나 문법학자들의 임무는 단어의 참된 의미를 밝혀내는 일이지, 그로 인해 일어날지도 모를 결과에 대해 미리 염려하는 것이 아니다. 마찬가지로 우리 주님의 예언이 성취되고 안 되고는 우리가 관여할 바가 아니다. 우리의 몫은 단지 그것을 이해하려고 노력하는 일일 것이다.[5]

게리 드마도 '이 세대'의 의미에 대해 러셀과 같은 입장을 취한다. "마태복음 24장을 미래적으로 해석하는 사람들은 '이 세대'라는 말이 예수님이 말씀을 나누셨던 사람들의 세대를 의미하는 것이 아니라, 그 사건들이 일어날 때 살아 있을 먼 미래의 세대를 가리킨다고 주장한다."[6]

나는 드마가 이 점에서 근본적인 오류를 범하고 있다고 생각한다. 미래 종말론자들은 드마처럼 예수님이 동시대인들에게 말씀하신 것이 아니라고 주장하지 않는다. 그들은 드마와 달리, 여기서 '세대'라는 용어는 40년이라는 특정한 기간이 아니라 사람들의 '유형' 또는 '부류'를 가리킨다고 주장한다.

그들 가운데 어떤 이들은 '이 세대'가 신자들을 가리킨다고 보고, 반면에 다른 이들은 악인들을 의미한다고 이해한다. 다시 말해, 예수님은 제자들과 같은 신자들이 이 땅을 떠나기 전에 예수님의 재림을 보게 되리라는 의미로 말씀하셨을 것이라는 주장이다. 이런 의미로 본다면, 당시 제자들도 '이 세대'에 포함될 수 있다. 마찬가지로, 예수님이 아무리 오래 지체하시더라도 재림 때까지 그리스도의 왕국을 거부하는 악인들의 세대는 항상 존재하리라는 의미로 말씀하셨을 수도 있다는 것이 그들의 생각이다.

이 같은 입장을 지지하는 대표적인 학자는 헤르만 리덜보스다.

그러나 이 구절을 더 충분히 연구하고 자세히 살펴보면, 그와는 다른 입장이 옳음을 알 수 있다. 중요한 문제는 예수님이 말씀하시고자 했던 것이 과연 어떤 특정한 날짜였는가, 아니면 단지 그분이 예언하신 사건들의 확실성이었는가다.

예수님이 그 말씀을 하신 후에 곧바로 "그러나 그날과 그때는 아무도 모르나니"(마 24:36)라고 말씀하신 것을 고려한다면, 그분이 말씀하시려고 했던 것이 어떤 특정한 날짜였다고 하는 주장은 다소 놀라운 것이다. "그러나 그날과 그때는 아무도 모르나니"라고 본문에 기록되어 있기 때문에 우리가 퀴멜(W. G. Kummel)처럼 비록 불일치성에 대해 언급할 필요는 없을지라도, 이 사건을 동시대인들에게 성취될 것으로 국한시킨다면 그 선언의 취지는 매우 약화될 것이다.…여기서 우리는 '이 세대'라는 단어에 시간적 의미를 부여해서는 안 되며, 그와 달리 예수님과 그분의 말씀을 거역하는 특정한 성향이나 마음의 태도를 가진 사람들을 의미하는 것이라고 이해해야 한다.[7]

이처럼 리덜보스는 '이 세대'를 시간의 상태가 아니라, 마음의 상태로 이해한다. 그는 예수님의 목적은 그분이 하신 예언의 확실성에 있었지, 그 예언의 성취 시점에 있었던 것은 아니라고 주장한다.

리덜보스의 이러한 주장의 주된 문제 가운데 하나는, 예수님은 확실성 여부에 대한 질문에 대답하신 것이 아니라, 시간에 대한 질문에 대답하셨다는 점이다. 즉 제자들의 질문은 이런 일들이 정말로 일어날 것인지가 아니라, 언제 일어날 것인지였다.

드마는 '이 세대'를 예수님이 말씀을 나누셨던 사람들이 속한 세대 이외의 다른 의미로 해석하는 것은 '세대'라는 말을 신약성경에서 사용되는 것과는 다른 의미로 해석하는 처사라고 주장한다. 그는 이렇게 말한다.

> …'이 세대'라는 단어를 복음서 전체를 통해 살펴볼 때 분명히 드러나는 사실은 그것이 예수님의 말씀을 듣고 있던 사람들의 세대를 가리킨다는 것이다. 이 말이 혹자들이 주장하는 것처럼 '민족'이나 미래 세대를 의미하는 경우는 어디에도 없다. '이 세대'에서 '이'(this)라는 형용사가 동시대성을 말해 준다. 예수님이 미래의 세대를 염두에 두고 계셨다면 '저'(that)라는 형용사를 선택하셨을 것이며, 그분의 말씀은 이런 식이 되었을 것이다. "무화과나무에 잎사귀가 나면서, (이스라엘 민족이 자기 선조들의 땅에 다시 모이게 되면서) 시작될 저(미래의) 세대가 지나가기 전에 이 일이 다 일어나리라."
>
> …누가복음 21장 32절, 마태복음 24장 34절, 마가복음 13장 30절 이외에도 신약에서 서른여덟 번 등장하는 세대(genea)라는 말은 모든 경우에 시간적 의미를 가지며, 일차적으로 동시대인들을 가리킨다.…8

그러고 나서 드마는 데이비드 칠턴(David Chilton)의 말을 인용한다. "세대라는 말의 용례 가운데 수천 년 간 존재한 유대 민족 전체를 의미하는 경우는 단 한 번도 없다. 모든 경우에 이 단어는 일반적으로 동시대에 살고 있는 사람들 전체를 의미한다. 즉 언제나 동시대인들(contemporaries)을 가리킨다. (사실 이 단어가 '민족'을 의미한다고 말하는 사람들도 이런 사실을 인정하는 경향을 보인다. 그럼에도 불구하고 그들은 예수님이 이 말을 사용하신 마태복음 24장에서 갑자기 그 의미를 변경시킨다.)"9

러셀의 주장도 드마의 견해와 유사하다.

많은 학자들은 여기에 나오는 '게네아'(*genea*)라는 단어를 '민족' 또는 '국가'로 번역해야 한다고 주장한다. 그래서 그들은 주님의 말씀을 유대 민족이 사라지기(멸망하기) 전에 예언이 성취될 것이라는 의미로 해석한다.… 대부분의 다른 단어들처럼 게네아도 여러 가지 의미를 갖고 있으며, 70인역(Septuagint)과 다른 고전 작품에서는 종종 '국가' 또는 '민족'이라는 의미로 사용되고 있는 것도 틀림없는 사실이다. 그러나 우리 주님이 종종 사용하신 '이 세대'라는 표현은 언제나 예외 없이 동시대인들, 즉 그분이 사셨던 시대의 유대인들을 의미한다는 것은 추호의 의심도 없는 명백한 사실이다. 이 같은 나의 주장이 옳은지 그른지는—그가 헬라어 학자든지 아니든지—독자들의 솔직한 판단에 맡기는 편이 안전하겠지만, 이것은 아주 중요한 쟁점이므로

이 같은 주장에 대한 근거를 제시하는 것이 바람직할 것 같다.[10]

우리는 이러한 근거들을 검토하기 전에 예수님이 말씀하신 '이 세대'의 보편적인 의미를 추호의 의심도 없이 입증할 수 있다고 한 러셀의 놀라운 주장에 주목해야 한다. 존경받는 여러 학자들이 이 단어를 그와는 다른 방식으로 해석해 왔다는 사실을 고려한다면, 그의 주장은 놀라울 수밖에 없다. 물론 러셀도 이 문제에 대해 아무런 의문점이 없다고는 하지 않았다. 다만 그는 자신의 견해를 추호의 의심도 없이 입증할 수 있다고 주장할 뿐이다. 그는 학자들 사이에서 쟁점이 되고 있는 문제가 더 이상 논의되어서는 안 된다고 주장하면서, 이러한 자신의 주장을 결정적으로 입증하겠다고 약속한다.

한편 러셀은 앞서 살펴본 것처럼 '게네아'(genea)는 다양한 의미로 사용될 수 있으며, 실제로 70인역과 다른 고전 작품에서 특정한 시기에 살고 있는 동시대인들이라는 의미 이외의 뜻으로 사용된 경우가 있음을 인정하는데, 이로 인해 그는 자신의 주장을 입증하기가 훨씬 더 어렵게 되었다. 그가 자신의 주장을 입증하기 위해서는 예수님이 그 단어를 사용하실 때마다 그것은 오로지, 배타적으로 그분의 동시대인들만을 의미했다는 점을 보여 주어야 하기 때문이다.

러셀의 주장

이제 러셀이 자신의 주장을 입증하기 위해 제시한 근거들을 살펴보자.

1. 감람산 강화를 말씀하시던 바로 그날, 우리 주님은 사람들에게 마지막으로 이렇게 선언하셨다. "이것이 다 이 세대에 돌아가리라"(마 23:36). 여기에 언급된 '이 세대'가 예수님이 말씀하시던 당시 세대가 아닌 다른 것을 가리킨다고 주장하는 주석가는 아무도 없다.
2. "이 세대를 무엇으로 비유할까"(마 11:16). 랑게(John Peter Lange)와 루돌프 스티어(Rudolf Stier)는 여기에서 '이 세대'는 그 당시 살아 있던 이스라엘의 마지막 세대를 가리킨다는 것을 인정한다.
3. "악하고 음란한 세대가 표적을 구하나"(마 12:39), "심판 때에 니느웨 사람들이 일어나 이 세대 사람을 정죄하리니"(마 12:41), "심판 때에 남방 여왕이 일어나 이 세대 사람을 정죄하리니"(마 12:42), "이 악한 세대가 또한 이렇게 되리라"(마 12:45). 표적을 구했던 세대는 그 당시 살아 있던 사람들임에 틀림없다. 심판 때 이방인들에게 정죄받게 될 세대란 세례 요한과 그리스도의 가르침을 배척했던 바로 그 사람들의 세대가 아니면 누구겠는가? 우리 주님의 말씀에 대한 단 하

나의 가능한 해석 방법은, 믿음이 없고 사악한 동시대인들에게 하셨던 말씀으로 이해하는 것이리라.

4. "창세 이후로 흘린 모든 선지자의 피를 이 세대가 담당하되…과연 이 세대가 담당하리라"(눅 11:50-51).

5. "누구든지 이 음란하고 죄 많은 세대에서 나와 내 말을 부끄러워하면"(막 8:38).

6. "[인자가] 이 세대에게 버린 바 되어야 할지니라"(눅 17:25).

이 구절들은 우리 주님의 말씀에서 '이 세대'(this generation)라는 표현이 나오는 경우로, 현재 우리가 논의하고 있는 이 중요한 구절이 무엇을 의미하는지에 대한 어떤 합리적인 질문을 넘어서서 분명한 대답을 준다.…[11]

우리는 여기서 러셀의 말이 미묘하게 바뀐 것을 발견하게 된다. 앞에서 그는 "추호의 의심도 없이(without a shadow of doubt) 명백한"이라고 말했다가 이제는 "합리적인 질문(의문)을 넘어서서"(beyond all reasonable question)라고 말한다. 이것을 문체상의 차이로 볼 수도 있다. 하지만 어떤 사실을 추호의 의심도 없이 입증하는 것과 어떤 합리적인 질문(의문)을 넘어서서 입증하는 것은 법적인 차이로도 볼 수 있다. 우리는 이러한 차이를 현대의 재판 제도에서 찾아볼 수 있다. 형사 재판에서 배심원들은 합리적인 질문(의문)을 반박할 수 있는 평결에 이르도록 요청받는다. 이것은 추호의 의심도 없는 평결보다는 강도가 약한 것이다.

러셀의 근거가 타당하다는 것과 그것이 논리적으로 설득력을 가지고 있다는 것은 별개의 문제다. 이것은 특히 러셀이 지금까지 예수님이 '이 세대'라는 말을 언급한 구절들을 그저 인용했을 뿐이지 이에 대한 주석을 거의 제시하지 않았다는 점에서 중요하다. 러셀은 이러한 구절에 나오는 예수님의 말씀의 의미가 자명하다고 전제하는 것 같다.

러셀은 귀류법(reductio ad absurdum)이라는 고전적 논증 방식을 사용함으로써 자신의 주장을 강화하려 한다.

> 그러나 우리가 어떤 학자들의 주장처럼 '게네아'를 '민족'이라는 의미로 받아들인다면, 주님의 예언에서 그 어떤 의미나 중요성을 찾을 수 있겠는가? 우리 주님이 "내가 진실로 너희에게 말하노니"라고 엄숙하게 하셨던 예언의 말씀이 고작 '히브리 민족이 이 지상에서 사라지기 전에 이 일이 다 일어나리라'는 의미만 가질 뿐이라고 믿을 수 있겠는가? 우리 시대의 어떤 예언자가 큰 재앙으로 런던이 파괴되고, 성 바오로 성당과 국회 의사당이 무너지며, 참혹한 대학살이 일어날 것이라고 예언했다고 치자. 사람들이 그 일들이 언제 일어날 것인지 묻자 예언자가 "앵글로색슨 족이 지상에서 사라지기 전에 이 일이 다 일어날 것이다"라고 대답한다면, 이 얼마나 불만스러운 대답이겠는가? 그

런 대답을 듣는 사람들은 모욕감을 느끼고 그 예언자를 비웃을 것이 틀림없다. 이와 마찬가지로, 제자들이 바라보고 기다려야 했던 것이 과연 그런 것이라고 할 수 있겠는가? 그 같은 가설 자체가 잘못된 것이다.[12]

러셀의 논거는 '세대'의 해석을 '민족'으로 적용한다. 그는 '게네아'가 다른 의미, 즉 '의인들의 시대' 또는 '악인들의 시대'라는 뜻으로 사용될 때가 있음을 인정한다. 그러나 이런 경우들을 고려할 필요가 없다고 믿는다. 그는 한 세대를 보통 몇 년으로 볼 수 있느냐는 문제로 관심을 돌리면서, 정확하지는 않지만, 대략 30-40년이라고 결론짓는다. 그는 자신의 견해를 뒷받침할 수 있는 구약성경의 언급들을 인용하며, 예루살렘의 멸망 시점을 감람산 강화 이후 37년의 기간 내에 둔다.

나는 러셀이 자신의 주장을 추호의 의심도 없이 입증하고 있다고 생각하지 않는다. 그럼에도 불구하고 나는 그가 예수님이 '이 세대'라고 하셨을 때 그분의 동시대인들을 두고 말씀하신 것이며, 그 세대가 살아 있게 될 명확한 기간을 가리킨 것이라는 자신의 주장을 어느 정도 무게감 있게 입증했다고 생각한다.

추가적 증거

게르하르트 키텔(Gerhard Kittel)의 『신약 신학 사전』(Theological Dictionary of the New Testament)의 '게네아' 항목에는 일반적인 용법에서 '출생' 또는 '혈통'을 의미하지만, '세대'를 뜻할 수도 있다고 기록되어 있다. 70인역에서는 이 단어가 주로 "'동시대인들'이란 의미의 세대"를 뜻한다. 신약성경에서는 그 개념이 순전히 공식화된 것으로, 대부분 "'동시대인들'이란 의미의 세대"를 뜻한다.[13] 그리고 '이 세대'라는 표현은 시간적 의미로 이해할 수 있으며, 그 표현이 사용될 때마다 늘 ('음란한', '악한', '믿음이 없는' 같은) 비판적인 수식어가 붙는다.[14]

윌리엄 레인은 '이 세대'가 예수님의 동시대인들을 가리킨다는 의견에 동의한다. 레인은 그의 마가복음 주석에서 이렇게 쓰고 있다. "이 말이 갖는 시간적 의미에 대해 반론이 제기되어 왔다. 그러나 마가복음에서 '이 세대'는 명백하게 예수님의 동시대인들을 가리킨다.… 그리고 문맥 어디에서도 이와 다른 해석을 옹호하는 흔적을 찾아볼 수 없다. 예수님은 제자들과 같은 세대의 사람들이 그분의 예언이 성취됨으로 예루살렘이 파괴되고 성전이 붕괴되는 것을 목격하게 될 것이라고 엄숙하게 단언하신다. 예수님은 '언제 이런 일이 일어날 것인가?'라고 묻는 제자들의 첫 질문에 그렇게 대답하셨다."[15]

이처럼 '이 세대'는 미래의 어떤 집단의 사람들이 아니라 예수님의 동시대인들을 가리킨다는 견해가 널리 받아들여지는 것 같다. 이러한 견해는 스튜어트 러셀과 같은 과거 종말론자들뿐만 아니라 버틀란트 러셀과 같은 비평가들, 일관된 종말론학파, 윌리엄 레인과 같은 현대 보수주의 학자들도 인정한다. 하지만 이러한 긍정적인 견해에도 불구하고 많은 학자들이 감람산 강화의 예언이 1세기에 성취되었다고 보지 않는 것이 놀랍다.

스튜어트 러셀의 주장이 타당성을 가지려면 '이 세대'가 예수님의 동시대인들을 가리킬 뿐 아니라, 그가 말한 '이 일이 다'에는 그분의 재림도 포함된다는 결론이 나와야 한다. 이 같은 결론을 피하기 위해 '이 세대'는 예수님의 동시대인들이 아니라 다른 세대를 의미한다거나, '이 일이 다'에는 예루살렘의 파괴를 둘러싼 사건들만 포함된다는 주장이 제기되곤 했다.

헤르만 리덜보스는 이런 주장을 다음과 같이 흥미롭게 요약한다.

> 그러나 '이 일이 다'라는 말이 제한적인 의미를 가진다고 해석한다. 예를 들어 흐레이다너스(Seakle Greijdanus)는 '다'라는 말이 제한적 의미를 가지는 것은 당연하다고 쓴다. 이것은 신적 계획에 따라 인류의 모든 역사에 벌어지게 될 모든 일을 의미하는 것이 아니라, 예수님이 여기서 언급하신 세대에 대해 선언하신 것, 특히 마태복음 24장 20-24절에서 예언하신 것으로 당시

유대 백성들이 당하게 될 재앙, 즉 그들의 멸절을 가리킨다는 것이다. 이런 관점에서 볼 때 흐레이다너스가 앞에서 '당연하다'고 한 의미가 분명해진다. '이렇게 해석하지 않으면 예수님의 예언이 실현되었다고 할 수 없기 때문이다.' 그래서 이를 '사건으로부터의 설명'(explicatio ex eventu)이라고 한다.[16]

리덜보스의 이 말은 핵심을 잘 지적하고 있다. '이 세대'를 예수님의 동시대인들이 아닌 다른 의미로 사용하거나, '이 일이 다'를 예루살렘의 멸망을 둘러싼 사건들로 제한시켜 해석하려는 시도는 성경의 본문과 그리스도의 말씀이 거짓이라는 주장을 막기 위한 동기에서 비롯된 것이다. 여기서 우리는 일관된 종말론에서 말하는 종말의 지연이라는 쟁점이 그리 깊지 않은 곳에 잠복해 있음을 보게 된다. 리덜보스는 과거 종말론의 견해를 받아들이는 대신 '이미 그리고 아직'(already and not yet)의 가설을 선호하지만, 그럼에도 불구하고 그는 '이 일이 다'를 예루살렘의 멸망에 국한시키려는 주장에 반대한다. 그는 이렇게 말한다.

'(이) 일이 다'가 인자의 재림과 징조들을 모두 가리키는지에 대해 의문을 가질 수 있다. "이와 같이 너희도 이 모든 일을 보거든 인자가 가까이 곧 문 앞에 이른 줄 알라"고 한 마태복음 24장 33절은 그것이 징조들만 가리킨다는 견해와 가까워 보인다.

반면에 마태복음 24장 34절의 병행 구절인 마가복음 13장 30절 이후에 나오는 "그러나 그날과 그때는 아무도 모르나니"(막 13:32) 등의 구절은 재림도 포함된다는 것을 분명하게 보여 준다. 그러므로 우리가 보기에 '(이) 일이 다'를 징조들에만 국한시키고 재림은 제외시키는 것은 옳지 않은 것 같다.

…그러나 우리는 31-32절에 이러한 징조들을 포함시키지 않으려는 것은 매우 독단적인 일이라고 생각한다. 본문은 분명하게 '이 일'(these things)이 '다'(all)라고 말하고 있으며, 이 둘은 앞서 언급한 모든 것을 가리킨다. 결론적으로 말해, 해석상 어떤 어려움이 있더라도 본문의 의미를 독단적으로 제한시키는 일은 용납할 수 없다고 생각한다.[17]

'이 세대'라는 말과 '이 일이 다'라는 말을 액면 그대로 받아들일 때 내릴 수 있는 결론은, 예수님의 재림을 포함한 감람산 강화의 모든 내용이 (어떤 의미에서든) 이미 성취되었든지, 그렇지 않으면 적어도 예수님의 예언은 그것이 예정하는 시기 내에 이루어지지 않았든지 둘 중 하나라는 것이다. 이에 대해 복음주의 신학자들은 대체로 전자의 견해를, 비평 학자들은 후자의 견해를 선호해 왔다.

과거 종말론자들에게 던지는 질문

감람산 강화에 묘사된 '이 일이 다' 1세기에 일어났다고 해도 몇 가지 중대한 의문이 남는다. 첫째, 과연 그런 일들이 실제로 일어났다고 할 수 있을까? 둘째, 그렇다면 예수님의 재림을 기다리는 그리스도인들의 소망은 어떻게 되는 것인가? 이 두 가지 의문은 이를 응답하기 위해 수많은 이론들이 제시될 정도로 영향력을 발휘했다.

어떤 사람이 감람산 강화의 내용에 어떤 식으로 접근하느냐 하는 것은 주로 그가 어떤 해석학을 채택하느냐에 좌우된다. 정통 프로테스탄트 해석학은 마르틴 루터의 '문자적 의미'(sensus literalis)라는 견해를 따른다. 그런데 오늘날 성경의 '문자적 의미'에 대해 많은 혼란이 있는 것 같다. 루터가 의미한 바는, 성경은 그것이 기록된 방식에 따라, 달리 말하면 그것이 가지는 '문학적 의미'(literary sense)에 따라 해석해야 한다는 것이다. 이것은 '허황된 비약'을 통해 주관주의에 빠지거나 해석자의 일시적인 기분이나 성향에 따라 성경을 마음대로 상상하고 왜곡하지 않게 하려는 데 그 목적이 있다. 다시 말해, 루터는 주관주의를 막기 위해 해석자가 성경 본문을 객관적으로 해석할 수 있게 하나의 원칙을 세우려 했다.

고전적인 의미에서 성경을 '문자적으로' 해석하려면 우리가 성경의 여러 문학적 장르를 구분할 수 있어야 한다. 즉, 시는 시로 해석해야 하며, 교훈적인 글은 교훈의 문법에 따라 해석해야 한다. 또 역사적 서사(내러티브)를 비유처럼 취급해서는 안 되며, 마찬가지로 비유를 역사적 서사처럼 엄격하게 해석해서는 안 된다. 한편 성경에 기록된 대부분의 예언은 상상력이 동원된 그림같이 생생한 언어를 사용하며, 통상적인 역사적 서사의 요소와 시의 상징적 언어가 혼합된 묵시록의 장르에 속한다.

성경 해석에 대한 혼동의 일부는 '문자적'(literal)이라는 단어의 현대적 용법에서 비롯된다. 오늘날 문자적이라는 말은 루터가 사용했던 것처럼 전문적인 의미로 사용되는 것이 아니라, 보통 시적 이미지라든가 직접적인 교훈 또는 지시어 등을 해석하는 방식을 의미한다. 이런 의미에서 모든 본문을 문자적으로 해석한다는 것은 문학적 장르에 따르는 것이 아니라 단순하게 지시하면서 해석하는 것을 말한다. 그러므로 감람산 강화를 이처럼 딱딱한 문자주의에 따라 해석하면 종말의 지연이라는 위기가 발생하게 된다. 감람산 강화에서 묘사되고 있는 재림을 둘러싼 대격변적 사건이 주후 70년에 '문자적으로' 일어나지 않았다는 것은 분명한 사실이기 때문이다. 즉 강화에 언급된 어떤 사건들은 '문자적으로' 이루어졌지만, 다른 사건들은 그렇지 않은 것이 분명하다.

감람산 강화의 문자적 성취 여부에 대해 다음과 같은 세 가지 해석이 가능하다.

1. 강화 전체를 문자적으로 해석하는 방법이다. 이 경우, 일관된 종말론을 옹호하는 사람들이 주장하는 것처럼 예수님의 예언 중 일부는 이루어지지 않았다고 결론지어야 한다.
2. 재림 예언을 둘러싼 사건들은 문자적으로 해석하고, 시간에 대한 언급은 상징적으로 해석하는 방법이다. 이것은 "이 세대가 지나가기 전에"라는 말을 예수님의 동시대인들에게만 국한시키지 않으려는 사람들이 주로 채택하는 방법이다.
3. 시간에 대한 언급은 문자적으로 해석하고, 재림을 둘러싼 사건들은 상징적으로 해석하는 방법이다. 이런 입장에서 보면 감람산 강화의 예언은 그 이후 예루살렘이 주후 70년에 멸망하기까지의 기간에 모두 이루어진 것이 된다.

과거 종말론자들은 세 번째 방법을 따른다. 과거 종말론의 장점은 이 같은 해석 방법에서 발견된다. 시간에 대한 언급을 문자적으로 해석할 것인지, 아니면 재림에 대한 언급을 문자적으로 해석할 것인지에 직면하게 될 때, 과거 종말론은 전자를 택한다. 과거 종말론의 이러한 선택은 더 중요한 해석학적 원칙, 즉 성경은 성경으로 해석해야 한다는 원칙을 따른 결과다. 러셀이 밝힌 것처럼, 성경에는 예언서의 천체 격변에 대한 언급을 상징적으로 해석하는 선례들이 많이 나온다. 반면에 시간에 대한 언급은 그 같은 이미지를 취하지 않고 직설적이고 일상적인 언어로 표현되고 있다. 성경의 문장에서 '단순 명료한 의미'(plain sense)를 찾아야 한다는 루터의 견해를 따라 과거 종말론자들은 성경의 시간 언급을 '단순 명료한'(prima facie) 의미로 해석해야 한다고 주장한다.

앞에서 언급한 세 가지 해석 방법 외에도 다른 의견들이 제시되어 왔다. 나중에 다시 살펴보겠지만, 과거 종말론자들 가운데 일부 학자들은 감람산 강화의 모든 예언들이 당시 한 세대라는 기간에, 즉 '문자적으로' 성취되었다고 주장한다.

또 다른 해석 방법은 성경 예언의 일차적 성취와 이차적 성취라는 원리를 적용한다(러셀은 이 같은 방식을 강하게 거부한다). 이 같은 방법을 옹호하는 사람들은 예언이 초기에는 일차적으로 성취(부분적 성취)되고, 이후에 이차적인 성취(완전한 성취 또는 궁극적 성취)가 뒤따른다고 이해한다. 그들은 이 같은 방법이 적용될 수 있는 예로 동정녀 탄생과 고난받는 여호와의 종에 대한 이사야의 예언을 든다.

러셀은 감람산 강화를 이 같은 방식으로 해석하려는 시도에 대해 강력하게 반발한다.

> 이 강화의 구조에 대해 일반적으로 받아들여지는 견해는—이는 주석가들뿐만 아니라 일반 독자들까지도 거의 당연하다고 여기는데—우리 주님은 성전의 파괴에 대한 제자들의 질문에 대답하시면서 그 사건들 속에 세상의 멸망, 우주적 심판, 만물의 궁극적 완성을 섞어 말씀하셨다는 것이다.…

성경을 이런 방법으로 해석하는 것에 대해 반박할 수 있을 것이다. 단순한 질문에 대해 단순한 대답을 예상할 수 있는 구절에서도 이중, 삼중, 다중의 의미를 찾아야 하며, 예언 속에서 예언을, 비밀 속에 감추어진 비밀을 발견해야 한단 말인가? 성경이 그처럼 수수께끼 같고 모호한 것이라면 우리가 어떻게 깨달음의 확신을 얻을 수 있겠는가?[18]

이처럼 러셀이 수사학적으로 제기한 질문의 대답은 간단하다. 즉 성경은 때로 불가사의하고 불명료하다는 것이다. 루터를 비롯한 권위 있는 종교 개혁가들은 성경의 명확성에 대해 가르쳤고, 전체적으로 성경은 명료하다고 주장했다. 그럼에도 불구하고 그들은 사실 성경의 어떤 대목들은 불가사의하다는 점을 부인하지 않았다. 이러한 이유로 그들은 의미가 명료한 구절에 근거하여 불명료한 구절을 해석해야 하며, 반대로 불명료한 구절에 비추어 명료한 구절을 해석하지 않아야 한다는 원칙을 세우게 되었다.

과거 종말론을 향해 제기될 수 있는 또 다른 의문은—이것이야말로 가장 중요하다—그렇다면 그리스도인에게 아직도 미래에 대한 소망이 남아 있는가 하는 것이다. 미래에 대한 '복된 소망', 즉 그리스도의 재림의 완성은 역사를 살아가는 그리스도인에게 신앙의 한 항목인가, 아니면 허황된 꿈에 불과한가? 과연 그리스도의 재림을 포함하는 모든 종말론은 전적으로 '실현된 종말론'이 되어버린 것인가?

이러한 문제에 답하기 위해서는 과거 종말론을 온건한 과거 종말론(moderate preterism)과 급진적 과거 종말론(radical preterism)으로 구별할 필요가 있다. 온건한 과거 종말론은 감람산 강화에서 예언된 그리스도의 재림이 이미 성취되었다고 보면서도, 신약성경의 다른 구절들을 근거로 하여 그리스도와 그분 나라의 미래 완성을 여전히 믿는다(이 점에 대해서는 나중에 논의할 것이다). 반면에 급진적 과거 종말론은 신약의 모든 종말론이 실제적으로 이미 완성되었다고 이해한다.

03

끝나게 될 '세대'는 무엇을 가리키는가?

예루살렘은 이방인의 때가 차기까지
이방인들에게 밟히리라.
누가복음 21:24

감람산 강화에서 시기 문제를 둘러싼 쟁점들 가운데 하나는 '세대의 끝'(the end of the age)이라는 말이 갖는 성경적 의미는 무엇인가 하는 것이다. 세계 역사의 종말 또는 그리스도의 나라의 궁극적 완성을 의미하는 것인가? 아니면 하나님의 경륜에서 어느 특정한 한 시대, 즉 구약적 이스라엘의 시대를 말하는 것인가? 다시 말해, 유대 시대의 종말이 여기서 말하는 '세대의 끝'인가?

과거 종말론자들의 기본적인 주장은 '세대의 끝'이 특정적으로 유대 시대의 종말과 이방인들의 시대, 즉 교회 시대의 시작을 의미한다는 것이다. 스튜어트 러셀은 마태복음 13장의 다음 구절을 언급하면서 이 개념에 대해 설명한다.

> 이에 예수께서 무리를 떠나사 집에 들어가시니 제자들이 나아와 이르되 밭의 가라지의 비유를 우리에게 설명하여 주소서 대답하여 이르시되 좋은 씨를 뿌리는 이는 인자요 밭은 세상이요 좋은 씨는 천국의 아들들이요 가라지는 악한 자의 아들들이요 가라지를 뿌린 원수는 마귀요 추수 때는 세상 끝이요 추수꾼

은 천사들이니 그런즉 가라지를 거두어 불에 사르는 것같이 세상 끝에도 그러하리라 인자가 그 천사들을 보내리니 그들이 그 나라에서 모든 넘어지게 하는 것과 또 불법을 행하는 자들을 거두어 내어 풀무 불에 던져 넣으리니 거기서 울며 이를 갈게 되리라 그때에 의인들은 자기 아버지 나라에서 해와 같이 빛나리라 귀 있는 자는 들으라 천국은 마치 밭에 감추인 보화와 같으니 사람이 이를 발견한 후 숨겨 두고 기뻐하며 돌아가서 자기의 소유를 다 팔아 그 밭을 사느니라 또 천국은 마치 좋은 진주를 구하는 장사와 같으니 극히 값진 진주 하나를 발견하매 가서 자기의 소유를 다 팔아 그 진주를 사느니라 또 천국은 마치 바다에 치고 각종 물고기를 모는 그물과 같으니 그물에 가득하매 물가로 끌어내고 앉아서 좋은 것은 그릇에 담고 못된 것은 내버리느니라 세상 끝에도 이러하리라 천사들이 와서 의인 중에서 악인을 갈라 내어 풀무 불에 던져 넣으리니 거기서 울며 이를 갈리라 (마 13:36-50).

흠정역(King James Version)은 38-40절을 다음과 같이 번역한다.

[38]밭은 세상이며, 좋은 씨는 왕국의 자녀들이라, 그러나 독보리는 악한 자의 자녀들이요, [39]독보리를 뿌린 그 원수는 마귀며, 추수는 세상의 끝이요, 추수꾼들은 천사들이니라. [40]그러므로 독

보리를 거두어서 불에 태웠듯이, 이 세상의 끝에도 그렇게 되리라.

³⁸The field is the world; the good seed are the children of the kingdom; but the tares are the children of the wicked one; ³⁹the enemy that sowed them is the devil; the harvest is the end of the world and the reapers are the angels. ⁴⁰As therefore the tares are gathered and burned in the fire; so shall it be in the end of the world.

표 3.1 마태복음 13:38-40에 나오는 '세상'

절수	흠정역	새흠정역	헬라어
38절	밭은 세상이며, 좋은 씨는 왕국의 자녀들이라, 그러나 독보리는 악한 자의 자녀들이요,	밭은 세상이며, 좋은 씨는 왕국의 아들들이라, 그러나 독보리는 악한 자의 아들들이요,	코스모스 Kosmos
39절	독보리를 뿌린 그 원수는 마귀며, 추수는 세상의 끝이요, 추수꾼들은 천사들이니라.	독보리를 뿌린 그 원수는 마귀며, 추수는 세대의 끝이요, 추수꾼들은 천사들이니라.	아이온 aiōn
40절	그러므로 독보리를 거두어서 불에 태웠듯이, 이 세상의 끝에도 그렇게 되리라.	그러므로 독보리를 거두어서 불에 태웠듯이, 이 세대의 끝에도 그렇게 되리라.	아이온 aiōn

3장 • 끝나게 될 '세대'는 무엇을 가리키는가?

러셀은 다음과 같이 비평한다.

우리는 이 구절들에서 일반 영어 성경(흠정역) 독자들을 대단히 혼란스럽게 하고, 더 나아가 그들을 오도하는 잘못된 번역의 한 예를 보게 된다. 아마도 백이면 아흔아홉은 '세상의 끝'(the end of the world)이라는 말을 인류 역사의 종말, 물질 세계의 멸망이라는 의미로 이해할 것이다. 그들은 38절의 '세상'(world)과 39, 40절의 '세상'(world)이 원문상 완전히 다른 단어이며, 전적으로 다른 의미라고 생각하지 못할 것이다. 하지만 그것은 사실이다. 흠정역이 38절의 '세상'(*Kosmos*)을 인간 세계를 가리키는 세상으로 번역한 것은 옳다. 하지만 39, 40절의 '세상'(*aiōn*)은 일정 기간(a period of time)을 가리키는 세대(age)나 시대(epoch)로 번역해야 한다.… 이 단어와 '영원 또는 세대의 끝'(the end of the aeon, or age)이라는 어구를 올바르게 해석하는 일은 매우 중요하다. 앞서 말한 바와 같이, '세상'(*aiōn*)은 일정 기간이나 시대를 의미한다. 이 단어와 정확하게 일치하는 라틴어가 아이움(*aevum*)이다. 그리고 영어 성경에서 '세상의 끝'(the end of the world)으로 번역된 '순텔레이아 투 아이오노스'(*sunteleia tou aiōnos*)는 '세대(시대)의 끝'(the close of the age)으로 번역되어야 한다.[1]

러셀은 세대의 끝이 한 세대가 끝났음을 의미할 뿐만 아니라, 그것이 완성되어 즉시 또 다른 세대가 뒤따라옴을 의미한다고 주장한다. 이것은 유대인들이 전통적으로 메시아에 대해 생각하는 한 부분이었다. 메시아의 출현으로 시작될 새 세대는 '하늘 나라'(kingdom of heaven)라고 불리게 될 것이다. 현존하는 시대는 유대적 시대이며, 곧 종결될 것이다. 이 같은 관념은 세례 요한의 설교에서 중심을 이루는 것으로, 그는 때가 가까이 왔다고 말했다.

신약성경은 예수님의 성육신을 '위기의 때'(a time of crisis)로 본다. 영어 '크라이시스'(crisis)는 헬라어 '크리시스'(*krisis*)에서 유래(또는 번역)한 것인데, 신약성경에서 이 단어는 '심판'(judgement)을 의미한다. 메시아의 도래는 임박한 이스라엘의 심판과 직접적으로 연관된다. 세례 요한은 이스라엘 백성들에게 회개하고 세례를 받으라고 촉구했는데, 이는 그들이 위기, 즉 하늘의 재판관인 인자를 통해 이루어질 하나님의 심판을 맞이할 준비가 되어 있지 않았기 때문이다. 이 인자의 도래는 마치 양날을 가진 검과 같다. 그분의 도래를 환영하는 사람들에게는 구원인 반면에, 그분을 거부하는 사람들에게는 심판이기 때문이다.

세례 요한의 아버지 사가랴는 성령으로 충만하여 이렇게 예언했다. "찬송하리로다 주 이스라엘의 하나님이여 그 백성을 돌보사 속량하시며"(눅 1:68). '돌보사'(visited)로 번역된 단어의 헬라어 명사형은 '에피스코푸스'(*episcopus*)다. 그리고 이것에서 유래된 영어 단어는 교회 행정의 한 형태로 감독에게 권위를 부여하는 감독제를 뜻하는 '에피스코펄'(episcopal)이다. '에피스코푸스'는 주로 '감독'(bishop)으로 번역된다. 따라서 하나님의 돌보심(visitation)은 문자적 의미로 하나님의 감독 행위(act of bishoping)를 뜻한다. 고대 그리스 문화에서 감독은 종교적 인물이 아니라 군사적 인물이었다. 그는 군대를 시찰하여 전투 준비 상황을 점검했다. 그리고 군대의 전투 준비 상황이 부실하면 엄중한 처벌을 내렸다.

'에피스코푸스'의 어근은 '스코푸스'(scopus)이며, 여기에서 '스코프'(scope)라는 단어가 유래했다. '스코프'는 물체를 관찰하는 데 이용되는 도구다. 예를 들면 현미경(microscope), 망원경(telescope), 잠망경(periscope) 등이다. 작은(micro) 물체를 관찰할 때는 현미경을, 멀리 떨어진 물체는 망원경을, 주변에(peri) 있는 물체는 잠망경을 사용한다. 그리고 접두사 '에피'(epi-)는 어근에 붙어 그 의미를 강조하는 역할을 한다. 이렇게 볼 때 '에피스코푸스'는 어떤 대상을 자세히 살펴보고, 면밀히 조사하며, 평가하는 사람을 가리킨다. 따라서 '감독'(bishop)의 어원적 의미는 '감독'(supervisor)이 된다.

신약적 의미에서 하나님이 자기 백성을 '돌보신다'(visit)고 했을 때, 그것은 그분이 그들의 상태를 살펴보러 오신다는 뜻이다. 즉 칭찬하거나 심판하기 위해, 구원하거나 정죄하기 위해 오시는 것이다. 여기에는 최종적인 심사가 포함되어 있다.

여호와의 날

하나님이 자기 백성을 돌보신다는 개념은 구약성경에 나타나는 '여호와의 날'의 도래와 긴밀하게 연결되어 있다. '여호와의 날'은 구약의 예언에서 가장 두드러지게 나오는 표현 가운데 하나다. 원래는 이스라엘 백성들이 큰 기쁨을 가지고 내다보았던 구원의 날을 가리켰다. 그런데 그들의 신앙과 행실이 타락함으로 인해 이 말은 의미상의 변화를 겪게 된다. 세월이 흐를수록 이 말에는 파멸과 심판의 의미가 담기게 되었다. 그럼에도 불구하고 이 말에는 여전히 신실한 자들을 위한 희망의 흔적이 남아 있다. 구약성경의 마지막 예언은 말라기서에 나온다.

> 만군의 여호와가 이르노라 보라 용광로 불 같은 날이 이르리니 교만한 자와 악을 행하는 자는 다 지푸라기 같을 것이라 그 이르는 날에 그들을 살라 그 뿌리와 가지를 남기지 아니할 것이로되 내 이름을 경외하는 너희에게는 공의로운 해가 떠올라서 치료하는 광선을 비추리니 너희가 나가서 외양간에서 나온 송아지같이 뛰리라 또 너희가 악인을 밟을 것이니 그들이 내가 정한 날에 너희 발바닥 밑에 재와 같으리라 만군의 여호와의 말이니라 너희는 내가 호렙에서 온 이스라엘을 위하여 내 종 모세에게 명령한 법 곧 율례와 법도를 기억하라 보라 여호와의 크

고 두려운 날이 이르기 전에 내가 선지자 엘리야를 너희에게 보내리니(말 4:1-5).

다가올 그날은 악인들을 불사르는 용광로 불과 동시에 치료하는 광선을 비추는 공의로운 해가 임할 것을 알리는 전령이다. 이 "크고 두려운 날"이 이르기 전에 엘리야가 올 것이다. 이스라엘에게 여호와의 날은 크게 기뻐할 날이지만, 동시에 두려운 날도 될 것이다. 또한 이 날은 인자가 도래하는 위기의 날이기도 하다.

호버트 프리먼(Hobart E. Freeman)은 그의 요엘서 주석에서 여호와의 날에 대해 이렇게 쓰고 있다. "요엘서의 중심 주제는 여호와의 날에 대한 강조에 있다. '여호와의 날'(the day of Yahweh)이라는 이 독특한 종말론적 어구는 오바댜서에 처음으로 나오며(옵 1:15), 요엘서에서 반복적으로 나온다(욜 1:15, 2:1-2, 11, 31, 3:14, 18). 이 말의 영적 의미는 그날의 성격과 목적에서 찾을 수 있다. 즉 그날이 악인들에게는 진노와 심판의 날이며, 의인들에게는 구원의 날이라는 것이다."[2]

프리먼은 여호와의 날에 대한 요엘의 예언과 그리스도의 감람산 강화의 예언에서 어떤 연관성을 발견한다. 그는 요엘의 예언이 미래에 일어날 사건을 가리킨다고 믿는다. "신적인 징조가 여호와의 날이 이르렀음을 알려 줄 것이다. '내가 이적을 하늘과 땅에 베풀리니 곧 피와 불과 연기 기둥이라 여호와의 크고 두려운 날이 이르기 전에 해가 어두워지고 달이 핏빛 같이 변하려니와'(욜 2:30-31). 여기에 묘사된 종말론적 현상이 오순절 때 성취되었다고 할 수 없으며, 그보다는 언젠가 다가올 그리스도의 재림을 내다보고 있음이 분명하다. 우리 주님은 이것을 마태복음 24장 29-30절에서 확인시켜 주신다. 거기서 주님은 자신의 재림과 관련하여 동일한 종말론적 이미지를 사용하신다."[3]

프리먼은 여호와의 날과 감람산 강화에서 열거된 격변적인 징조들 사이에 연관성이 있다고 본다. 그는 그 같은 일들이 오순절 때 성취되지 않았음이 "매우 명백하다"고 주장한다. 러셀을 비롯한 과거 종말론자들은 오순절이 여호와의 날의 완성을 가리킨다고 보지 않는다. 그렇다고 해서 이날이 세상의 종말 때까지 연기될 것이라고 보지도 않는다. 그들은 여호와의 날에 대한 예언이 오순절보다 훨씬 전에, 즉 예루살렘이 멸망할 때 성취되었다고 이해한다.

현재 우리가 논의하는 내용과 관련될 뿐만 아니라 흥미로운 일은 사도행전에서 베드로가 오순절 사건을 요엘 선지자의 예언 성취로 간주한다는 것이다.

이는 곧 선지자 요엘을 통하여 말씀하신 것이니 일렀으되 하나님이 말씀하시기를 말세에 내가 내 영을 모든 육체에 부어 주리니 너희의 자녀들은 예언할 것이요 너희의 젊은이들은 환상을 보고 너희의 늙은이들은 꿈을 꾸리라 그때에 내가 내 영을 내 남종과 여종들에게 부어 주리니 그들이 예언할 것이요 또 내가 위로 하늘에서는 기사를 아래로 땅에서는 징조를 베풀리니 곧 피와 불과 연기로다 주의 크고 영화로운 날이 이르기 전에 해가 변하여 어두워지고 달이 변하여 피가 되리라 누구든지 주의 이름을 부르는 자는 구원을 받으리라 하였느니라(행 2:16-21).

이 오순절 설교에서 베드로는 사람들이 방금 목격한 현상은 선지자 요엘이 예언했던 것이라고 말한다. 요엘의 예언은 마지막 날과 여호와의 날의 도래를 알리는 징조에 대한 것이었다. 프리먼의 평가가 옳다면, 요엘의 예언은 오순절 때 일부 성취되었지만, 나머지 대부분은 그 이후 수천 년 동안 아직 성취되지 않은 것이 된다.

요엘과 말라기의 예언을 러셀이 어떻게 다루는지를 살펴보기 전에 먼저 여호와의 날에 대한 구약의 다른 예언들을 살펴보자. 첫 번째로 아모스는 여호와의 날을 이렇게 요약한다. "화 있을진저 여호와의 날을 사모하는 자여 너희가 어찌하여 여호와의 날을 사모하느냐 그날은 어둠이요 빛이 아니라 마치 사람이 사자를 피하다가 곰을 만나거나 혹은 집에 들어가서 손을 벽에 대었다가 뱀에게 물림 같도다 여호와의 날은 빛 없는 어둠이 아니며 빛남 없는 캄캄함이 아니냐"(암 5:18-20).

아모스는 신탁(神託)을 묘사하는 히브리 문학의 관용적 표현을 사용한다. 이것은 "화 있을진저"로 시작하는 파멸의 신탁이다. 그는 잘못된 기대를 품고 있는 사람들이 맞게 될 아이러니한 결과를 생생한 이미지로 묘사한다. 그들은 사자를 피하다가 곰을 만난 사람과 같다. 브루스 바터(Bruce Vawter)는 다음과 같이 해설한다.

> "여호와의 날"은 그 역사가 선지자들보다도 오래된 신념들 가운데 하나로써, "남은 자들"에게 있어서 그 의미는 더 이상의 설명이 필요하지 않은 것이라고 아모스는 말한다. 그날은 여호와께서 인간 역사에 개입하셔서 그들과 청산하는 날이다. 이스라엘 백성들 가운데 신실한 이들은 그날을 갈망할 것이다. 그날이 오면 하나님의 백성들은 여호와께 자기 입장을 직접 밝힐 수 있을 것이기 때문이다. 그러나 지금 아모스의 말을 듣고 있는 이들은 더 이상 여호와의 백성이 아니다. 여호와께서 그날 자신의 원수들에게 보복하신다면, 자신에게 가장 큰 원수가 되어 버린, 몰라서 그랬던 것이 아니고 완전히 알면서도 그분을 거부한 이들에게 무슨 일을 못하시겠는가? 남은 자들은 스스로를 그렇게 보지 않았겠지만, 아모스가 내다보고 있는 여호와의 날은 전적으로 비관적이다.[4]

여호와의 날을 바라보는 아모스의 비관주의는 호세아, 이사야, 스바냐의 예언에 담긴 희망적인 요소로 어느 정도 누그러진다. 스바냐의 예언을 보자.

주 여호와 앞에서 잠잠할지어다 이는 여호와의 날이 가까웠으므로 여호와께서 희생을 준비하고 그가 청할 자들을 구별하셨음이니라 여호와의 희생의 날에 내가 방백들과 왕자들과 이방인의 옷을 입은 자들을 벌할 것이며 그날에 문턱을 뛰어넘어서 포악과 거짓을 자기 주인의 집에 채운 자들을 내가 벌하리라 나 여호와가 말하노라 그날에 어문에서는 부르짖는 소리가, 제 이 구역에서는 울음 소리가, 작은 산들에서는 무너지는 소리가 일어나리라 막데스 주민들아 너희는 슬피 울라 가나안 백성이 다 패망하고 은을 거래하는 자들이 끊어졌음이라 그때에 내가 예루살렘에서 찌꺼기같이 가라앉아서 마음속에 스스로 이르기를 여호와께서는 복도 내리지 아니하시며 화도 내리지 아니하시리라 하는 자를 등불로 두루 찾아 벌하리니 그들의 재물이 노략되며 그들의 집이 황폐할 것이라 그들이 집을 건축하나 거기에 살지 못하며 포도원을 가꾸나 그 포도주를 마시지 못하리라 여호와의 큰 날이 가깝도다 가깝고도 빠르도다 여호와의 날의 소리로다 용사가 거기서 심히 슬피 우는도다 그날은 분노의 날이요 환난과 고통의 날이요 황폐와 패망의 날이요 캄캄하고 어두운 날이요 구름과 흑암의 날이요 나팔을 불어 경고하며 견고한 성읍들을 치며 높은 망대를 치는 날이로다 내가 사람들에게 고난을 내려 맹인같이 행하게 하리니 이는 그들이 나 여호와께 범죄하였음이라 또 그들의 피는 쏟아져서 티끌같이 되며 그들의 살은 분토같이 될지라(습 1:7-17).

이같이 섬뜩한 여호와의 날의 징조들은 아모스의 예언을 반영하고 있다. 하지만 후에 스바냐는 여기에 낙관주의의 색조를 덧붙인다. "수치를 모르는 백성아 모일지어다 모일지어다 명령이 시행되어 날이 겨같이 지나가기 전, 여호와의 진노가 너희에게 내리기 전, 여호와의 분노의 날이 너희에게 이르기 전에 그리할지어다 여호와의 규례를 지키는 세상의 모든 겸손한 자들아 너희는 여호와를 찾으며 공의와 겸손을 구하라 너희가 혹시 여호와의 분노의 날에 숨김을 얻으리라"(습 2:1-3).

여호와의 날에 대한 러셀의 해석

러셀은 장차 임할 여호와의 날에 대한 구약의 예언들이 주후 70년의 예루살렘 멸망을 가리킨다고 해석한다. 그는 이렇게 쓴다.

이것이 불분명하고 무의미한 협박에 불과한 것이 아니라는 사실은 그것을 묘사하고 있는 분명하고 확실한 용어들에서 명백하게 알 수 있다. 모든 것이 이 민족의 역사에 닥칠 위기로 집중되는데, 곧 하나님이 반역하는 자기 백성들에게 심판을 내리실 때다. '그날'이 다가오고 있었다. 그날은 풀무처럼 불타는 날이며, 여호와의 크고 두려운 날이다. 이 '날'이 어떤 특정한 시기, 특정한 사건을 가리키고 있다는 사실은 의심의 여지가 없다.… 그리고 우리는 오순절 날 사도 베드로의 설교에서도 이 같은 사실을 분명히 보게 된다(행 2:20). 그러나 그 시기는 말라기의 주목할 만한 언급에서 훨씬 더 정확하게 밝혀진다.… "보라 여호와의 크고 두려운 날이 이르기 전에 내가 선지자 엘리야를 너희에게 보내리니"(말 4:5). 여기에 예언된 엘리야는 다름 아닌 그분의 선구자, 즉 세례 요한이라고 하신 주님의 분명한 선언을 통해 "여호와의 크고 두려운 날"이 어느 때, 어느 사건을 가리키는지를 결정할 수 있게 된다(마 11:14). 그때는 세례 요한의 시대에서 그리 멀지 않은 시점에서 찾아야 할 것이다. 다시 말해, 유대 민족이 심판을 받아 그들의 도시와 성전이 파괴되고, 모세의 율법적 국가 체제가 완전히 와해되는 때를 암시한다고 봐야 할 것이다.[5]

러셀은 이 예언들이 그리스도의 초림이 아니라, 예루살렘의 심판으로 이루어진 그분의 재림을 가리킨다고 주장한다. 이제 우리는 '여호와의 날'과 '여호와의 돌보심'의 개념이 서로 어떤 관련이 있는지를 질문해야 한다.

앞서 우리는 세례 요한의 출생 때 그의 아버지 사가랴가 했던 말에 대해 살펴보았다. "하나님이여 그 백성을 돌보사 속량하시며"(눅 1:68). 이것을 통해 우리는 하나님께서 돌보시는 날이 적어도 그리스도(세례 요한은 그리스도의 전령이었음을 기억하라)의 성육신이라는 배경에서 시작됨을 엿볼 수 있다. 누가는 하나님의 돌보심이란 개념을 예수님의 지상 사역과 연결시켜 사용하고 있다.

> 그 후에 예수께서 나인이란 성으로 가실새 제자와 많은 무리가 동행하더니 성문에 가까이 이르실 때에 사람들이 한 죽은 자를 메고 나오니 이는 한 어머니의 독자요 그의 어머니는 과부라 그 성의 많은 사람도 그와 함께 나오거늘 주께서 과부를 보시고 불쌍히 여기사 울지 말라 하시고 가까이 가서 그 관에 손을 대시니 멘 자들이 서는지라 예수께서 이르시되 청년아 내가 네게 말하노니 일어나라 하시매 죽었던 자가 일어나 앉고 말도 하거늘 예수께서 그를 어머니에게 주시니 모든 사람이 두려워하며 하나님께 영광을 돌려 이르되 큰 선지자가 우리 가운데 일어나셨다 하고 또 하나님께서 자기 백성을 돌보셨다 하더라 예수께 대한 이 소문이 온 유대와 사방에 두루 퍼지니라(눅 7:11-17).

여기에서 예수님의 사역은 뚜렷하게 하나님의 돌보심이라는 관점에서 묘사되고 있다. 예수님도 종려 주일에 예루살렘을 향해 애도하시면서 이 같은 표현을 사용하셨다.

무리 중 어떤 바리새인들이 말하되 선생이여 당신의 제자들을 책망하소서 하거늘 대답하여 이르시되 내가 너희에게 말하노니 만일 이 사람들이 침묵하면 돌들이 소리 지르리라 하시니라 가까이 오사 성을 보시고 우시며 이르시되 너도 오늘 평화에 관한 일을 알았더라면 좋을 뻔하였거니와 지금 네 눈에 숨겨졌도다 날이 이를지라 네 원수들이 토둔을 쌓고 너를 둘러 사면으로 가두고 또 너와 및 그 가운데 있는 네 자식들을 땅에 메어치며 돌 하나도 돌 위에 남기지 아니하리니 이는 네가 보살핌받는 날(time of your visitation)을 알지 못함을 인함이니라 하시니라(눅 19:39-44).

이 애가에서 예수님은 '오늘'(this your day)이라고 말씀하시는데, 이는 모종의 사건들이 그들에게 알려지지 않고 그들의 눈에 숨겨져 있는 날이라는 것이다. 그러고 나서 그분은 가까이 다가오고 있는 날들에 대해 말씀하신다. 그때가 되면 돌 하나도 돌 위에 남기지 않을 것인데, 그 이유는 그들이 그날을 깨닫지 못했기 때문이다. 하워드 마샬(I. Howard Marshall)은 이렇게 주석하고 있다.

예수님은 눈앞에 펼쳐진 예루살렘의 모습을 보시면서 불시에 그곳을 덮칠 파멸로 인해 슬퍼하신다. 그 도시는 그분의 가르침으로 인해 평화의 길을 찾을 수 있었지만, 성육신 속에서 제공되는 하나님이 주시는 마지막 회개의 기회이자 그분의 자비로운 임재를 깨닫지는 못했다. 누가복음 19장 39-40절과 같은 바리새적 태도가 팽배해 있었다. 머지않아 또 다른 형태의 하나님의 돌보심인 심판이 있을 것인데, 그때에 원수가 예루살렘을 철저하게 파괴할 것이다.…예루살렘의 멸망이 예수님의 경고를 받아들이지 않은 결과였다는 해석은 예수님으로부터 시작된다.…하나님의 돌보심은 예수님이 선언하신 바와 같이 본래는 구원의 방편이었지만, 그것을 바르게 인식하지 못한 자들에게는 그분의 돌보심이 심판의 근거가 되었다.[6]

이처럼 하나님이 돌보시는 날은 부분적으로 예수님의 성육신을 가리킨다고 결론내릴 수 있다. 예수님의 성육신은 이중적인 위기를 초래했다. 즉 예수님의 지상 사역은 그분을 영접하는 자들에게 하나님의 은혜로운 구원을 주었지만, 예루살렘과 이스라엘의 완고한 자들에게는 장차 임할 진노와 심판을 가져올 하나님의 돌보심의 준비였던 것이다. 물론 이 부분에서도 '이미 그러나 아직'의 명제가 적용될 수 있겠지만, 여기에서의 '아직'은 그 기간이 수천 년이 아니라 40년 이내일 것이다.

심판의 비유들

다음으로 러셀은 예루살렘에 대한 진노와 심판을 가져올 하나님의 돌보심의 날을 말라기 3장 1절에 예언된 여호와께서 갑자기 그의 성전에 임하시는 날로 본다. 러셀은 이 심판에 대한 예수님의 예언을 감람산 강화에서뿐만 아니라, 특히 공생애 말기에 예수님이 말씀하신 비유들에서 발견한다.

러셀은 열 므나의 비유(눅 19:11-27)에 대해 다음과 같이 쓰고 있다. "복음서의 역사적 흐름을 주의 깊게 살펴본 독자라면, 예수님이 공생애를 마치실 때가 다가옴에 따라 그분의 가르침의 주제가 임박한 심판에 집중된 것에 깊은 인상을 받을 것이다. 예수님이 이 비유를 말씀하셨을 때는 그분이 고난을 당하기 전에 마지막 유월절을 지키기 위해 예루살렘으로 가는 중이셨다. 또 이때부터 그분이 하신 대부분의 말씀은 다가올 자신의 죽음이 아니라, 이스라엘 민족에게 닥칠 재앙에 집중된다."[7]

러셀은 열 므나의 비유 외에도 무화과나무에 대한 저주, 악한 농부의 비유, 왕의 아들의 혼인 잔치의 비유(마 22:1-14), 예루살렘을 향한 두 번째 애도, '그 세대'를 향해 퍼부으신 저주의 말씀(마 23:13-30) 등을 지적한다. 러셀은 이 모든 예들이 유대 민족에게 닥칠 재앙에 대해 말한다고 본다. 열 므나 비유에 대해서는 아우구스투스 네안더(Augustus Neander)의 해석에 동조하면서 그의 말을 인용한다.

예수님이 이 말씀을 하시는 상황이나 앞으로 이스라엘에 닥칠 재앙에 비추어 볼 때, 이 비유에는 그리스도의 죽음과 승천 그리고 다시 돌아와 신정 국가에 반역적인 자기 백성들을 심판하시고 자신의 주권을 완성하게 되리라는 사실들이 암시되어 있다. 이 비유는 한 귀인에 대해 말하고 있다. 그는 자신의 속민들에 대한 통치권을 허락받아 왕위를 받아 가지고 오려고 황제를 만나러 먼 길을 떠난다. 이 비유에 암시되어 있듯이, 처음에 사람들은 그리스도의 왕적 신분을 금방 알아보지 못했다. 그래서 그분이 우선적으로 해야 할 일이 있었다. 즉 이 세상을 떠나면서 그분의 대리인들을 남겨 두어 그분의 나라를 발전시키고, 하늘로 올라가서 신정 국가의 왕으로 임명된다. 그러고 나서 다시 돌아와 그동안 사람들이 인정하려고 하지 않았던 자신의 왕권을 행사하는 것이다.[8]

이러한 주장의 의미를 충분히 이해하려면, 그 비유가 담긴 본문 전체를 살펴보아야 한다.

그들이 이 말씀을 듣고 있을 때에 비유를 더하여 말씀하시니 이는 자기가 예루살렘에 가까이 오셨고 그들은 하나님의 나라가 당장에 나타날 줄로 생각함이더라 이르시되 어떤 귀인이 왕위를 받아가지고 오려고 먼 나라로 갈 때에 그 종 열을 불러 은화 열 므나를 주며 이르되 내가 돌아올 때까지 장사하라 하니라 그런데 그 백성이 그를 미워하여 사자를 뒤로 보내어 이르되 우리는 이 사람이 우리의 왕 됨을 원하지 아니하나이다 하였더라 귀인이 왕위를 받아가지고 돌아와서 은화를 준 종들이 각각 어떻게 장사하였는지를 알고자 하여 그들을 부르니 그 첫째가 나아와 이르되 주인이여 당신의 한 므나로 열 므나를 남겼나이다 주인이 이르되 잘하였다 착한 종이여 네가 지극히 작은 것에 충성하였으니 열 고을 권세를 차지하라 하고 그 둘째가 와서 이르되 주인이여 당신의 한 므나로 다섯 므나를 만들었나이다 주인이 그에게도 이르되 너도 다섯 고을을 차지하라 하고 또 한 사람이 와서 이르되 주인이여 보소서 당신의 한 므나가 여기 있나이다 내가 수건으로 싸 두었었나이다 이는 당신이 엄한 사람인 것을 내가 무서워함이라 당신은 두지 않은 것을 취하고 심지 않은 것을 거두나이다 주인이 이르되 악한 종아 내가 네 말로 너를 심판하노니 너는 내가 두지 않은 것을 취하고 심지 않은 것을 거두는 엄한 사람인 줄로 알았느냐 그러면 어찌하여 내 돈을 은행에 맡기지 아니하였느냐 그리하였으면 내가 와서 그 이자와 함께 그 돈을 찾았으리라 하고 곁에 섰는 자들에게 이르되 그 한 므나를 빼앗아 열 므나 있는 자에게 주라 하니 그들이 이르되 주여 그에게 이미 열 므나가 있나이다 주인이 이르되 내가 너희에게 말하노니 무릇 있는 자는 받겠고 없는 자는 그 있는 것도 빼앗기리라 그리고 내가 왕 됨을 원하지 아니하던 저 원수들을 이리로 끌어다가 내 앞에서 죽이라 하였느니라(눅 19:11-27).

러셀에 따르면, 예수님은 제자들이 그리스도의 나라가 즉시 임할 것을 기대하지 않도록 이 비유를 말씀하셨다는 것이다. 예수님은 제자들의 기대가 성취되려면 어느 정도의 시간이 분명히 흘러야 한다는 사실을 선언하신다. 그 나라는 여전히 '가까웠다.' 하지만 제자들의 예상처럼 가깝지는 않았다. 그리스도는 잠시 동안 떠나 있어야 했다. 러셀은 그리스도가 오랫동안 떠나 있을 것이라고는 생각하지 않는다. 이러한 생각은 초대교회의 믿음과 소망이었으며, 그것은 망상이 아니었다.

러셀의 이러한 명제는 '세대의 끝'이라는 말이 역사의 끝이나 세계의 끝이 아닌, 유대 시대의 끝을 가리킨다는 전제에 근거를 두고 있다. 마태복음에는 '세대의 끝'이라는 표현이 네 군데 나온다. 물론 그것이 유대 시대를 가리킨다고 분명히 말하는 곳은 하나도 없다. 단지 유대(Jewish)라는 말이 생략되어 있으며, 암시적으로 이해해야 한다는 것이다. 러셀을 비롯한 과거 종말론자들은 세대의 끝이 가까웠다고 하는 언급과 신약의 '이방인들의 시대'라는 언급으로부터 이 같은 내용을 유추한다.

이방인의 때

신약성경에서 '이방인의 때'(the age of the Gentiles)는 '유대인의 때'와 대조되는 개념이라고 이해해도 무방할 것이다. 유대인과 이방인이 첨예하게 대조되는 맥락에서 사용되었기 때문이다. 우리가 이방인의 때라는 개념을 처음으로 접하게 되는 것은 예수님이 예루살렘의 멸망에 대해 말씀하시는 누가복음의 감람산 강화에서다.

> 너희가 예루살렘이 군대들에게 에워싸이는 것을 보거든 그 멸망이 가까운 줄을 알라 그때에 유대에 있는 자들은 산으로 도망갈 것이며 성내에 있는 자들은 나갈 것이며 촌에 있는 자들은 그리로 들어가지 말지어다 이날들은 기록된 모든 것을 이루는 징벌의 날이니라 그날에는 아이 밴 자들과 젖먹이는 자들에게 화가 있으리니 이는 땅에 큰 환난과 이 백성에게 진노가 있겠음이로다 그들이 칼날에 죽임을 당하며 모든 이방에 사로잡혀 가겠고 예루살렘은 이방인의 때가 차기까지 이방인들에게 밟히리라(눅 21:20-24).

여기서 '이방인의 때'라는 말은 비유대인들(non-Jewish)이 예루살렘을 점령하는 일과 관련되어 있다. 하지만 이 이방인들의 예루살렘 점령은 무한정 계속되는 것은 아니다. '~까지'

라는 명백한 단서가 여기에 붙어 있다. 이 말에는 뚜렷한 완료 시점이 있다. 누가복음의 이 본문은 유대인들이 1967년에 아랍 이방인들의 점령 아래 있던 예루살렘을 탈환했을 때 그들의 종말론적 희망에 다시 한 번 불을 붙이기도 했다.

누가복음의 감람산 강화에서는 24절에 이어 곧바로 재림에 대한 묘사가 나온다. 그래서 이러한 의문을 갖게 한다. 여기에 묘사된 재림은 이방인의 때가 찬 후에(after), 즉 유대인들이 예루살렘을 회복한 후에 이루어지는 것인가? 아니면 27절은 한 시대(유대인들의 시대)의 종말과 새 시대, 즉 이방인의 때의 시작을 알리는 재림을 가리키는 것인가?

이에 대해 다양한 의견이 제시되어 왔다. 첫째, 유대 시대는 주후 70년에 일시적으로 정지되었다가, 뒤이어 이방인들에 대한 선교를 핵심으로 하는 과도기를 거쳐서, 유대인들의 구원이 회복되는 종말기가 뒤따른다는 것이다. 둘째, 예루살렘 멸망 이후 그리스도의 재림 때까지 전 기독교 역사가 이방인의 때라는 것이다. 셋째, 이방인의 때란 예루살렘이 포위되기 시작한 때로부터 함락될 때까지의 짧은 기간을 가리킨다는 것이다.

누가복음의 '이방인의 때'에 대한 언급은 성경이 유대 시대와 이방 시대를 구분하고 있다는 개념의 근거가 된다. 그리고 이러한 사실은 당연히 '세상(세대)의 끝'이라는 말이 유대 시대의 끝을 가리킨다는 개념을 뒷받침한다.

표 3.2　　　　　　　　　　사도들이 인식한 종말의 가까움

〈복음서〉

마 10:23	이 동네에서 너희를 박해하거든 저 동네로 피하라 내가 진실로 너희에게 이르노니 이스라엘의 모든 동네를 다 다니지 못하여서 인자가 오리라
마 26:64	예수께서 이르시되 네가 말하였느니라 그러나 내가 너희에게 이르노니 이 후에 인자가 권능의 우편에 앉아 있는 것과 하늘 구름을 타고 오는 것을 너희가 보리라 하시니

〈바울서신〉

롬 13:11-12	또한 너희가 이 시기를 알거니와 자다가 깰 때가 벌써 되었으니 이는 이제 우리의 구원이 처음 믿을 때보다 가까웠음이라 밤이 깊고 낮이 가까웠으니 그러므로 우리가 어둠의 일을 벗고 빛의 갑옷을 입자
고전 7:31	세상 물건을 쓰는 자들은 다 쓰지 못하는 자같이 하라 이 세상의 외형은 지나감이니라
고전 10:11	그들에게 일어난 이런 일은 본보기가 되고 또한 말세를 만난 우리를 깨우치기 위하여 기록되었느니라
빌 4:5	너희 관용을 모든 사람에게 알게 하라 주께서 가까우시니라

〈공동서신〉

약 5:8-9	너희도 길이 참고 마음을 굳건하게 하라 주의 강림이 가까우니라 형제들아 서로 원망하지 말라 그리하여야 심판을 면하리라 보라 심판주가 문 밖에 서 계시니라
벧전 4:7	만물의 마지막이 가까이 왔으니 그러므로 너희는 정신을 차리고 근신하여 기도하라
요일 2:18	아이들아 지금은 마지막 때라 적그리스도가 오리라는 말을 너희가 들은 것과 같이 지금도 많은 적그리스도가 일어났으니 그러므로 우리가 마지막 때인 줄 아노라

〈요한계시록〉

1:1	예수 그리스도의 계시라 이는 하나님이 그에게 주사 반드시 속히 일어날 일들을 그 종들에게 보이시려고 그의 천사를 그 종 요한에게 보내어 알게 하신 것이라

1:3	이 예언의 말씀을 읽는 자와 듣는 자와 그 가운데에 기록한 것을 지키는 자는 복이 있나니 때가 가까움이라
3:11	내가 속히 오리니 네가 가진 것을 굳게 잡아 아무도 네 면류관을 빼앗지 못하게 하라
22:6-7	또 그가 내게 말하기를 이 말은 신실하고 참된지라 주 곧 선지자들의 영의 하나님이 그의 종들에게 반드시 속히 되어질 일을 보이시려고 그의 천사를 보내셨도다 보라 내가 속히 오리니 이 두루마리의 예언의 말씀을 지키는 자는 복이 있으리라 하더라
22:10	또 내게 말하되 이 두루마리의 예언의 말씀을 인봉하지 말라 때가 가까우니라
22:12	보라 내가 속히 오리니 내가 줄 상이 내게 있어 각 사람에게 그가 행한 대로 갚아 주리라
22:20	이것들을 증언하신 이가 이르시되 내가 진실로 속히 오리라 하시거늘 아멘 주 예수여 오시옵소서

마지막 날

과거 종말론에 따르면, '마지막 날'은 세례 요한의 등장으로부터 예루살렘 멸망까지의 기간을 가리킨다. 이 종말은 먼 미래의 어느 때를 가리키지 않고 임박한 때를 가리킨다. 게리 드마는 신약성경에서 예언하는 종말의 사건들이 매우 가까웠음을 강조하는 관련 구절들을 다음과 같이 요약한다(밑줄 친 부분을 주의해 보라).

모종의 파국적 사건이 지평선 너머에서 기다리고 있었다. 그리고 1세기의 교회는 그것을 맞을 준비를 하라는 경고를 받았다. 다음 구절들은 많은 사람들이 오늘날까지 아직 성취되지 않았다고 결론 내리는 것들이다. 그러나 사실은 이 구절들이 이미 성취되었다고 주장하는 것을 부정하는 일이 결코 쉽지는 않을 것이다.

1. "또 너희가 내 이름으로 말미암아 모든 사람에게 미움을 받을 것이나 끝까지 견디는 자는 구원을 얻으리라 이 동네에서 너희를 박해하거든 저 동네로 피하라 <u>내가 진실로 너희에게 이르노니 이스라엘의 모든 동네를 다 다니지 못하여서 인자가 오리라</u>"(마 10:22-23).
2. "예수께서 이르시되 네가 말하였느니라 그러나 내가 너희에게 이르노니 이 후에 <u>인자가 권능의 우편에 앉아 있는 것과 하늘 구름을 타고 오는 것을 너희가 보리라</u> 하시니"(마 26:64).
3. "또한 너희가 이 시기를 알거니와 자다가 깰 때가 벌써 되었으니 이는 이제 우리의 구원이 처음 믿을 때보다 가까웠음이라"(롬 13:11).
4. "<u>밤이 깊고 낮이 가까웠으니</u> 그러므로 우리가 어둠의 일을 벗고 빛의 갑옷을 입자"(롬 13:12).
5. "이 세상의 외형은 <u>지나감이니라</u>"(고전 7:31).
6. "그들에게 일어난 이런 일은 본보기가 되고 또한 <u>말세를 만난</u> 우리를 깨우치기 위하여 기록되었느니라"(고전 10:11).

7. "너희 관용을 모든 사람에게 알게 하라 주께서 가까우시니라"(빌 4:5).

8. "만물의 마지막이 가까이 왔으니 그러므로 너희는 정신을 차리고 근신하여 기도하라"(벧전 4:7).

9. "너희도 길이 참고 마음을 굳건하게 하라 주의 강림이 가까우니라 형제들아 서로 원망하지 말라 그리하여야 심판을 면하리라 보라 심판주가 문 밖에 서 계시니라"(약 5:8-9).

10. "아이들아 지금은 마지막 때라 적그리스도가 오리라는 말을 너희가 들은 것과 같이 지금도 많은 적그리스도가 일어났으니 그러므로 우리가 마지막 때인 줄 아노라"(요일 2:18).

11. "예수 그리스도의 계시라 이는 하나님이 그에게 주사 반드시 속히 일어날 일들을 그 종들에게 보이시려고 그의 천사를 그 종 요한에게 보내어 알게 하신 것이라"(계 1:1).

12. "이 예언의 말씀을 읽는 자와 듣는 자와 그 가운데에 기록한 것을 지키는 자는 복이 있나니 때가 가까움이라"(계 1:3).

13. "내가 속히 오리니 네가 가진 것을 굳게 잡아 아무도 네 면류관을 빼앗지 못하게 하라"(계 3:11).

14. "또 그가 내게 말하기를 이 말은 신실하고 참된지라 주 곧 선지자들의 영의 하나님이 그의 종들에게 반드시 속히 되어질 일을 보이시려고 그의 천사를 보내셨도다"(계 22:6).

15. "보라 내가 속히 오리니 이 두루마리의 예언의 말씀을 지키는 자는 복이 있으리라 하더라"(계 22:7).

16. "또 내게 말하되 이 두루마리의 예언의 말씀을 인봉하지 말라 때가 가까우니라"(계 22:10). "마지막 때까지 이 말을 간수하고 이 글을 봉함하라"고 한 다니엘서 12장 4절과 비교해 보라.

17. "보라 내가 속히 오리니 내가 줄 상이 내게 있어 각 사람에게 그가 행한 대로 갚아 주리라"(계 22:12, 참조 16:27).

18. "이것들을 증언하신 이가 이르시되 내가 진실로 속히 오리라 하시거늘 아멘 주 예수여 오시옵소서"(계 22:20).

이 구절들과 이와 유사한 다른 많은 구절들은 중요한 종말론적 사건이 이러한 예언들을 읽는 사람들이 살아 있는 동안에 발생하리라는 사실을 우리에게 말해 준다.[9]

이것은 드마가 고등 비평가들로 하여금 신약성경의 진정성에 대해 회의를 품게 만든 구절들 가운데 일부이며, 그들은 예수님의 예언이 성취되지 못했고 종말이 지연되고 있다는 자신들의 주장의 근거로 이 구절들을 내세웠다. 그러나 드마처럼 이러한 구절들을 한데 모아 놓고 보면, 그것들은 종말이 이른 시점에서 이루어지는 것임을 강력하게 암시하고 있다. 그중 몇몇 구절은 나머지 구절들에 비해 고등 비평가들이 손쉽게 취급하는 것들이다. 예컨대 예수님이 대제사장에게 말씀하시는 마태복음 26장 64절은 불분명한 미래를 가리킨다고 볼 수도 있다. "이 후에" 그리스도가 오시는 것을 대제사장이 보게 될 것이라는 사실이 반드시 1세기에 성취되어야 한다고 볼 필요는 없다.

그러나 앞에서 열거한 구절들 중 가장 중요한 구절은 고린도전서 10장 11절이다. 여기서는 유대인들이 '말세'(the ends of the age)를 만났다고 말한다. 이 구절은 '세대(세상)의 끝'(the end of the age)이 '유대 시대의 끝'(the end of the Jewish age)을 의미한다는 명제를 옹호하고 있다. 러셀은 이 구절을 매우 강조한다.

> 여기서 '말세'(the end of the ages, *ta telē tōn aiōnōn*)는 '세대(세상)의 끝'(the end of the age, *ē sunteleia tou aiōnos*)과 '끝'(the end, *to telos*)의 동의어다. 이 단어들은 모두 동일한 기간, 즉 눈앞에 다가온 유대 시대의 종말을 가리킨다.… 신약성경에서 예수님의 성육신 이후부터 세상 끝까지의 전 기간을 '세대(세상)의 끝'으로 본다는 주장이 종종 제기되었다. 그러나 어떻게 '끝'이라는 말을 오랫동안 지속되는 기간에 적용할 수 있겠는가? 율법을 주신 때로부터 예수님의 성육신 때까지의 기간보다 성육신 이후로 더 많은 시간이 흘렀는데, 이 주장에 따르면 세대의 끝이 세대 자체보다 훨씬 길게 된다.[10]

04

바울은 말세에 대해 무슨 말을 했는가?

…너희가 어떻게 우상을 버리고 하나님께로 돌아와서
살아 계시고 참되신 하나님을 섬기는지와
또 죽은 자들 가운데서 다시 살리신
그의 아들이 하늘로부터 강림하실 것을
너희가 어떻게 기다리는지를 말하니…
데살로니가전서 1:9-10

스튜어트 러셀은 신약성경의 서신서들을 다루면서 우선 데살로니가서에 관심을 돌린다. 그는 먼저 데살로니가전서 1장 9-10절을 다룬다. "그들이 우리에 대하여 스스로 말하기를 우리가 어떻게 너희 가운데에 들어갔는지와 너희가 어떻게 우상을 버리고 하나님께로 돌아와서 살아 계시고 참되신 하나님을 섬기는지와 또 죽은 자들 가운데서 다시 살리신 그의 아들이 하늘로부터 강림하실 것을 너희가 어떻게 기다리는지를 말하니 이는 장래의 노하심에서 우리를 건지시는 예수시니라." 이 구절은 신약성경에서 결정적으로 중요한 두 가지 주제를 강조한다. 하나는, 교회가 그리스도를 기다린다는 것이며, 다른 하나는 그리스도가 '장래의 노하심에서' 자기 백성들을 구하신다는 것이다.

러셀은 바울이 말한 '장래의 노하심'과 세례 요한이 그의 세대에게 '장차 올 진노를 피하라'(눅 3:7)고 한 경고에서 연관성을 찾는다. 러셀은 이렇게 말한다. "여기서 바울이 말하는 '장래의 노하심'이 미래에 모든 죄인의 영혼이 받게 될 심판을 가리킨다고 생각하는 것은 오해다." 그는 계속해서 말한다. "바울이 염두에 두고 있는 것은 예언된 어떤 특정한 재난이다. 이 구절에서 말하는 '장래의 노하심'(hē orgē hē erchomenē)은 세례 요한이 말하는 '장차 올 진노'(orgē mellousa)와 같은 것이다. 이것은 또한 '보복의 날', 그리고 우리 주님이 예언하신 '그날에는…이 백성에게 진노가 있겠음이로다'(눅 21:23)와 같으며, 사도 바울이 말한 '진노의 날 곧 하나님의 의로우신 심판이 나타나는 그날'(롬 2:5)이다."[1]

바울은 데살로니가전서 2장 16절에서 이렇게 말한다. "우리가 이방인에게 말하여 구원받게 함을 그들이 금하여 자기 죄를 항상 채우매 노하심이 끝까지 그들에게 임하였느니라." 이 구절을 앞서 언급한 데살로니가전서 1장 9-10절과 나란히 놓으면, 다소 혼돈이 생긴다. 1장에서는 진노가 장래에 일어날 것이라고 말하는 반면, 2장에서는 진노가 이미 임했다고 말하기 때문이다.

이에 대해 칼뱅은 이렇게 말한다. "바울이 의미하는 바는 이런 것이다. 그들은 여호와의 진노가 담긴 그릇이므로 희망을 완전히 상실했다는 것이다. 하나님이 그들을 못살게 괴롭히며 그들이 멸망할 때까지 그들에게서 떠나지 않으시며 복수하실 것이다."[2]

조나단 에드워즈(Jonathan Edwards)는 "악인들이 자신들의 죄를 완전히 채웠을 때 하나님의 진노는 끝까지 그들에게 임할 것이다"라는 제목으로 데살로니가전서 2장 16절을 설교했

> **데살로니가전서 1-2장에 나오는 진노**
>
> 장래의 진노(1:10) …그의 아들이 하늘로부터 강림하실 것을 너희가 어떻게 기다리는지를 말하니 이는 장래의 노하심에서 우리를 건지시는 예수시니라
>
> 현재의 진노(2:16) …구원받게 함을 그들이 금하여 자기 죄를 항상 채우매 노하심이 끝까지 그들에게 임하였느니라

다. 이 설교에서 그는 하나님의 진노와 관련해서 '끝까지'(uttermost, 최대 한도로)라는 용어의 중요성에 대해 이렇게 말한다.

> 그들이 받게 될 심판의 정도는 최대한(uttermost)이다. 이것은 민족적 심판인 동시에 개인적 심판이다. 민족적 심판에 대해 말하자면, 이 서신이 기록되고 나서 얼마 후에 유대 민족 위에 진노가 최대한으로 내려 로마인들에게 참담하게 멸망당하고 말았다. 그리스도는 "이는 그때에 큰 환난이 있겠음이라 창세로부터 지금까지 이런 환난이 없었고 후에도 없으리라"(마 24:21)고 하셨다. 유대 민족은 전에도 자신들의 죄로 인해 하나님의 진노의 열매를 여러 차례 맛보았다. 그러나 이번에는 그 모든 것을 합친 것보다 더 끔찍한 심판으로 한 민족이 받을 수 있는 최대의 심판이었다.… 그리고 이 표현(uttermost)에는 또한 심판의 확실성(certainty)도 내포되어 있다. 당시로 보아, 심판은 미래에 일어날 일이지만 현재의 일로 말해지기 때문이다. "노하심이 끝까지(최대 한도로) 그들에게 임하였느니라." 즉 그것은 전

에 이미 이루어진 것처럼 확실한 것이었다.…이 말에는 또 심판의 임박성도 함축되어 있다. "노하심이…임하였노라." 즉, 그것이 가까이에 있다는 말이다. 바로 문 앞에 와 있다. 이 점은 그 민족에게 사실로 입증되었다. 사도 바울이 이 서신을 쓰고 나서 얼마 지나지 않아 로마에게 끔찍하게 멸망당했기 때문이다.³

에드워즈는 이러한 방법으로 데살로니가전서 1장의 '장래의 노하심'(the wrath to come)과 2장의 '그들에게 임한 노하심'(wrath that has come up them)을 서로 결부시킨다.

또한 사도 바울은 불과 세 절 뒤에서 그리스도의 재림에 대해 이렇게 말한다. "우리의 소망이나 기쁨이나 자랑의 면류관이 무엇이냐 그가 강림하실 때 우리 주 예수 앞에 너희가 아니냐"(살전 2:19).

이 두 사건, 즉 '극한 진노의 임함'과 '그리스도의 강림'의 밀접한 연관 속에서 러셀은 그리스도의 적들에게는 치명적이고, 그리스도의 친구들에게 기쁨이 넘치는 승리가 될 예언의 사건에 주목한다. 러셀은 이렇게 말한다. "어딜 가나 기독교의 가장 적대적인 세력이자 박해자들은 유대인들이었다. 그러므로 유대 민족의 멸절은 복음의 가장 무서운 반대 세력이 제거되고 고난받는 그리스도인들에게는 안도와 휴식을 가져다주는 셈이 되었다. 우리 주님은 이 임박한 재앙에 대해 예언하시며 제자들에게 이렇게 말씀하셨다. '이런 일이 되기를 시작하거

든 일어나 머리를 들라 너희 속량이 가까웠느니라'"(눅 21:28).[4]

얼핏 보기에 러셀의 이러한 평가는 반유대적 발언처럼 들릴지 모른다. 하지만 1세기 교회에 대한 극심한 박해는 로마 정부가 아닌 유대 공동체에 의해 자행된 것은 엄연한 현실이다. 로마를 비롯한 외부 세계는 당시 기독교 공동체를 그저 유대교의 한 작은 분파로 보았을 뿐이다. 기독교가 지구 곳곳으로 퍼져 나가 세계적인 종교 세력이 된 것은 예루살렘이 멸망하고 유대인들이 세계 곳곳으로 흩어진 이후의 일이다. 유대 민족에게 진노가 임할 것이라고 선언한 사도 바울도 결코 반유대주의자가 아니었다. 이러한 사실은 바울이 "나의 형제 곧 골육의 친척"을 구원하는 일에 도움이 된다면 자신이 저주를 받아 그리스도에게서 끊어질 각오조차 되어 있다고 한 말을 통해서도 분명히 알 수 있다(롬 9:3).

데살로니가 서신은 특히 휴거(살전 4:17)와 "불법의 사람" 또는 "멸망의 아들"의 출현(살후 2:3-10)에 대한 언급으로 성경에 나타난 종말론에서 두각을 나타낸다. 러셀을 비롯한 과거 종말론자들이 매우 중시하는 이러한 주제를 당분간은 그냥 넘어가고 나중에 분석하기로 하자.

간절히 주님을 기다림

다음으로 러셀은 고린도 서신에 나오는 재림 언급을 다룬다. 그는 우선 고린도전서 1장 7-8절에 주목한다. 바울은 고린도 신자들이 "모든 은사에 부족함이 없이 우리 주 예수 그리스도의 나타나심을 기다리며 주께서 그들을 우리 주 예수 그리스도의 날에 책망할 것이 없는 자로 끝까지 견고하게" 하실 것으로 인해 하나님께 감사한다.

바울은 고린도 신자들이 그리스도의 나타나심을 간절히 기다린다고 묘사한다. 바울이 고린도전서를 주후 57년경에 기록했다고 볼 때, 초대교회 그리스도인들이 그리스도의 나타나심을 간절히 기다리던 시점이 예루살렘이 멸망하기 불과 13년 전이라는 사실이 아주 놀랍다.

고등 비평가들은 이러한 주제에 관심을 가진다. 그들은 신약성경 저자들이 그리스도가 가까운 장래에 재림하리라고 강하게 확신했지만 이것은 그릇된 희망에 근거한 것으로 시간이 흐름에 따라 이 희망은 현실화되지 못했다고 주장한다. 이런 희망이 좌절됨으로 인해 교회가 본래의 종말론적 희망을 수정하게 되었다는 것이 고등 비평가들의 견해다.

러셀은 '간절히 기다리며'(eagerly waiting, 우리말 성경은 '기다리며'로 번역함)로 번역된 헬라어가 로마서 8장 19절에도 사용된 것을 주목한다. "피조물이 고대하는 바는 하나님의 아들들이 나타나는 것이니(eagerly waits for the revealing of the sons of God)." 누가도 시므온을 "이스라엘의 위로를 기다리는(eagerly waiting) 자"로 묘사하며 이 헬라어를 사용한다(눅 2:25).

러셀은 이러한 언급들은 신약의 그리스도인들이 그리스도의 나타나심, 즉 그분의 재림을 아주 가까운 일로 믿고 있었다는 것을 분명히 보여 준다고 주장한다. 그러므로 그리스도가 곧 오시지 않는다면 그들의 간절한 기다림은 틀림없이 실망으로 끝나 버릴 것이다.

바울은 고린도전서 1장 7-8절에서 '끝'(the end)에 대해 말하고 있다. 러셀은 다음과 같이 비평한다. "여기서 사도 바울이 말하는 '끝'이 '일생의 끝'(end of life)을 의미하지 않는 것은 분명하다. 이 말은 우리가 예컨대 '끝까지 진실하다'(true to the last)고 말할 때의 그런 포괄적인 의미가 아니다. 그와 달리 이 말은 한정적인 의미를 가지며, 특정 시점을 가리킨다. 즉 우리 주님이 감람산 강화에서 예언을 말씀하실 때 사용하셨던 그 '끝'(to telos)이다(마 24:6, 13-14). 그것은 또한 마태복음 13장 40, 49절에서 말하는 '세상(세대) 끝'(sunteleia tou aiōnos)이며, 고린도전서 15장 24절에서 말하는 '마지막'(the end)이다.…이 모든 표현의 형태는 동일한 시기, 즉 한 세대 또는 유대 시대의 끝을 말하며 모세 시대의 종결을 가리키는 것이다."5

마찬가지로 바울은 고린도전서 3장에서 다가올 '날'(day)

에 대해 말한다. "각 사람의 공적이 나타날 터인데 그날이 공적을 밝히리니 이는 불로 나타내고 그 불이 각 사람의 공적이 어떠한 것을 시험할 것임이라 만일 누구든지 그 위에 세운 공적이 그대로 있으면 상을 받고 누구든지 그 공적이 불타면 해를 받으리니 그러나 자신은 구원을 받되 불 가운데서 받은 것 같으리라"(고전 3:13-15).

이 대목에서 바울은 또다시 '그날'(the day)에 대해 말한다. 이미 고린도전서 1장에서 바울은 주님의 날을 기다리는 것에 대해 말했다. 그리고 3장에서 그날에 수반될 (공력의) 나타남에 대해 말하면서 불의 이미지를 사용한다. 그날은 일종의 시험, 곧 불을 통한 심판의 날이다. 이것이 그리스도의 재림과 관련된 '여호와의 날'과 동의어라는 것은 명백하다. 그리고 여기에 사용된 불의 이미지는 상징적인 동시에 문자적인 의미가 있다. 러셀은 이 예언의 성취로 예루살렘이 불탄 사실을 지적한다.

나중에 7장에 이르면, 바울의 또 다른 시기 언급이 나온다. "형제들아 내가 이 말을 하노니 그때가 단축하여진 고로 이후부터 아내 있는 자들은 없는 자같이 하며 우는 자들은 울지 않는 자같이 하며 기쁜 자들은 기쁘지 않은 자같이 하며 매매하는 자들은 없는 자같이 하며 세상 물건을 쓰는 자들은 다 쓰지 못하는 자같이 하라 이 세상의 외형은 지나감이니라"(고전 7:29-31).

바울은 '그때가 단축되어'(the time is short) 비상 시국이나 위기 상황에 적합한 삶의 양식을 갖추어야 한다고 선언한다. 칼뱅 같은 사람들은 이것을 그리스도의 초림과 미래에 있을 재림 사이의 기간을 압축해서 말한 것이라고 해석한다. 즉 바울이 말한 '그때'는 말세를 앞둔 중간기를 가리킨다는 것이다.

이 같은 전통적인 해석의 문제점은 '단축되다'(short)는 단어에 있다. 이 단어는 일정한 시간이나 공간의 길이를 가리키는 말이다. 물론 두 경우 모두 그것은 상대적인 개념이다. 무엇에 비해 단축되었는가 하는 것이다. 예컨대 40년은 2,000년에 비하면 짧은 시간이다. 2,000년도 1,500만 년에 비하면 짧은 시간이다. 그러나 누군가가 사람들에게 짧은 시간 내에 어떤 사건이 일어날 것이라고 말했을 때, 그것이 수천 년이 될 것이라고 이해하는 사람은 없을 것이다. 마찬가지로, 고린도인들 가운데 수천 년이나 남아 있는데도 바울이 그들에게 시간이 없다고 재촉한다고 생각할 사람은 아무도 없을 것이다.

10장에 이르러 바울은 또다시 '끝'에 대해 말한다. "그들에게 일어난 이런 일은 본보기가 되고 또한 말세를 만난 우리를 깨우치기 위하여 기록되었느니라"(고전 10:11).

여기서 사도는 '세대의 끝'(the end of the ages, 우리말 성경은 '말세'로 번역함)이 유대인들에게 다가왔다고 말한다. 러셀은 유대 시대의 종말을 언급하는 또 하나의 구절이 바로 이것이라고 말한다. "신약성경은 예수님의 성육신 이후부터 세상 끝까지의 전 기간을 '세대의 끝'으로 본다고 하는 주장이 종종 제기되었다. 그러나 이러한 주장은 처음부터 명백한 모순을 안고 있다. 어떤 기간의 끝이 그 기간보다 더 길 수 있겠는가?"[6]

고린도전서의 후반부에서 바울은 성도들의 부활에 대해 다룬다. 이 주제 역시 기독교 종말론에서 아주 중요하므로, 이에 대해서는 나중에 따로 논의하겠다. 당분간은 장래의 심판에서 시간에 대해 언급하는 관련 구절들을 계속해서 간략하게 살펴볼 것이다.

진노를 쌓음

'여호와의 날'에 대해 언급하는 중요한 구절을 우리는 로마서 2장 두 군데에서 보게 된다.

> 혹 네가 하나님의 인자하심이 너를 인도하여 회개하게 하심을 알지 못하여 그의 인자하심과 용납하심과 길이 참으심이 풍성함을 멸시하느냐 다만 네 고집과 회개하지 아니한 마음을 따라 진노의 날 곧 하나님의 의로우신 심판이 나타나는 그날에 임할 진노를 네게 쌓는도다 하나님께서 각 사람에게 그 행한 대로 보응하시되(롬 2:4-6).

곧 나의 복음에 이른 바와 같이 하나님이 예수 그리스도로 말미암아 사람들의 은밀한 것을 심판하시는 그날이라(롬 2:16).

여기서 바울은 '진노의 날'과 '하나님이 사람들의 은밀한 것을 심판하시는 날'에 대해 언급한다. 이것이 다 같은 '날'을 의미한다고 여겨진다. 전통적 보수주의자들은 이 말들이 미래에 있을 최후의 심판을 가리킨다고 이해한다. 그러나 러셀을 비롯한 과거 종말론자들은 다른 구절들과 마찬가지로 이 표현들이 여호와의 날을 가리킨다고 해석한다. 즉 이날은 예루살렘의 파괴라는 형태로 이스라엘에 닥칠 어두운 심판의 날이라는 것이다.

이 구절들에는 시간에 대한 언급이 나오지 않지만, 바울이 로마서 뒷부분에서 언급하는 것과 연관되어 있다고 봐도 무리가 없을 것이다. "또한 너희가 이 시기를 알거니와 자다가 깰 때가 벌써 되었으니 이는 이제 우리의 구원이 처음 믿을 때보다 가까웠음이라 밤이 깊고 낮이 가까웠으니 그러므로 우리가 어둠의 일을 벗고 빛의 갑옷을 입자"(롬 13:11-12).

이 구절은 다소 난해하다. 바울은 그의 서신을 읽을 독자들이 그 시기를 아는 것으로 전제하고 있다. 찰스 핫지(Charles Hodge)는 서신서의 독자들이 자신들이 살고 있는 구속사적 시기의 중요성을 인식하고 있었다고 이 구절을 단순하게 이해한다. 그리고 나서 바울은 그들의 구원이 그들이 처음 믿을 때보다 상대적으로 가까워졌다는 것에 기초하여 그들에게 깨어 있으라고 촉구한다.

핫지는 이 구절에 대한 세 가지 해석을 다음과 같이 요약한다.

…첫 번째 견해는 바울의 말은 구원의 때, 특히 유대 정부의 몰락으로 인해 이방인들이 은혜를 입을 때가 다가오고 있다는 의미라는 것이다.…그러나 이 견해는 여기에 사용된 단어들이 갖는 단순성이나 전후 문맥을 고려할 때 그 근거가 희박하다고 할 수 있다. 바울은 유대 정부가 무너짐으로써 이방인 개종자들이 그들의 박해에서 벗어나는 등의 특별한 사건 이상의 일반적이고 영구적인 어떤 관심사에 대해 말하는 것이 확실하다. 그가 말하는 깊은 밤이란 편협한 유대주의로 인해 야기된 고난의 밤이 아니며, 마찬가지로 가까이 다가온 낮도 그들의 물리적인 세력으로부터 벗어나는 것 이상으로 밝고 더 나은 어떤 것을 의미하는 것이다.

두 번째 견해는 그리스도의 재림을 가리킨다는 것이다. 초대 교회 그리스도인들, 심지어 영감을 받은 사도들까지도 그리스도가 그 당시 세대가 다 가기 전에 자신의 나라를 세우기 위해 친히 오시리라고 생각했다는 것이다.

본문을 가장 자연스럽게 해석할 뿐 아니라 가장 널리 받아들여지고 있는 세 번째 견해는 바울이 독자들에게 구원의 때가 가까웠음을 상기시키려고 한다는 것이다.…그러므로 여기서 바울이 말하고자 하는 구원(salvation)이란 현재의 악한 세상에서 그들을 구원하여 하늘 나라의 순결함과 축복으로 이끄시는 그리스도의 사역의 완성을 뜻한다.[7]

핫지는 세 번째 견해를 지지한다. 즉 고린도 신자들의 구원이 가까웠다는 것을 그는 그들이 천국의 안식에 들어갈 때가 가까웠다는 의미로 이해하는 것이다. 한편, 과거 종말론자들은 아주 상반되는 첫 번째 견해와 두 번째 견해를 서로 결합시킨다. 그들의 입장에서 세 번째 견해가 갖는 문제는 바울이 구원의 '때'를 말할 때 이런 식으로 표현하는 일이 드물다는 것이다. 반면에 핫지는 첫 번째 견해와 두 번째 견해를 따를 경우 예언이 성취되지 않게 되는 문제에 직면하기에 세 번째 견해를 선택한 것이다.

그러나 바렛(C. K. Barrett)은 이와 다른 견해를 제시한다.

…'때'(time)와 마찬가지로 '시간'(hour)도 물론 바울에게만 특징적인 것은 아니지만 종말론적 용어다.…'자다'(sleep)라는 표현 역시 종말론적 권고에 자주 등장하는 은유다(살전 5:6-10). 다가오는 시대의 언저리에 살고 있는 사람들은 경계심을 늦춰서는 안 된다.…그러나 여기서 바울이 생각하는 구원은 개인적인 경건의 차원이나 우리의 경험 속에서 일어나는 무언가가 아

니라, 어떤 보편적인 종말론적 사건이었다. 바울과 그의 독자들이 회심한 이후부터 이 서신이 기록되었을 때까지 경과한 시간이 예수님의 부활과 마지막 날인 그분의 재림 사이의 전 기간에서 차지하는 비율이란 무시하지 못할 만큼 상당한 것으로 여겨졌을 것이다.…바울은 이제 이 세대는 거의 끝나 가며, 따라서 다가올 세대가 머지않아 반드시 밝아 올 것이라고 생각하고 있다.[8]

러셀은 신약의 다른 서신서들에 눈을 돌리며 골로새서의 두 구절을 언급한다. "우리 생명이신 그리스도께서 나타나실 그때에 너희도 그와 함께 영광 중에 나타나리라…이것들로 말미암아 하나님의 진노가 임하느니라"(골 3:4, 6).

러셀은 머지않아 나타날 영광과 관련하여 골로새서의 이 구절들이 로마서 8장 19절과 연관이 있다고 본다. "피조물이 고대하는 바는 하나님의 아들들이 나타나는 것이니"(롬 8:19). 그는 이것들이 동일한 시점의 동일한 사건을 언급하고 있다고 생각한다. 이 구절에서도 하나님 백성들의 영광과 하나님의 원수들에게 임할 진노 사이의 대조가 언급된다.

만물의 통일

다음으로 러셀은 에베소서로 관심을 돌린다.

> 우리는 그리스도 안에서 그의 은혜의 풍성함을 따라 그의 피로 말미암아 속량 곧 죄 사함을 받았느니라 이는 그가 모든 지혜와 총명을 우리에게 넘치게 하사 그 뜻의 비밀을 우리에게 알리신 것이요 그의 기뻐하심을 따라 그리스도 안에서 때가 찬 경륜을 위하여 예정하신 것이니 하늘에 있는 것이나 땅에 있는 것이 다 그리스도 안에서 통일되게 하려 하심이라(엡 1:7-10).

이 구절에는 우리의 논의와 관련이 있는 두 가지 요소가 담겨 있다. 그 하나는 '비밀'이라는 용어다. 바울이 즐겨 사용하는 이 용어는 이전에는 감추어져 있다가 이제 드러난 어떤 것을 가리킨다(특히 골로새서에서). 바울이 말하고 있는 중요한 비밀은 이방인들이 그리스도의 지체라는 사실이다. 다른 하나의 요소는 바울이 '때가 찬 경륜'이라고 언급한 내용이다. 이 경륜(dispensation)은 '때의 참'과 관련이 있으며, 또 만물을 그리스도 안에서 통일시키는 것을 포함하고 있다. 이에 대해 러셀은 다음과 같이 말한다.

> 바울은 그리스도로 말미암아 유대인과 이방인을 가르는 장벽

이 무너지고, 인종 간의 적대감이 사라지며, 모든 것을 화해시키고 통일하는 구속의 보혈의 능력으로 모든 나라와 혈통과 민족과 언어를 아우르는 하나의 대가족 내지는 형제애가 형성됨을 보았다. 그러므로 우리는 만물을 그리스도 안에서 통일시키는 이 비밀이 에베소서 3장 5-6절에서 더욱 상세히 설명하는 것과 같음을 분명하게 이해할 수 있다. "이제 그의 거룩한 사도들과 선지자들에게 성령으로 나타내신 것같이 다른 세대에서는 사람의 아들들에게 알리지 아니하셨으니 이는 이방인들이 복음으로 말미암아 그리스도 예수 안에서 함께 상속자가 되고 함께 지체가 되고 함께 약속에 참여하는 자가 됨이라." 이것이 바로 사도 바울이 이 서신에서 그처럼 자주 언급하는 연합(unification), 요약(summing up) 또는 완성(consummation)인 것이다.[9]

레슬리 미튼(C. Leslie Mitton)은 에베소서 1장 7-10절을 주석하면서 때가 찬 경륜은 하나님이 주의 깊게 구상하신 것이고, 그분의 영원한 계획에 뿌리를 둔 한 가지 전략이라고 평한다. "그것은 하나님이 오랫동안 구상해 오신 것으로, 그리스도가 이 땅에 임할 가장 적절하고 효과적이라고 판단되는 바로 그 순간에 실행하려고 기다리셨던 계획이다.… 그분은 영향력을 최대화하기에 가장 적절한 때에 오실 것이다.… 헬라어에는 '때'를 가리키는 단어가 여러 가지다. 그런데 여기에서 사용된 단어는 막연한 기간, 아무런 사건도 없이 무사 평온한

분, 시간, 날들의 축적이 아니라 중대한 의미를 갖는 어떤 때나 순간을 의미하는 단어다."[10]

미튼은 여기에서 사용된 단어가 예수님이 마가복음 1장 15절에서 "때가 찼고"라고 하신 말씀과 서로 연관이 있다고 본다. 러셀은 이 말씀이 마태복음 19장 28절에 언급된 "세상이 새롭게 되는 때", 그리고 사도행전 3장 21절에 언급된 "만물을 회복하실 때"를 가리킨다고 이해한다. 그는 이 모든 사건들은 유대 시대가 끝날 때 일어난다고 주장한다. 또한 에베소서 2장 7절에 언급된 "오는 세대"에 대한 코니베어(W. J. Conybeare)와 하우슨(J. S. Howson)의 말을 인용하여 "그것은 그리스도가 악을 완전히 정복하시는 때—신약에서 이것은 언제나 가까운 일로 여겨진다—를 의미한다"고 말한다.[11]

목회 서신에도 재림에 대한 언급은 많이 나온다. 표 4.1은 러셀이 정리한 목회 서신의 종말 관련 구절들이다. 러셀은 이 모든 구절들이 동일한 시점 내지는 동일한 기간을 나타낸다고 결론짓는다. 즉 그것들은 모두 거기에 언급된 사건들이 먼 미래의 일이 아니며, 당시 그리스도를 배척했던 사람들의 세대가 다 지나기 전에 일어날 것이라는 사실, 그리고 세대(세상)의 끝, 끝, 여호와의 날 등은 예루살렘의 멸망을 가리킨다는 사실을 암시하거나 직접적으로 확언하고 있다는 것이다.[12]

표 4.1

마지막 때에 대한 언급

세상(세대) 끝(The End of the Age)

마 13:39	추수 때는 세상 끝이요
마 13:40	세상 끝에도 그러하리라
마 13:49	세상 끝에도 이러하리라
마 24:3	주의 임하심과 세상 끝에는 무슨 징조가 있사오리이까
마 28:20	세상 끝날까지 너희와 항상 함께 있으리라
히 9:26	세상 끝에 나타나셨느니라

끝(The End)

마 10:22	끝까지 견디는 자는 구원을 얻으리라
마 24:6	아직 끝은 아니니라
마 24:13	끝까지 견디는 자는 구원을 얻으리라
마 24:14	그제야 끝이 오리라
고전 1:8	끝까지 견고하게 하시리라
고전 10:11	말세를 만난 우리
고전 15:24	그 후에는 마지막이니
히 3:6	끝까지 굳게 잡고 있으면
히 3:14	우리가 시작할 때에 확신한 것을 끝까지 견고히 잡고 있으면
히 6:11	끝까지 소망의 풍성함에 이르러
벧전 4:7	만물의 마지막이 가까이 왔으니
계 2:26	끝까지 내 일을 지키는 그에게

말세, 마지막 때(The Last Times, Days, etc.)

딤전 4:1	후일에 어떤 사람들이 믿음에서 떠나
딤후 3:1	말세에 고통하는 때가 이르러
히 1:2	이 모든 날 마지막에는 아들을 통하여 우리에게 말씀하셨으니

약 5:3	너희가 말세에 재물을 쌓았도다	
벧전 1:5	말세에 나타내기로 예비하신 구원	
벧전 1:20	그는…이 말세에 너희를 위하여 나타내신 바 되었으니	
벧후 3:3	말세에 조롱하는 자들이 와서	
요일 2:18	지금은 마지막 때라	
유 1:18	마지막 때에…조롱하는 자들이 있으리라	

그날(The Day)

마 25:13	너희는 그날과 그때를 알지 못하느니라
눅 17:30	인자가 나타나는 날에도 이러하리라
롬 2:16	사람들의 은밀한 것을 심판하시는 그날
고전 3:13	그날이 공적을 밝히리니 이는 불로 나타내고
히 10:25	그날이 가까움을 볼수록 더욱 그리하자

그날(That Day)

마 7:22	그날에 많은 사람이 나더러 이르되 주여 주여
마 24:36	그러나 그날과 그때는 아무도 모르나니
눅 10:12	그날에 소돔이 그 동네보다 견디기 쉬우리라
살전 5:4	그날이 도둑같이 너희에게 임하지 못하리니
살후 2:3	멸망의 아들이 나타나기 전에는 그날이 이르지 아니하리니
딤후 1:12	내가 의탁한 것을 그날까지 그가 능히 지키실 줄을 확신함이라
딤후 1:18	주께서 그로 하여금 그날에 주의 긍휼을 입게 하여 주옵소서
딤후 4:8	의의 면류관이 예비되었으므로…그날에 내게 주실 것이며

주님의 날(The Day of the Lord)

고전 1:8	우리 주 예수 그리스도의 날에 책망할 것이 없는 자로 끝까지 견고하게 하시리라

4장 • 바울은 말세에 대해 무슨 말을 했는가?

고전 5:5	육신은 멸하고 영은 주 예수의 날에 구원을 받게 하려 함이라	
고후 1:14	우리 주 예수의 날에는 너희가 우리의 자랑이 되고 우리가 너희의 자랑이 되는 그것이라	
빌 2:16	그리스도의 날에 내가 자랑할 것이 있게 하려 함이라	
살전 5:2	주의 날이 밤에 도둑같이 이를 줄을 너희 자신이 자세히 알기 때문이라	

하나님의 날 (The Day of God)

벧후 3:12	하나님의 날이 임하기를 바라보고 간절히 사모하라

큰 날 (The Great Day)

행 2:20	주의 크고 영화로운 날이 이르기 전에 해가 변하여 어두워지고
유 1:6	큰 날의 심판까지 영원한 결박으로 흑암에 가두셨으며
계 6:17	그들의 진노의 큰 날이 이르렀으니
계 16:14	전능하신 이의 큰 날에 있을 전쟁을 위하여 그들을 모으더라

진노의 날 (The Day of Wrath)

롬 2:5	진노의 날 곧 하나님의 의로우신 심판이 나타나는 그날
계 6:17	그들의 진노의 큰 날이 이르렀으니

심판의 날 (The Day of Judgement)

마 10:15	심판 날에 소돔과 고모라 땅이 그 성보다 견디기 쉬우리라
마 11:22	심판 날에 두로와 시돈이 너희보다 견디기 쉬우리라
마 11:24	심판 날에 소돔 땅이 너보다 견디기 쉬우리라
마 12:36	사람이 무슨 무익한 말을 하든지 심판 날에 이에 대하여 심문을 받으리니
벧후 2:9	불의한 자는 형벌 아래에 두어 심판 날까지 지키시며
벧후 3:7	경건하지 아니한 사람들의 심판과 멸망의 날까지 보존하여 두신 것이니라
요일 4:17	우리로 심판 날에 담대함을 가지게 하려 함이니

구속의 날(The Day of Redemption)	
엡 4:30	구원의 날까지 인 치심을 받았느니라
마지막 날(The Last Day)	
요 6:39	마지막 날에 다시 살리는 이것이니라
요 6:40	마지막 날에 내가 이를 다시 살리리라
요 6:44	그를 내가 마지막 날에 다시 살리리라
요 6:54	마지막 날에 내가 그를 다시 살리리니
요 11:24	마지막 날 부활 때에는 다시 살아날 줄 내가 아나이다

마지막 날에 대해 언급하는 구절들과 밀접하게 관련된 것이 배교에 대해 언급하는 구절들이라는 사실은 아주 흥미롭다. 러셀은 거짓 선지자, 거짓 그리스도, 거짓 선생, 거짓 사도, 속이는 자 등에 대해 언급하는 수많은 구절들을 제시한다. 그리고 다음과 같은 결론을 내린다.

1. 이 구절들은 모두 동일하게 사도 바울이 '배교'라고 부르는 신앙의 변절에 대해 말하고 있다.
2. 이 배교는 널리 확산될 것이다.
3. 배교는 특히 육체의 범죄로 나타나는 극도의 도덕적 타락으로 특징지어질 것이다.
4. 배교자들은 종종 기적적인 능력을 과시할 것이다.
5. 대체로 유대교적 특징을 갖고 있다.
6. 주 예수 그리스도의 성육신과 신성을 부인한다. 이것이 바로

예수님이 예언하신 적그리스도다.

7. 배교는 '마지막 때'에 이르면 극에 달해 재림의 전조가 될 것이다.[13]

러셀은 바울이 미래를 내다보며 경고했던 그 악을, 요한과 베드로는 현존하는 것으로 묘사하고 있음에 주목한다.

히브리서 기자는 하나님이 "이 모든 날 마지막에는" 이들을 통하여 우리에게 말씀하셨다고 말한다(히 1:2). 이 구절은 예수님의 지상 사역이 '마지막 날'의 일임을 명백하게 밝혀 준다. "이(모든 날 마지막)"라는 수식어가 성육신을 포함하는 마지막, 즉 아직도 먼 미래에 속하는 어떤 마지막 날과 구별하고 있다고 볼 수 있지 않겠는가? 설령 그 같은 암시를 문제 삼지 않는다고 해도 한 가지 분명한 사실이 있다. 그것은 예수님의 지상에서의 사역이 마지막 날의 어떤 측면 내지는 범주에 속한다는 것이다.

두 번째 나타나심

히브리서의 나머지 부분, 특히 9-10장을 살펴보면서 우리는 중요한 몇 구절을 접하게 된다.

그러므로 하늘에 있는 것들의 모형은 이런 것들로써 정결하게 할 필요가 있었으나 하늘에 있는 그것들은 이런 것들보다 더 좋은 제물로 할지니라 그리스도께서는 참 것의 그림자인 손으로 만든 성소에 들어가지 아니하시고 바로 그 하늘에 들어가사 이제 우리를 위하여 하나님 앞에 나타나시고 대제사장이 해마다 다른 것의 피로써 성소에 들어가는 것같이 자주 자기를 드리려고 아니하실지니 그리하면 그가 세상을 창조한 때부터 자주 고난을 받았어야 할 것이로되 이제 자기를 단번에 제물로 드려 죄를 없이 하시려고 세상 끝에 나타나셨느니라 한 번 죽는 것은 사람에게 정해진 것이요 그 후에는 심판이 있으리니 이와 같이 그리스도도 많은 사람의 죄를 담당하시려고 단번에 드리신 바 되셨고 구원에 이르게 하기 위하여 죄와 상관없이 자기를 바라는 자들에게 두 번째 나타나시리라(히 9:23-28).

우리는 이 단락에서 그리스도의 초림과 재림에 대한 구절을 모두 찾을 수 있다. 이 구절에서 그리스도의 초림의 시간적 배경은 '세상 끝'(the end of the age)이다. 하지만 그럼에도 불구하고 그분을 따르는 사람들은 그분이 두 번째 나타나시기를 아직도 기다린다는 사실이 매우 흥미롭다. 사이먼 키스트메이커(Simon J. Kistemaker)는 이에 대해 이렇게 해석한다. "언제 그리스도가 오셨는가? 히브리서 기자는 '세상 끝에'라고 대답한다. 물론 이 말은 반드시 시간의 끝을 가리키지 않는다. 이

점은 동일한 시간적 배경 속에서 그리스도가 두 번째 오실 것이라고 기자가 말하고 있는 것으로 보아 알 수 있다(히 9:28). 이 표현은 단지 그리스도의 오심과 그분의 구속 사역이 가져온 총체적인 영향과 효과를 말하려는 데 그 의미가 있음이 분명하다. 그리고 그분이 죄악에 승리를 거두심으로써 우리가 마지막 때에 살게 된 것이다."[14]

이 같은 해석은 다소 의아심을 불러일으킨다. 키스트메이커는 세상 끝이라는 말이 반드시 시간의 끝을 가리키는 것은 아니라고 결론 내린다. 그리스도가 첫 번째로 오신 것이 '세상 끝'이었고, 이후로 상당한 시간이 흘렀다면 그 '세상 끝'을 시간의 끝과 동일하게 볼 수는 없을 것이다. 이러한 맥락에서 여기서 말하는 그리스도의 두 번째 나타나심이 예루살렘에 대한 심판을 가리킨다고 하면, 그것은 여전히 시간의 끝이 아니라 세상의 끝이라는 구조에 더 잘 맞아 들어갈 것이다. 예수님의 두 번째 나타나심이 시간의 끝에 있게 될 그분의 오심을 가리킨다면, 우리는 다른 두 '마지막 때'를 구별해야 한다. 그렇지 않는다면, 그리스도의 속죄 사역 이후 경과한 시간들을 마지막 때라는 긴 중간기로 요약해야 하고, 키스트메이커가 주장하는 것처럼 현재 우리가 살고 있는 시간을 마지막 때의 연장으로 봐야 한다.

필립 휴즈(Philip E. Hughes)도 이와 유사한 방식으로 해석한다. "그 이전에 존재했던 모든 것들은 그리스도의 강림이라는 절정의 사건으로 수렴되어 왔으며, 이 사건은 인류의 전 역사를 바른 시각으로 바라보게 해주는 초점이 되었다. 그분의 강림과 더불어 열망과 기대의 장구한 시간들이 끝나고, 현실 세계라는 마지막 때, 종말론적 시대가 시작된 것이다(히 1:2). 따라서 그분의 강림 이후의 시간을 살아가는 우리는 '말세를 만난'(고전 10:11) 사람들인 것이다"[15]

히브리서 기자는 다음 장에서 '그날이 가까움'에 대해 말한다.

> 그러므로 형제들아 우리가 예수의 피를 힘입어 성소에 들어갈 담력을 얻었나니 그 길은 우리를 위하여 휘장 가운데로 열어 놓으신 새로운 살 길이요 휘장은 곧 그의 육체니라 또 하나님의 집 다스리는 큰 제사장이 계시매 우리가 마음에 뿌림을 받아 악한 양심으로부터 벗어나고 몸은 맑은 물로 씻음을 받았으니 참 마음과 온전한 믿음으로 하나님께 나아가자 또 약속하신 이는 미쁘시니 우리가 믿는 도리의 소망을 움직이지 말며 굳게 잡고 서로 돌아보아 사랑과 선행을 격려하며 모이기를 폐하는 어떤 사람들의 습관과 같이 하지 말고 오직 권하여 그날이 가까움을 볼수록 더욱 그리하자(히 10:19-25).

이 본문에는 그리스도의 온전한 희생에 대한 가르침과 권면이 뒤이어 나온다. 이 권면은 독자들이 가까이 다가오는 그

날을 봄에 따라 더욱더 강해진다. 러셀은 이 본문 역시 예루살렘의 파멸과 그와 더불어 발생하게 될 모든 사건들이 가까움에 대해 말하는 것으로 해석한다. 예수 그리스도가 오실 때가 가까움에 대해 37절에서 다시 한번 강조한다. "잠시 잠깐 후면 오실 이가 오시리니 지체하지 아니하시리라." 이 부분에서 우리는 히브리서 기자가 다가올 그날과 그리스도의 재림을 연결시키고 있기 때문에, 이 두 사건이 다 가까웠다고 말하는 것이라고 결론을 내릴 수밖에 없다. 휴즈는 이에 대해 다음과 같이 말한다.

> 히브리서 기자가 이렇게 분명하게 말하고 있다는 점을 고려할 때, '그날'은 마지막 날, 곧 주님의 날이라고 알려진 보응과 심판의 날인 최종적 종말의 날 이외에 다른 어떤 것을 의미하지 않을 것이다. 히브리서 기자가 이 말을 하면서 그의 종말론적 의미 이외에 더 가까운 무언가, 즉 임박한 예루살렘과 사물의 옛 질서의 파괴를 염두에 두고 있었을지도 모른다고 주장하는 사람들이 많다.… 그러나 주후 70년 예루살렘 멸망은 다분히 전조의 의미가 강하며(마 24장), 한편으로 예언적 관점에서 최종적 심판의 날이 가지는 확실성을 입증해 주는 '더 작은 주의 날들'(Lesser days of the lord)이 있을 수도 있다. 하지만 아무런 단서도 붙지 않아서 절대적 의미가 강조된 '그날'(The day)은 현세대가 종말을 고하고 새 하늘과 새 땅에 그분의 영원한 나라가 확립될 그

리스도의 재림의 날을 가리키는 것이 틀림없다.[16]

휴즈는 '그날'(The Day)이 바로 최종적이고 궁극적인 주님의 날(day of the Lord)임을 강조한다. 그러면서 주후 70년의 그 날과 같이 '더 작은 주의 날들'이 있을 수도 있다고 말한다. 그러나 그날이라는 말에 그것의 가까움을 암시하는 문구가 붙어 있는 것에 다소 부담을 느끼는 듯 다음과 같이 말한다.

> 히브리서 기자와 독자들이 그날이 가까워지고 있음을 진실로 믿었다면, 그날이 오지 않아서 그들의 기대감이 무너진 것처럼 보일 수도 있을 것이다. 사실 거의 2천 년이 지난 오늘날에도 그 날은 아직 오지 않았다. 이 일들을 심각하게 생각해 보면, 그 기다림은 잘못된 기대와 헛된 희망이었다고 할 수밖에는 달리 생각할 수 없을 것 같다.
>
> 그러나 이것이 교회에는 결코 새로운 문제가 아니다.···그리스도의 초림에 대한 약속이 성취되기까지 오랜 시간이 지체되었지만 결국 그 약속이 진실이라는 것이 입증되었듯이, 그분의 재림에 대한 약속도 반드시 성취될 것이다.···F. F. 브루스(Bruce)는 "그리스도의 초림부터 재림까지의 기간이 곧 마지막 때, 마지막 날, 마지막 시간이다. 그 기간이 얼마나 길든지 간에 믿음의 편에서는 '때가 가까움이라'(계 1:3). 각 세대를 살아가는 모든 그리스도인들은, 그들이 진정으로 기독교적 세대를 살아가

고자 한다면, 스스로 마지막 때를 사는 사람처럼 살아갈 것을 촉구받는다"라고 말한다.[17]

그러나 이 같은 추론은 아무런 근거가 없는 것이다. 약속된 사건이 실제로 일어나면 그 약속은 성취된 것이지만, 그렇다고 해서 약속된 시간까지 들어맞으라는 법은 없다. 브루스의 말대로 믿음이 시간을 가깝게 만드는 것이라면, 그것은 루돌프 불트만(Rudolf Bultmann)이 내세웠던 저 유명한 '영원의 신학'(Theology of timelessness)과 아주 흡사하게 들린다. 그의 주장에 따르면 믿음의 대상은 현실의 역사에서 사라지고, 항상 현재인 '지금 여기서'(hic et nunc) 초시간의 세계에 속하게 되는 것이다. 러셀은 당대의 그런 부류의 신학을 이렇게 비판한다. "재림은 언제나 가까이 있으며, 어느 때든지 교회에 임할 준비가 되어 있다고 하는 것은 그리스도의 탄생, 십자가 죽음, 부활이 어느 순간에든지 이루어질 준비가 되어 있다고 말하는 것만큼이나 잘못된 것이다."[18]

05

예루살렘의 멸망은 무엇을 말하는가?

The Last Days according to Jesus

대답하여 이르시되
너희가 이 모든 것을 보지 못하느냐
내가 진실로 너희에게 이르노니
돌 하나도 돌 위에 남지 않고 다 무너뜨려지리라.
마태복음 24:2

신약성경은 히브리어로 기록된 구약성경과는 달리 그리스어로 기록되었다. 여기에는 팔레스타인이 처한 지정학적 배경이 깔려 있다. 과거 팔레스타인은 고대의 강대국들 사이에서 이리 채이고 저리 밟히는 신세였다. 크기가 미국 메릴랜드 주만 하고 버몬트 주보다는 약간 큰 이 작은 나라는 유럽, 아시아, 아프리카 세 대륙을 잇는 교량적 위치에 놓여 있었다. 이 다리를 지배하는 나라가 이 대륙들을 연결하는 무역을 지배하게 되었다.

　이스라엘은 이집트, 앗시리아, 바벨론, 페르시아, 그리스, 로마에게 정복당하고 지배받았다. 신약성경이 그리스어로 기록된 것은 알렉산더 대왕의 세계 정복의 결과라고 할 수 있다. 알렉산더는 아리스토텔레스의 제자였다. 형이상학과 과학의 통일을 꿈꾸었던 아리스토텔레스의 열망이 걸출한 그의 제자에 의해 문화적 통일로 변형되어 실현되었다. 알렉산더의 군사적 정복의 일부를 차지한 열정은 지중해 세계 전역에 그리스 문화를 수출하는 것이었다.

　구약 시대가 끝나갈 무렵, 팔레스타인은 페르시아 제국의 지배 아래 있었다. 주전 4세기에 알렉산더는 페르시아를 정복했다. 그는 또 이집트를 정복하고, 헬레니즘 철학과 문화의 중심지가 된 알렉산드리아를 건설한다(주전 331년). 주전 323년에 알렉산더는 바벨론으로 진격하던 중 열병에 걸려 32세의 젊은 나이로 죽는다. 그의 제국은 부하 장군들에 의해 분할되는데, 그중 가장 강력한 인물들이 이집트에 프톨레미 왕조, 시리아와 동방에 셀레우코스 왕조를 세우게 된다. 이 과정에서 팔레스타인은 주전 320년에 프톨레미 1세에 의해 이집트에 병합된다. 이 왕조는 유대인들이 자신들의 종교를 자유롭게 지키도록 허락한다. 주전 198년에 셀레우코스 왕조의 안티오쿠스 3세가 팔레스타인을 프톨레미 왕조로부터 빼앗아 시리아에 병합시킨다. 그리고 셀레우코스 왕조는 팔레스타인을 헬레니즘화하는 체계적인 작업에 착수한다.

헬레니즘화 과정은 주전 175년에 이르러 안티오쿠스 에피파네스에 의해 절정에 달한다. 그는 예루살렘을 점령하고 성전을 약탈하며 수많은 시민을 학살한다. 그리고 안식일 준수, 할례 의식, 히브리 성경의 소지를 금지하고, 이 세 가지를 어기면 극형에 처했다. 이러한 극단적인 조치는 마카비가 주도하는 반란을 촉발하여 결국 주전 142년에 팔레스타인은 자유를 쟁취하게 된다. 그러나 이 자유는 오래 지속되지 못하고 팔레스타인은 다시 한 번 외세에 정복당하고 만다. 주전 63년 로마에 복속당한다.

신약성경은 그리스어로 기록되었지만, 그것이 기록된 때는 로마 제국이 지배하던 시기였다. 예수님은 아우구스투스 황제가 통치하던 시기에 태어나 본디오 빌라도가 총독으로 재임하던 기간에 생애의 대부분을 보내셨다. 따라서 신약 시대의 역사는 로마 제국의 역사와 맞물리게 된다.

  이처럼 맞물린 역사의 저변에는 아이러니가 있다. 선지자 이사야는 웃시야 왕이 죽던 해에 부르심을 받는다(사 6:1-13). 이 해는 주전 758년으로 기록되어 있다. 프란츠 델리취(Franz Delitzsch)는 다음과 같이 평한다. "이 해에 이스라엘은 한 민족으로서는 신앙의 타락을 겪게 되고, 국가와 왕조로서는 세계적인 제국에 의해 황폐해지고 멸절당하게 된다. 이사야서의 이 구절과 관련해 제롬(Jerome)이 말하는 것처럼, 웃시야 왕이 죽던 해는 로물루스가 태어난 해이며, 웃시야 왕의 죽음 직후—고대 로마 학자 바로(Varro)의 연대기에 따르면 주전 754년이 된다—로마가 건국된 것은 참으로 의미심장하다! 이스라엘의 국가적 영광은 웃시야 왕의 죽음과 함께 사라지고, 오늘날까지 다시 회복되지 못했다."[1]

  일부 구약 주석가들은 선지자 다니엘이 느부갓네살 왕의 꿈을 풀이하는 과정에서 로마 제국의 지배를 예언했다고 해석한다(단 4:19-27). 또 어떤 주석가들은 거기에 언급된 네 제국이 바벨론, 매대 바사(medo-persia), 그리스, 로마를 가리킨다고 본다.[2]

주전 63년 폼페이우스가 예루살렘을 점령함으로써 팔레스타인은 로마의 지배 아래에 들어가게 된다. 서양사에서 폼페이우스는 주전 60년 줄리어스 시저, 크라수스와 더불어 최초로 삼두정치를 시작한 인물로 유명하다. 이 세 사람 간의 투쟁 끝에 시저가 전제 군주로 등장하게 된다. 그리고 시저는—셰익스피어의 작품 '줄리어스 시저'(Julius Caesar)의 묘사에 따르면—로마 법정에서 브루투스에게 암살되어 폼페이우스의 발 밑에서 죽음을 맞는다.

폼페이우스가 예루살렘을 정복함으로써 유대 정권은 무너지고, 이스라엘은 로마에 조공을 바치게 된다. 한동안 유대 출신의 통치자가 허락되기도 했고, 줄리어스 시저가 통치하는 기간에는 유대인들의 납세와 군사적 의무가 면제되기도 했다. 시저는 이두메 지방의 통치자 안디바를 유대 국가의 총독으로 임명했다. 시저가 사망한 후에는 2차 삼두정치가 (클레오파트라와의 관계로 유명한) 안토니우스, 옥타비아누스(후에 아우구스투스가 된다), 레피두스 세 사람에 의해 시행된다.

주전 27년에 옥타비아누스가 로마 제국 최초의 황제가 되어 주후 14년에 죽을 때까지 통치한다. 그의 양자 티베리우스가 그를 계승하여 주후 37년까지 다스리고, 그 뒤를 이어 악명 높은 칼리굴라 황제가 등장하여 주후 41년에 암살되기까지 권력을 행사한다. 다음으로 클라우디우스 1세가 주후 54년까지 통치하고, 그 뒤를 이어 네로가 주후 54년부터 68년까지 로마를 다스린다.

네로가 사망하자 로마는 격심한 정쟁의 소용돌이에 휘말려 권력 투쟁이 지속된다. 갈바가 네로의 뒤를 이었으나 주후 69년 오토에게 살해되어 정권이 넘어간다. 오토가 결국 죽자 비텔리우스가 그 뒤를 잇는다. 비텔리우스는 원로원의 지지를 받았지만 군대의 지원을 얻지는 못했다. 그 결과 베스파시아누스의 추종자들이 로마를 점령하여 비텔리우스를 살해하고 베스파시아누스 제국을 선포한다. 베스파시아누스는 주후 69년부터 79년까지 통치했는데, 바로 이 시기에 예루살렘이 파괴되었다.

유대인 역사가

예루살렘의 파괴를 목격한 사람이 있었는데, 그는 플라비우스 요세푸스(Flavius Josephus)다. 제임스 프라이스(James L. Price)는 이 유대인 역사가의 생애와 이력을 이렇게 요약한다.

> 요세푸스는 칼리굴라 황제 통치 원년인 주후 37-38년에 예루살렘에서 태어났다. 그의 사망 시기는 알려져 있지 않으나, 그가 주후 100년 헤롯 아그립바의 죽음에 대해 기록한 것으로 보아 그 이후에 죽었음을 알 수 있다. 그는 제사장의 아들이었고,

자신을 하스모니아 왕조의 자손이라고 주장한다. 어린 시절에는 팔레스타인에 유행했던 여러 파당과 종교적 분파의 가르침에 흥미를 가졌지만 결국은 당시 가장 대중적인 바리새파에 가담한다. 벨릭스가 유대 지방의 총독으로 재임하던 시기에 요세푸스는 로마로 건너가 체포당한 몇 명의 제사장들을 석방시킨다. 그가 유대로 돌아온 직후에 유대 독립 전쟁이 발발한다.

   요세푸스는 이 무모한 반란 전쟁을 저지하려 했다. 이는 그가 로마에 있을 때 그들의 막강한 힘에 깊은 인상을 받았기 때문인 것으로 보인다. 하지만 그는 전쟁의 소용돌이 속에 휘말려 게릴라로 활동하게 되었고, 한동안 갈릴리 지방에서 군사 지도자로 활약하기도 했다. 로마가 이 지역에서 마침내 승리를 거두자 그는 체포되었다. 이후 그는 전쟁 당사자들 사이에서 중재 역할을 수행하려고 했지만 별 성과를 거두지는 못했다. 그가 로마인들에게는 의심을 받았고, 유대인들에게는 미움을 받았기 때문이다. 그럼에도 불구하고 그는 전쟁 과정을 대부분 목격할 수 있었으며, 로마에서 티투스 장군의 개선 행렬을 보기도 했다. 그는 생을 마칠 때까지 로마에서 살면서 로마 시민권을 얻고 여러 특권을 누리며 『변명』(*apologies*)이라는 책도 썼다. 그리고 베스파시아누스(Vespasian) 황제의 성이 자신과 같은 플라비우스라고 여겼다.[3]

요세푸스의 대표작은 『유대 전쟁사』(*The Jewish War*), 『유대 고대사』(the Antiquities of the Jews), 『플라비우스 요세푸스의 생애』(The Life of Flavius Josephus), 『아피온 반박』(Against Apion)이다.[4] 프라이스가 주목한 바와 같이 요세푸스는 논쟁을 좋아하는 인물이었으며, 역사가로서 자신과 동포 유대인들을 열렬히 변호했다. 역사가로서 그의 신뢰성은 19세기 학자들에게 가혹한 비판을 받았는데, 그의 저작이 때때로 편향적이고 일종의 자기 과시였기 때문이다. 여러 전투에서 죽은 사람들의 수를 언급하면서 그가 드러낸 과장은 자주 비난을 받았는데, 특히 로마의 예루살렘 정복 과정에서 살해된 사람들의 수에 대해 그랬다. 그럼에도 불구하고 요세푸스는 예루살렘의 멸망을 목격한 사람으로서 그의 시대에 대해 매우 가치 있는 지식을 제공해 준다. 프라이스는 이렇게 말한다. "요세푸스의 저작이 없었다면 신약 시대의 유대 역사를 알기란 불가능했을 것이다. 그가 고대 세계의 위대한 역사가들 가운데 한 사람임을 부인할 사람은 없을 것이다."[5]

요세푸스는 『유대 전쟁사』 서문에서 로마 정복자와 유대 국민 양측에 대해 정확하게 기술하겠다고 약속한다.

> 우리가 독재자들이나 강도들에 대해 격렬하게 말하고 우리 민족의 불행에 대해 크게 슬퍼한다고 누군가가 우리를 부당하게 비난하더라도, 그리고 비록 그렇게 하는 것이 역사 서술의 원칙에서 벗어나는 일이기는 하지만, 나는 이러한 내 감정에 따를 수

밖에 없다. 상황이 그렇게 만든 것이기 때문이다. 우리 예루살렘은 로마 정부의 지배 아래에서도 다른 어떤 도시보다 많은 행복을 누렸는데 마지막에 또다시 극심한 재앙에 빠졌기 때문이다. 그러므로 나는 인류 역사가 시작된 이래로 그 어떤 민족의 불행도 유대인들이 당한 불행과 비교한다면 아무것도 아니라고 본다. 그런데 이 불행한 역사를 기록하는 사람은 외국인이 아니다. 그럼에도 불구하고 사람들이 여전히 나를 비난하고자 한다면, 내 책에서 역사적 사실만 취하고, 애가(哀歌)는 저자인 내 몫으로 돌리라고 권하는 바다.[6]

요세푸스는 로마의 팔레스타인 정복을 대단한 열의를 가지고 기록했다. 그는 동포들에게 깊은 애정을 품고 전쟁에 참여했다. 예루살렘 멸망은 별안간 일어난 것이 아니라, 오랫동안 팔레스타인에 대한 여러 차례의 군사적 정벌 끝에 가해진 최후의 일격이었다. 예루살렘을 포위하기 전에 로마군은 유대 전역을 조직적이고 무자비하게 유린하고 다녔으며, 이 과정에서 수많은 전투가 치러졌다. 예루살렘이 파괴되기 전에 벌어졌던 많은 사건들에 대한 요세푸스의 기술은 성경의 예언이 성취된 기록처럼 읽힌다. 예컨대 거짓 선지자들의 출현(2.13), 예루살렘 시민의 학살(2.14), 알렉산드리아의 유대인 학살(2.18), 갈릴리 침공(3.4)에 대한 언급이다.

요세푸스의 기술에서 가장 흥미로운 대목 가운데 하나는

요타파타 시의 포위 공격 및 함락에 대한 것이다. 그는 로마군이 도입한 전술과 전략을 아주 생생하게 묘사한다. 당시 요세푸스는 그 도시를 방어하는 책임을 맡은 사령관이었다. 로마군은 (아직 황제가 되기 전인) 베스파시아누스가 이끌고 있었다. 베스파시아누스는 자신의 군대로 도시를 에워싸고 공격하기 시작했다. 요세푸스는 로마군이 요타파타 시의 요새를 공격할 때 사용했던 무기를 이렇게 묘사한다.

> 이 성벽 공격용 무기는 배의 돛대처럼 거대한 나무 기둥이다. 앞부분에 말뚝을 박을 때 사용하는 망치처럼 두꺼운 쇠덩어리가 붙어 있는데, 여기서 이 무기의 명칭인 공성퇴(battering ram)가 유래했다. 이 나무 중간에 밧줄을 묶은 다음, 튼튼한 기둥 두 개가 십자가 모양으로 양쪽을 지탱하고 있는 또 다른 나무 기둥에 매달았다. 이 기둥을 많은 군인들이 한꺼번에 뒤로 당겼다가 함성을 지르면서 앞으로 세게 밀었다. 그러면 기둥 앞부분에 돌출한 쇠덩어리가 벽을 강타했다. 아무리 강한 탑, 아무리 두꺼운 벽이라도 이 무기의 엄청난 타격을 견디지 못하고 결국 무너져 내릴 수밖에 없었다.[7]

요세푸스는 유대인들이 이 무기의 공격을 저지하기 위해 고안한 묘책에 대해서도 말한다. 기둥의 공격 방향을 교란시키기 위해 쓰레기를 담은 부대를 떨어뜨린다든지, 기둥을 들고 있는 로마 군인들에게 펄펄 끓는 기름을 쏟아붓는 것 등이었다. 45일이 넘도록 포위 공격은 계속되었고, 로마군은 마침내 요타파타 시를 침공하여 주민들을 학살했다.

요세푸스에 따르면, 로마군은 1,200여 명의 여자들과 아이들을 포로로 잡아갔다. 이 전쟁을 치르는 동안 4만여 명이 죽임을 당했다. 요세푸스는 깊은 구덩이 속에 숨어서 살아남았지만, 곧 배신을 당해 체포되었다. 그의 기록에 따르면, 그는 포위 공격 기간에 보여 준 용맹한 행동으로 말미암아 베스파시아누스 황제에 의해 사면되었다.

이 사건을 계기로 요세푸스는 베스파시아누스와 그의 아들 티투스와 오랜 친분 관계에 들어가게 된다. 이 관계에 기초하여 요세푸스는 예루살렘의 계속된 투쟁에서 양측 모두의 증인이 될 수 있었다. 한편 요세푸스는 자신이 체포된 위기 상황을 전후하여 예언적 의미를 가진 꿈들을 꾸었다고 주장한다. 이 꿈들에 대한 그의 묘사를 통해 우리는 이 사건으로 발생한 극적 상황에 대한 그의 자의식을 상당 부분 엿볼 수 있다.

이제 요세푸스는 여호와께서 보여 주셨던 불분명한 꿈들의 의미에 대해 통찰력을 가지고 해석할 수 있게 되었다. 게다가 자신이 제사장이고, 제사장 가문의 자손이기에 성경에 담긴 예언을 잘 알고 있었다. 그때 그는 무아지경의 상태에 있었다.

그는 최근 꿈에 나타난 엄청난 형상들을 여호와께 설명하고,

은밀히 기도했다. 그리고 이렇게 말했다. "유대 민족을 지으신 주님이 기뻐하시는 일이기에 주님은 이 민족을 슬프게 하셨으며, 그들이 누렸던 행복을 로마인들에게 넘겨주셨다. 주님이 내 영혼으로 하여금 장차 일어날 일을 예언하도록 하셨기에, 나는 기꺼이 그들을 도우면서 살아 있으려 한다. 그리고 내가 로마에 가는 것은 유대인들을 저버리는 일이 아니라 주님의 사명을 수행하기 위함이라고 공개적으로 주장한다."[8]

이러한 증언은 요세푸스가 자신을 장군, 정치가, 역사가, 제사장, 선지자로 생각했다는 것을 보여 준다. 또한 그가 비극적인 사건 속에서 섭리의 손길을 느끼고 있었다는 것을 말해 준다.

그는 자신의 역사서 전체를 통해 유대인의 운명은 하나님이 징벌하신 직접적인 결과라고 말한다. 『유대 전쟁사』 제4권에서 요세푸스는 에돔 사람들이 예루살렘 성전을 어떻게 더럽혔으며, 열심당원들을 통해 옛 예언들이 어떻게 성취되었는지를 자세히 설명한다.

그러므로 이 사람들은 인간의 모든 법을 유린하고 하나님의 율법을 조롱했다. 또 선지자들의 예언을 사기꾼들의 협잡이라며 비웃었다. 아무튼 선지자들은 선(의 보상)과 악(의 징벌)에 대해 많은 것들을 예언했는데, 이 열심당원들이 이를 어김으로 그들의 나라에 대해 예언된 것들이 실현되게 만들었다. 즉 오래전에 선지자들이 유대에 반란이 일어나 전쟁이 벌어지며, 이로 인해 도시가 점령되고 성소가 불타며, 그들 자신의 손으로 하나님의 성전을 더럽힐 것이라 예언했다. 열심당원들도 이 예언을 의심하지 않았지만, 그들 스스로가 이 예언의 성취를 위한 도구가 된 것이다.[9]

로마의 예루살렘 공격

요세푸스는 로마의 예루살렘 침공이 네로의 죽음으로 중단된 경위에 대해 기록한다. 비텔리우스가 살해되고 베스파시아누스가 그의 휘하 군인들에 의해 황제로 추대되었다. 베스파시아누스는 로마로 진군한다. 그의 아들 티투스는 예루살렘으로 돌아가 유대 공격을 재개한다. 한편 베스파시아누스는 구금되어 있던 요세푸스를 방면한다.

『유대 전쟁사』 제5권에서 요세푸스는 전쟁 당시의 예루살렘 모습을 생생하게 묘사하는데, 성벽과 망대의 크기까지 상세히 적고 있다. 그는 성전과 헤롯이 성전 건축에 사용한 돌의 크기도 꼼꼼하게 묘사한다. 어떤 돌은 길이가 약 20미터, 높이가 2미터 22센티미터, 넓이가 2미터 67센티미터였다.

최초 공격 때 로마군은 성 안에 돌을 던지고 화살을 쏘았다.

수많은 돌들이 성 안에 우박처럼 쏟아져 내렸다. 요세푸스는 유대인들의 기발한 대응 방법에 대해 이렇게 기록한다. "…돌이 하얀 빛깔이었기 때문에 그들은 처음부터 돌이 날아오는 것을 알 수 있었다. 또 돌이 내는 큰 소리로 감지할 수 있었으며, 그 반짝이는 빛깔 때문에 돌이 가까이 오기 전에 알 수 있었다. 그래서 돌 쏘는 기계가 작동되어 돌이 날아오기 시작하면 망대에 앉은 파수병들이 자국어로 '돌이 날아온다'고 크게 외쳐 사람들에게 알렸다. 그러면 가까이에 있는 사람들은 바닥에 엎드렸다. 그렇게 자신을 방어하는 동작을 취함으로써 신호를 보내 돌이 떨어지더라도 해를 입지 않았다."[10]

그런데 "돌이 날아온다"(The stone cometh)는 문장을 둘러싸고 원래 문장에서 사용된 표현이 무엇인지에 대해 논쟁을 벌이고 있다. 어떤 사본들에는 "아들이 온다"(The son cometh)로 되어 있기 때문이다. 스튜어트 러셀은 후자의 표현이 원래 것이라고 보면서 여기에 대단히 중요한 의미가 있다고 여긴다. 그는 이렇게 적는다.

유대인들은 그리스도인들의 크나큰 희망과 믿음이 아들(그리스도)의 신속한 재림이라는 사실을 잘 알고 있었다. 헤게시푸스(Hegesippus)의 증언에 따르면, 주님의 형제 야고보가 성전에서 "아들이 하늘에서 구름을 타고 곧 오시리라"고 대중들 앞에서 선언하고 자신의 선언을 피로써 확인한 것도 이때였다. 그리하여 당시 갈 데까지 갈 정도로 하나님을 대적하고 깔보던 유대인들이 하얀 돌덩어리들이 공중에서 큰 소리를 내며 날아오는 것을 보았을 때, 이상하게 생긴 이 돌덩어리들이 그리스도인들이 말하던 재림의 모습을 닮았다고 여겨 이를 빗대어 "아들이 온다"고 비아냥거리면서 외쳤던 것이라고 짐작하는 일도 가능하다.[11]

요세푸스는 『유대 전쟁사』 제5권에서 이전에 그가 자기 백성들에게 죄를 회개하라고 촉구한 사실에 대해 기록하고 있다. 그는 그들의 전쟁이 궁극적으로 로마인들을 상대로 하는 것이 아니라, 하나님을 상대로 하는 것이라고 보았다. "그러므로 나는 하나님께서 자신의 성소를 떠나 당신들이 싸우고 있는 그 사람들 편에 서 계신다고 생각하지 않을 수 없다. 그 누구라도—그가 정직한 사람이라면—불결한 집에 있게 되면 거기서 도망쳐 나오고 싶어할 것이며, 그 안에 있는 사람들을 싫어할 것이다. 마찬가지로 당신들의 모든 은밀한 일들을 아시며 가장 깊숙한 데서 나는 소리까지 들으시는 하나님께서 죄악이 가득한 당신들과 함께 계실 것이라고 생각할 수 있겠는가!"[12]

유대인들의 죄악을 혹독하게 비난하면서 요세푸스는 그의 세대가 이전 어느 세대보다도 사악하다고 주장했는데, 이러한 평가는 예수님이 말씀하셨던 것과 매우 흡사하다.

제6권에는 티투스의 포위 공격 기간에 예루살렘 주민들이 겪은 참사가 상세히 기록되어 있다. 요세푸스는 한 예로, 포위 공격으로 야기된 기근으로 인해 한 여인이 젖을 빨고 있던 자기 아기를 죽인 사건을 기록한다. 여인은 아기를 구워서 절반은 자기가 먹고 나머지는 옆에 있던 사람들에게 주었다. 그러자 그들은 그녀의 행위를 한없이 경멸하면서 공포에 질려 그곳을 떠났다.

요세푸스의 기록에 따르면, 로마군은 성전을 불태우고 예루살렘을 계엄 아래에 둔다. "거룩한 집이 불타는 동안, 그들은 눈에 보이는 모든 것을 약탈했다. 그리고 사로잡힌 사람들 중에 만 명이 죽임을 당했다. 로마군은 동정심을 털끝만큼도 보여 주지 않았다. 어린아이, 노인, 평민, 제사장 할 것 없이 모두 학살당했다. 이처럼 이 전쟁은 모든 부류의 사람들에게 닥치고 그들을 모두 파멸로 이끌었다."[13]

별, 혜성, 빛

요세푸스의 기록 중에서 가장 이상하고 기괴한 내용은 별과 혜성의 출현에 대한 서술일 것이다.

이 불쌍한 백성들은 하나님마저 속이려고 하는 협잡꾼들의 말에 속아 넘어가면서도, 그들이 장차 당하게 될 파멸에 대해 명백하게 예언된 징조들에는 주의를 기울이지 않고, 믿으려고 하지도 않았다. 오히려 그들은 사물을 보는 눈이 없고 생각할 수 있는 정신도 없는 미친 사람들처럼 하나님께서 그들에게 주신 경고를 외면했다. 칼의 형상을 한 별 하나가 나타나 도시 위에 머물고, 혜성 하나가 1년 내내 사라지지 않았다. 또한 유대인들의 반역이 일어나기 전, 전쟁이 발발하기에 앞서 다음과 같은 일이 있었다. 무교절을 지키기 위해 엄청난 군중이 모여들었다. 니산월 8일, 밤 9시에 아주 밝은 빛이 제단과 성전 주변을 비춰 마치 환한 대낮 같았다. 이 빛은 30분이나 계속되었다. 이 빛은 일반인들에게도 분명한 징조가 되었으며, 경건한 서기관들도 그것이 곧 벌어지게 될 사건의 전조라고 해석했다. 이 무교절 기간에 희생 제사로 바치기 위해 대제사장이 끌고 온 어린 암소(heifer) 한 마리가 성전 한가운데서 새끼를 낳기도 했다.[14]

요세푸스는 이러한 천체의 현상이 예루살렘과 그 백성들에게 헛된 희망을 일으키는 거짓 예언을 낳게 했다고 말한다. 이 현상들에서 또 다른 의미를 찾는 사람들도 있었다. 그들은 성전 주변을 비추는 밝은 빛이 하나님의 임재의 증거인 쉐키나(shekina)의 영광과 관련 있다고 해석했다. 이처럼 거짓 선지자들은 구약 시대의 거짓 선지자들처럼 징조를 그릇되게 해석하여, 그것이 무한한 행복의 때, 순수한 밝음과 영광의 날을 예견하는 것이라고 했다. 그들은 그 현상들이 심판의 징조로써 가진 무시무시한 어둠을 간과했다.

새끼를 낳았다는 어린 암소의 이야기는 역사가 요세푸스의 치밀함에 의문을 제기할 만큼 기괴하기 짝이 없다. 그러나 하늘에 나타난 징조들은 예루살렘의 멸망을 둘러싼 사건들을 전하는 다른 역사가들도 보도하고 있다. 예를 들어 로마의 역사가 타키투스(Tacitus)는 이렇게 기록한다.

이제부터 내가 다루려고 하는 역사는 재앙이 넘치고, 전쟁의 공포가 끊이지 않으며, 온 나라가 내전으로 갈갈이 찢기며, 평화시에도 불안했던 시대의 역사다. 네 명의 황제가 칼을 맞아 죽었다. 세 차례의 내전이 있었고, 그보다 더 많은 전쟁을 다른 나라와 치렀다. 전쟁이 국내외에서 동시에 일어나기도 했다. 동방에서는 승리를 거두었으나, 서방에서는 패배를 겪었다. 일리리쿰에서 소요 사태가 일어났으며, 갈리아 지방이 동요되었고, 브리타니아 지방은 정복했으나 얼마 지나지 않아 지배권을 잃었다. 사르마테와 수에비인들이 우리에게 항거했다. 다키아는 폭동이 성공을 거둔 대표적인 곳이다. 심지어 파르티아까지 네로의 이름을 사칭한 인물의 지도 아래 무장봉기했다. 나아가 이탈리아는 예전에 겪어 본 적이 없거나, 오랜 세월 뒤에 다시 찾아온 재앙으로 고통을 겪었다. 캄파니아의 비옥한 해안에 인접한 도시들이 완전히 휩쓸려 가거나 수몰되었다. 로마는 대화재가 발생해 폐허가 되었으며, 가장 오래된 사원들이 전소되고 캐피톨 신전이 시민들의 손에 불탔다.… 바닷가는 이재민들로 가득 차고 해안의 절벽들은 시체들로 더럽혀졌다. 로마는 그보다 더 끔찍하고 비참했다.…

  인류에게 닥친 수많은 불행 외에도 하늘과 땅에 기괴한 징조들이 나타났고, 벼락을 통한 경고가 있었으며, 미래에 대한—때로는 밝고 때로는 어두운, 그리고 애매모호하기도 하고 분명하기도 한—예언들이 이루어졌다. 로마 시민들에게 닥친 이 끔찍한 재앙들과 신들이 우리의 안전을 돌보지 않고 우리를 심판했다는 의심의 여지가 없는 이 징조들을 통해 예언이 이처럼 철저하게 입증된 적도 없을 것이다.[15]

하늘에 나타난 징조에 대해 요세푸스가 언급한 것 가운데 몇 가지 부분은 의문의 여지가 있다. 하지만 그럼에도 불구하고 그의 일부 증언을 다른 사람들이 방증하고 있는 것은 사실이다. 그중 가장 중요한 언급은 1년 내내 사라지지 않았던 혜성에 대한 것이다. 게리 드마는 이렇게 평가한다.

  혜성의 출현은 종종 임박한 재앙의 전조나 기존 정치 질서 변화의 징조로 받아들여졌다.… 주후 70년 이전에 '어떤 하늘의 징조'가 있었는가? 주후 60년경 네로의 통치 기간에 혜성이 나타났다. 이때 사람들은 정치적인 변화가 일어날 것이라고 생각했다. 역사가 타키투스는 이렇게 기록하고 있다. "사람들은 네로가 이미 폐위된 것처럼 여기고 다음 후계자가 누가 될지를 묻기 시작했다." 네로는 혜성의 '위협'을 심각하게 받아들였다.… 네로는 또 다른 역사가 수에토니우스가 말한 것처럼 모험을 감행하지 않았다. "유죄 판결을 받은 사람들의 모든 후손이 로마에서 추방되어 굶어 죽거나 독살당했다.…" 네로는 혜성이 나타난 후로도 몇 년을 더 살았다.… 주후 66년에 핼리 혜성이 나타났고 얼마 지나지 않아 네로는 자살한다. 역사가들은 핼리 혜성의 출현을 네로의 죽음뿐만 아니라 4년 뒤에 발생한 예루살렘의 멸망과 연관시킨다.[16]

혜성이나 칼의 형상을 한 별에 대한 보도 이외에 요세푸스는 이보다 더 놀라운 천체의 현상에 대해 주목할 만한 기록을 남긴다. 이것은 너무 기이하여 요세푸스도 그에 대한 언급을 주저할 정도였다.

그 밖에도 무교절 며칠 후, 아르테미스월(月)(지아르달) 21일에 기괴하고 믿을 수 없는 현상이 나타났다. 이런 현상을 목격한 사람들의 증언이나, 그런 전조를 나타내기에 충분할 정도로 의미심장한 사건들이 뒤따라 발생하지 않았더라면, 그 현상에 대한 나의 이야기는 우화처럼 들릴 것이다. 해가 지기 전에 전차와 무장한 군인들이 구름 속을 달리고 도시 주변을 다니는 광경이 보였다. 뿐만 아니라 우리가 오순절이라 부르는 절기에 제사장들이 관습에 따라 그들의 신성한 의무를 수행하기 위해 밤중에 성전으로 들어갈 때, 땅이 흔들리는 것을 느끼고 큰 소리를 들었다. 그 후에 그들은 마치 많은 군중이 "여기서 떠나자" 하고 외치는 듯한 소리를 들었다.[17]

에스겔의 기묘한 환상

요세푸스의 이 증언에서 주목할 점은 그것이 구약에서 언급하는 사건과 유사하다는 것이다. 에스겔이 바벨론에 포로로 잡혀 있을 때 그는 하나님의 병거-보좌의 환상을 보았다. 이 신현(神顯)에 수반된 무서운 징조들 속에는 큰 소리도 들어 있었다.

> 그 생물의 머리 위에는 수정 같은 궁창의 형상이 있어 보기에 두려운데 그들의 머리 위에 펼쳐져 있고 그 궁창 밑에 생물들의 날개가 서로 향하여 펴 있는데 이 생물은 두 날개로 몸을 가렸고 저 생물도 두 날개로 몸을 가렸더라 생물들이 갈 때에 내가 그 날개 소리를 들으니 많은 물 소리와도 같으며 전능자의 음성과도 같으며 떠드는 소리 곧 군대의 소리와도 같더니 그 생물이 설 때에 그 날개를 내렸더라 그 머리 위에 있는 궁창 위에서부

표 5.1 역사 기록에 따른 예루살렘의 멸망

성전 파괴	
천체의 징조	• 칼의 형상을 한 별 • 혜성(핼리 혜성이 주후 66년에 나타남) • 밝은 빛이 제단과 성전을 비춤 • 전차와 군인들이 구름 속을 달리고 도시 주변을 다니는 환상
지상의 징조 (제사장들의 보고에 따른)	• 땅이 흔들림 • 큰 소리 • 많은 군중이 "여기서 떠나자" 하고 외치는 듯한 소리

터 음성이 나더라 그 생물이 설 때에 그 날개를 내렸더라 그 머리 위에 있는 궁창 위에 보좌의 형상이 있는데 그 모양이 남보석 같고 그 보좌의 형상 위에 한 형상이 있어 사람의 모양 같더라 내가 보니 그 허리 위의 모양은 단 쇠 같아서 그 속과 주위가 불 같고 내가 보니 그 허리 아래의 모양도 불 같아서 사방으로 광채가 나며 그 사방 광채의 모양은 비 오는 날 구름에 있는 무지개 같으니 이는 여호와의 영광의 형상의 모양이라 내가 보고 엎드려 말씀하시는 이의 음성을 들으니라(겔 1:22-28).

병거-보좌 환상은 에스겔서에서 다시 언급된다. 10장에서 에스겔은 빛나는 여호와의 영광과 함께 병거-보좌가 성전과 예루살렘 동쪽 성문을 떠나는 것을 보았다.

그룹들이 올라가니 그들은 내가 그발 강가에서 보던 생물이라 그룹들이 나아갈 때에는 바퀴도 그 곁에서 나아가고 그룹들이 날개를 들고 땅에서 올라가려 할 때에도 바퀴가 그 곁을 떠나지 아니하며 그들이 서면 이들도 서고 그들이 올라가면 이들도 함께 올라가니 이는 생물의 영이 바퀴 가운데에 있음이더라 여호와의 영광이 성전 문지방을 떠나서 그룹들 위에 머무르니 그룹들이 날개를 들고 내 눈앞의 땅에서 올라가는데 그들이 나갈 때에 바퀴도 그 곁에서 함께하더라 그들이 여호와의 전으로 들어가는 동문에 머물고 이스라엘 하나님의 영광이 그 위에 덮였더라(겔 10:15-19).

에스겔이 본 환상은 주후 70년 예루살렘 멸망에 대한 것이 아니라, 주전 586년 바벨론에 의한 예루살렘 멸망에 대한 것이다. 중요한 사실은 이 거룩한 성이 최초에 멸망했을 때 이러한 환상의 징조가 나타났다는 것이다.

구름 속을 달리는 군인들에 대한 요세푸스의 기술은 도단에서 엘리사의 시종이 눈이 열려 목격한 광경, 즉 엘리사를 도우러 나타난 천사들의 모습과 유사하다(왕하 6:17). 이 천사들은 불병거를 탄 천상의 군대였다.

요세푸스는 제사장들이 들은 목소리를 분명하게 하나님의 소리로 여겼다. 하나님은 냉혹하고 불행한 '이가봇', 즉 거룩한 성을 떠난다("여기를 떠나자")고 선언하셨던 것이다(이 사건은 타키투스도 전하고 있다).

요세푸스는 또 4년 전에 예루살렘에서 한 남자—아이러니하게도 그의 이름은 예수였다—가 한 무시무시한 예언에 대해서도 언급한다. 그 남자는 거듭하여 이렇게 외쳤다. "동쪽에서 소리가 들린다. 서쪽에서 소리가 들린다. 사방에서 소리가 들린다. 예루살렘과 성전을 향해 외치는 소리다. 신랑과 신부들에게 하는 소리다. 온 백성에게 하는 소리다." 이 남자는 붙잡혀 심하게 채찍질을 당했다. 그러나 그는 채찍에 맞을 때마다 "예루살렘에 화가 있을 것이다"라고 외쳤다.[18]

요세푸스는 예루살렘과 성전의 파괴에 대한 자신의 이야기를 결론지으면서 이렇게 요약한다. "전쟁 전 기간에 걸쳐 포로로 잡혀 간 사람의 수효는 9만7천 명으로 집계되었다. 포위 공격 기간에 죽은 사람은 110만 명인데, 그중 대부분은 유대인들로 예루살렘 시민은 아니었다. 이 유대인들은 무교절을 지키려고 세계 곳곳에서 모여들었는데 로마군에 의해 갑자기 갇히게 된 것이다. 로마군은 예루살렘을 철저하게 봉쇄했다. 처음에는 전염병으로 사람들이 죽어 갔고, 곧이어 기근이 극심해져서 더욱 빠른 속도로 사람들이 죽어 갔다."[19]

예루살렘 멸망에 대한 요세푸스의 기록은 예수님의 감람산 강화 예언이 얼마나 철저하게 성취되었는지를 보여 준다. 앞서 살펴본 것처럼, 과거 종말론자들은 이 사건에서 성전 파괴와 그에 수반된 여러 상황뿐만 아니라, 심판을 위해 오신 그리스도의 재림을 본다. 급진적 과거 종말론자들은 이 사건으로 그리스도의 재림과 만물의 종말에 대한 신약의 모든 예언이 성취되었다고 해석한다. 이 점에서 과거 종말론자들 사이에서도 첨예한 의견 대립이 나타난다. 천년 후 종말을 주장하는 온건한 과거 종말론자들은 감람산 예언의 대부분이 주 후 70년에 성취되었지만, 그리스도의 재림은 아직 이루어지지 않았다고 주장한다. 다음 장에서 이러한 견해에 대해 고찰할 것이다.

06

요한은 계시록에서
말세에 대해 무슨 말을 했는가?

The Last Days according to Jesus

예수 그리스도의 계시라
이는 하나님이 그에게 주사 반드시 속히 일어날 일들을
그 종들에게 보이시려고 그의 천사를
그 종 요한에게 보내어 알게 하신 것이라…
때가 가까움이라.
요한계시록 1:1-3

성경에서 요한계시록만큼 말세와 관련하여 깊이 연구된 책도 없을 것이다. 이 책은 신약 묵시록으로 불리기도 한다. 요한계시록은 불가사의한 문학적 양식 때문에 온갖 상상력으로 가득 찬 해석과 심지어 기괴하기까지 한 해석을 낳았다. 어떤 이들은 이 책이 너무 난해하다고 여겨 어떤 건전하고 일관된 해석을 얻으려는 기대조차 단념한다. 심지어 칼뱅조차 자신의 방대한 성경 주석 전집에 요한계시록은 포함시키지 못했다.

많은 의문점들로 인해 요한계시록의 주석가들은 고충을 겪는다. 어떤 이들은 요한계시록이 드라마 형식으로 기록되었다고 주장하는 반면에, 다른 이들은 그리스도인들에게 적대적이었던 로마 당국이 이해하지 못하도록 암호의 형태로 기록되었다고 주장한다. 많은 저자들이 이 암호를 풀 수 있는 여러 '열쇠'들을 제시해 왔으며, 이로 인해 오늘날 우리는 그 내용의 많은 부분을 명백하게 알 수 있게 되었다.

그러나 가장 핵심적인 문제는 이 책의 독자가 누구냐 하는 것이다. 요한계시록은 일차적으로 그리스도의 나라가 완성되기 전 마지막 때를 살아가는 모든 사람을 위해 기록된 것인가?

모든 시대의 교회를 위해 기록되었는가? 아니면 1세기 교회를 위해 기록된 것인가? 물론 이 질문이 독자의 범위에 대해 상호 배타적인 것은 아니다.

다음으로 중대한 쟁점은 이 책의 의미에 대한 것이다. 요한계시록이 아직은 미래에 속한 사건들에 대해 묘사하는 것인가? 아니면 1세기 상황에서 펼쳐지고 있던 사건들을 묘사하는 것인가?

우리 시대에 와서 새롭게 제기된 또 하나의 문제는 요한계시록의 기록 시점에 대한 것이다. 이 책이 1세기의 마지막 10년에 기록되었다면(이것이 전통적인 견해인데), 거기에 담긴 예언들은 이미 이전에 발생한 사건이 되는 예루살렘의 멸망과는 관계가 없을 것이다. 반면에 주후 70년 이전에 기록되었다면, 이 책은 주로 예루살렘이 멸망에 이르는 사건들을 묘사한 것이 된다. 요한계시록의 기록 시점이 언제이며, 저작 목적이 무엇인가 하는 문제는 이처럼 서로 불가분의 관계에 있는 것이다.

요한계시록의 의미를 탐구해 가는 과정에서 우리는 공관복음의 감람산 강화가 제기하는 것과 유사한 일련의 문제들과 직면하게 된다. 요한계시록에서도 가장 주된 문제는 시기 언급에 대한 것이다.

사건의 임박성

과거 종말론자들의 요한계시록 해석에서 가장 핵심을 이루는 것은 이 책의 시기 언급을 어떻게 이해할 것인가다. 스튜어트 러셀은 요한계시록을 이해할 수 있는 열쇠는 그 책이 당시 쟁점들에 대해 언급한다는 사실에서 찾을 수 있다고 주장한다. 러셀은 이렇게 말한다. "도대체 요한계시록이 당시 역사적 사건들에 대해 말해서는 안 된다는 법이 어디 있는가? 논리적으로 납득할 만한 유일한 가설은 그 책이 본래 독자들이 이해하도록 기록되었을 것이라는 사실이다. 그러나 이것은 요한계시록이 비교적 짧은 기간에 걸쳐 이루어진 당시 사건만 다루고 있다는 말로 들린다."[1]

러셀의 말은 다소 이상하게 들린다. 성경에는 당시 사람들이 충분히 이해하지 못하는 미래의 사건들을 다루는 예언이 많다는 사실을 그도 분명히 인식하고 있었을 것이다. 또한 예언을 처음 받은 사람들이 그것이 미래에 대한 예언임을 알고, 그 예언의 의미를 이해할 수도 있다고 주장할 수 있다. 예언이 미래에 대한 것이라고 해서 당시 사람들에게 쓸모없거나, 상관없다고는 할 수 없다. 이는 모든 시대의 신자들이 미래에 대한 하나님의 약속으로 힘을 얻는 것과 마찬가지다.

러셀은 이 원리를 확실하게 이해했고, 요한계시록이 1세기에 쓰였기 때문에 이를 단순히 비판하지 않았다. 따라서 요한계시록의 내용은 1세기에 일어난 사건들로 제한된다. 사실 러셀은 이렇게 주장한다. "그럼에도 불구하고, 그 책의 본래 목적이 먼 미래의 비밀들을 밝히는 것이라고 해서 최초의 독자들은 그것을 이해할 수 없거나, 나아가 그들과 아무 관련이 없다고 할 수 있겠는가?"[2] 나는 이 대목에서 러셀이 자신의 말에 흥분하여 지나치게 앞서가고 있다고 생각한다. 과연 그가 이사야나 예레미야의 미래 예언에 대해서도 동일한 판단을 할지도 의심스럽다.

사실 러셀을 이러한 입장으로 몰고 간 것은 요한계시록의 시기 언급임이 분명하다. 다시 말해, 러셀이 자기 주장의 근거로 삼는 것은, 미래 예언은 그것을 최초로 받은 세대와 관련이 있어야 한다는 원리라기보다는, 요한계시록의 여러 구절들이다. 러셀은 요한계시록의 시기에 대한 내적 증거를 이렇게 말한다.

> 요한계시록에서 다른 무엇보다 명백하고 반복적으로 확인되는 한 가지 사실은, 그 책이 예언하고 있는 사건들의 임박성이다. 이 점은 처음부터 끝까지 반복적으로 서술되고 있다. 우리는 계속해서 "때가 가까웠다", "이 일들이 속히 이루어질 것이다", "보라, 내가 속히 오리라", "내가 반드시 속히 오리라"는 경고를 듣는다. 그럼에도 불구하고 이처럼 명백하고 자주 반복되는 선언 앞에서도, 대부분의 주석가들은 자기 멋대로 이 한정된 시간을

모두 무시해 버리고, 이를 여러 세대, 여러 세기로 늘리면서 이 책을 마치 전 교회사의 요약이나 세상 끝 날까지 그리스도인들이 참고할 교회 정치적 사건들의 연감처럼 여기고 있다. 이것이야말로 치명적이고 용서할 수 없는 과오다.[3]

요한계시록에서 최초의 시기 언급은 1절부터 나온다. "예수 그리스도의 계시라 이는 하나님이 그에게 주사 반드시 속히 일어날 일들을 그 종들에게 보이시려고 그의 천사를 그 종 요한에게 보내어 알게 하신 것이라 요한은 하나님의 말씀과 예수 그리스도의 증거 곧 자기가 본 것을 다 증언하였느니라 이 예언의 말씀을 읽는 자와 듣는 자와 그 가운데에 기록한 것을 지키는 자는 복이 있나니 때가 가까움이라"(계 1:1-3).

1절은 '속히 일어날 일'들에 대해 말하며, 3절은 그때가 '가까움'에 대해 말한다. 이러한 언급들(그리고 요한계시록 전체에 걸쳐 나오는 다른 언급들)은 학자들에 따라 다양한 의미로 해석된다.

학자들의 해석

조지 앨든 래드(George Eldon Ladd)는 다음과 같이 기록한다.

'속히 일어날 일'이라는 말에는 다니엘서 2장 28절의 분위기가 담겨 있다. 요한이 공식적으로 구약성경을 인용하는 예는 드물지만, 그의 책은 예언서의 글에 대한 명백한 암시들로 가득하다. 여기에 현대의 많은 비평가들이 그 중요성을 간과하고 있는 한 가지 사실이 있다.…

이 일들은 '속히'(soon) '일어날'(take place) 것이다.…이 어구들은 주석가들을 괴롭혀 왔다. 가장 간단한 해결책은 과거 종말론자들의 주장을 받아들여 초대 교회 공동체처럼 요한도 주님의 재림이 임박한 것으로 생각했는데 실은 그것이 잘못되었다고 이해하는 것이다. 그들의 해석 방법에 따르면, 우리 주님이 "이 세대가 지나가기 전에 이 일이 다 일어나리라"(막 13:30)고 말씀하신 것은 미래 예측을 잘못하신 것이 된다. 또 다른 해석 방법은 이 어구들을 '이 일들이 속히 시작되리라'는 의미로 이해하는 것이다. '그것들은 틀림없이 시작될 것이다'는 의미로 받아들이는 사람들도 있다. 그 밖에 '그것들은 신속히 이루어질 것이다, 즉 일단 이 일들이 시작되면 빨리 끝날 것이다'는 의미로 해석하는 견해도 있다.

하지만 이 말의 의미는 분명히 단순하다. 문제는 선지자들이 연대순 배열에는 별 관심을 두지 않았으며, 그들에게 미래는 언제나 가까워 보였다는 사실이다.…성경의 예언에서 가까운 미래와 먼 미래는 상호 긴장 관계에 있다. 먼 미래는 가까운 미래라는 투명한 유리를 통해 보인다. 초대 교회가 주님의 재림을 기대하며 살았던 것이 사실이며, 모든 시대의 그리스도인들이

종말을 기대하며 사는 것이 가능함도 성경의 예언이 갖는 성격 때문이다.[4]

솔직히 말해, 나는 래드가 이 문제를 이런 식으로 다루는 것은 다소 곤란하다고 생각한다. 그는 '가장 간단한 해결책'은 과거 종말론자들의 주장을 받아들이는 것이라고 말한다. 하지만 그는 이 견해가 우리를 사도 요한과 심지어 우리 주님까지 포함한 초대 교회 공동체가 모두 오류를 범한 것이라는 결론에 이르게 만든다고 믿는다. 물론 과거 종말론의 견해는 그런 것이 아니다. 즉 초대 교회는 주님의 재림이 (적어도 이스라엘을 심판하러 오신다는 점에서) 가까웠다고 믿었으며, 이러한 믿음이 옳았다는 것이 입증되었다고 여겼다.

래드는 재림에 대한 이러한 기대가 실제로 초대 교회에 보편화되어 있었음을 인정하면서도, 성경의 예언이 갖는 성격 때문에 예수님과 그들의 기대는 잘못된 것이 아니었다고 믿는다. 하지만 래드의 주장은 문제의 소지가 많다. 예수님과 사도들이 성경의 예언이 갖는 성격에 대해 몰랐겠는가? 또 래드의 주장대로 성경의 예언은 사건이 언제나 임박한 것으로 말한다고 치자. 그렇다면, 그 같은 사건들이 즉시 일어나지 않으면 그 예언이 거짓이라는 결론이 나오지 않겠는가?

혹시 내가 래드가 의도하지 않았던 말을 듣고 있는 것은 아닌지 모르겠다. 아무래도 그의 주장이 잘못된 것이 아니라, 내가 그것을 잘못 이해하고 있는 것이리라. 래드의 주장처럼, 성경 예언의 지배적인 원리가 예언은 언제나 임박한 것으로 묘사되는 것이라면, 시기 언급은 아무런 의미가 없게 될 것이다.

래드의 견해는 비슬리 머레이(G. R. Beasley-Murray)에게 상당 부분 반영되고 있다.

"때가 가까웠다." 즉, 요한계시록에 드러난 환상이 실현될 때가 가까웠다. 빌헬름 부세(Wilhelm Bousset)가 주목하는 바처럼 이것이 현존하는 모든 예언의 신념이자 신약에 기록된 적지 않은 예언의 원칙이다(롬 13:11 이하, 고전 7:29 이하, 히 10:37, 벧전 4:7). 이러한 원근법에는 수많은 요소들이 혼합되어 있다. 혹자는 이것을 망원경적 역사 인식이라고 부른다. 그러므로 "인간사를 신적 잣대로 측량하고 있는" 요한계시록의 저자는 자신의 시대를 종말의 맥락 속에 두며, 그 결과 당대의 사건들을 종말의 관점에서 해석하고 있다. 사실 인간의 시간 측정법에 따르면, 요한의 시대와 종말의 관계는 수정되어야 할 것이다. 그럼에도 불구하고 요한계시록을 읽는 모든 시대의 독자들은 자기 시대를 종말의 빛에 비추어 보아야 하며, 당대의 논점(issue)을 하나님 나라와 연관시켜 인식해야 한다. 비록 힘들겠지만 이같이 실천할 때 비로소 요한이 본 환상은 고고학적 관심의 대상에서 당대 사람들에게 하시는 하나님의 말씀으로 바뀌게 된다.[5]

이러한 문제 해결 방식은 또다시 나를 혼란스럽게 만든다. 비슬리 머레이는 요한계시록 본문에 사용된 인간의 잣대는 수정되어야 한다고 주장한다. 그리고 요한의 환상이 우리를 향한 하나님의 말씀이 되는 '힘든 실천'을 요구한다. 그렇다면 나는 이 실천으로 인해 하나님의 말씀이 되기 이전의 그것은 무엇이었는지를 묻지 않을 수 없다. 나는 비슬리 머레이가 우리에게 요구하는 그 실천은 실로 어려운 것이며, 어쩌면 고통스럽기까지 한 것임을 잘 안다.

요한계시록의 시기 언급에 대해 이런 식으로 접근하는 또 하나의 예는 로버트 마운스(Robert H. Mounce)의 견해에서 발견된다.

요한은 계시록을 이루고 있는 이 사건들이 속히 이루어질 것이라고 쓰고 있다. 교회사에서 1900년 이상의 시간이 흘렀음에도 불구하고 아직까지 끝이 오지 않고 있다는 사실에 어떤 이들은 문제를 제기한다. 이러한 문제에 대한 해결책 가운데 하나는 '속히'(shortly)라는 말을 '갑자기', 또는 일단 예정된 때가 이르면 '지체 없이'라는 의미로 이해하는 것이다. 또 다른 접근 방식은 문제가 되는 사건의 확실성이라는 의미로 해석하는 것이다. 베드로후서 3장 8절('주께는 하루가 천 년 같고 천 년이 하루 같다')의 공식을 요한이 채용했을 수도 있다는 주장은 여기서 아무런 도움이 되지 못한다.

케어드(G. B. Caird) 같은 학자는 요한계시록이 말하는 다가올 위기란 역사의 종말을 의미하는 것이 아니라 교회에 대한 핍박을 가리킨다고 믿는다. 사실 그 같은 일이라면 속히 이루어졌다. 그러나 아무래도 가장 만족스러운 해결책은 예언적 관점에서 언제나 종말을 가까이 있는 것으로 본다는 사실을 상기하면서 이 말을 직접적인 의미로 받아들이는 일일 것이다. 이러한 시각은 신약 전체에서 일반적으로 나타나 있다. 예컨대 예수님은 하나님께서 택하신 자들의 원한을 속히 풀어 주시리라고 말씀하셨으며(눅 18:8), 바울도 하나님께서 속히 사탄을 너희 발 아래에서 상하게 하시리라고 로마 교인들에게 썼다(롬 16:20).[6]

마운스는 '속히'(shortly)라는 말을 본래의 '직접적인 의미'로 받아들이며, 그 밖의 다른 의미는 거부한다. 그러나 그는 '신약 전체에서 일반적'이라고 말하는 예언적 관점 내지는 예언적 시각에 비추어 '속히'를 해석한다. 그러므로 그가 말하는 '직접적'이라는 것도 더 이상 직접적이지 않은 것이 된다. 이제 그것은 직접적인 의미가 아닌 무언가를 의미하는 것이 되기 때문이다. 마운스는 (그가 보기에) '지체 없이' 또는 '속히' 이루어지지 않은 것이 분명한 사건들에 대해서는 비슷한 표현이 사용된 예수님과 바울의 말을 들어 자신의 주장을 정당화시킨다.

이러한 문학적 유희는 비평가들로 하여금 복음주의자들

을 향해 조소를 던지게 만드는 빌미를 제공했다. 그들은 훨씬 더 직접적으로 앞서 든 예에서 예수님과 바울의 가르침은 명백하게 잘못되었다고 주장한다. 이 같은 구절들은 신약성경에서 임박성을 언급하는 수많은 구절들의 일부로 편입되어 성경의 권위와 영감을 반박하는 자료로 이용된다. 과거 종말론자들도 예수님이 불의한 재판관의 비유에서 임박성을 함축하는 표현을 사용하셨으며, 로마서 16장 20절에서 바울도 그랬다는 것을 인정한다. 그러나 과거 종말론자들은 예수님과 바울이 언급한 사건들은 1세기에 실제로 발생했으며, 그 사건들로 인해 고난받는 그리스도인들의 원한이 풀어지고, 사탄에게 결정적인 일격이 가해졌다고 덧붙인다.

과거 종말론자들이 요한계시록을 해석하는 방법은 그들이 감람산 강화를 해석하는 방법과 일치한다. 물론 요한계시록과 감람산 강화에서 얼마나 많은 부분이 예루살렘의 멸망과 관련이 있는가에 대해서는 과거 종말론 내에서도 견해 차이가 있다. 하지만 요한계시록과 감람산 강화의 주된 내용이 동일한 사건, 즉 유대 민족의 심판을 위한 예수님의 재림을 가리킨다고 하는 점에서는 모두 일치한다.

다른 과거 종말론자들과 마찬가지로 러셀은 요한계시록의 명백한 시기 언급이 이 책을 해석하는 열쇠가 된다고 본다. "이 열쇠는 줄곧 문 옆에 걸려 있었다. 따라서 눈이 있는 사람이라면 누구든지 그것을 분명히 볼 수 있었다. 그럼에도 불구하고 사람들은 그들을 위해 만들어지고 준비된 열쇠를 사용해 들어갈 수 있는 간편하고 쉬운 방법을 이용하지 않고, 자물쇠를 비틀거나 문을 부수거나 다른 통로를 찾아 들어가려고 애썼다."[7]

시기 언급의 유형들

후천년설 계열의 과거 종말론자인 케니스 젠트리(Kenneth L. Gentry Jr.)는 요한계시록에서 시기 언급에 대한 구절들을 세 가지 기본적인 범주로 분류하여 열거한다. "때(시기)에 대한 기대는 첫 장과 마지막 장에서 일곱 번, 2-3장에서 적어도 세 번 나올(계 2:16, 3:11) 정도로 자주 반복된다. 이 구절들은 표현 방식에서 변화를 보인다. 아마도 각각의 표현이 갖는 특징적인 의미에 대해 혼동할 수 있는 여지를 미리 예방하기 위한 것처럼 보인다. 이 변화는 세 가지 단어 그룹으로 나누어진다."[8]

첫 번째 단어 그룹은 탁소스(*taxos*)다. 이 말은 대개 '속히'(shortly) 또는 '빨리'(quickly)로 번역된다. 이 단어가 사용되는 구절들은 1장 1절, 2장 16절, 3장 11절, 22장 6절, 7절, 12절, 20절이다. 젠트리는 이렇게 쓴다.

쟁점이 되는 단어의 번역은 (예컨대 요한계시록 1장 1절이다. 물론 위에 열거된 다른 구절들도 명심해야겠지만) 헬라어 어구 '엔 탁세이'(en taxei)를 어떻게 올바로 해석하느냐와 관계가 있다. 탁세이(taxei)는 명사 탁소스의 여격 단수형이다. 사전 편찬자들은 이 단어의 의미에 대해 일반적으로 의견이 일치한다. 『헬라어 사전』(Bauer Arndt and Gingrich Lexicon)에 따르면 70인역과 몇몇 비정경 저작들에서 사용되는 탁소스는 '속도, 재빠름, 신속함, 서두름' 등을 의미한다. 그리고 70인역과 요세푸스의 저작에서 전치사구 '엔 탁세이'는 부사적으로 사용되어 '빨리, 즉시, 지체 없이' 등을 의미한다. 이 사전에 따르면 사도행전 10장 33절, 12장 7절, 17장 15절, 22장 18절 등에서도 탁소스는 이러한 의미로 사용된다. 또 누가복음 18장 8절, 로마서 16장 20절, 디모데전서 3장 14절, 요한계시록 1장 1절, 22장 6절에서도 이 단어는 '곧, 즉시'를 의미한다.[9]

젠트리는 조셉 헨리 세이어(Joseph Henry Thayer), 애버트 스미스(G. Abbott-Smith), 호트(F. J. A. Hort), 쿠르트 알란트(Kurt Aland) 등이 편찬한 사전들에서도 이 단어가 유사하게 사용된다고 언급한다.[10] 그럼에도 불구하고 그는 주석가들이 사전마다 그 의미가 일치하는 단어를 연역적 해석 방법에 영향을 받기만 하면 달리 해석하려 든다고 주장한다.

두 번째 단어 그룹은 엔구스(engus)다. '가까운' 또는 '임박한'으로 번역되는 이 단어가 사용된 곳은 요한계시록 1장 3절과 22장 10절이다. 이 구절들은 임박한 사건들의 시기에 대해 언급하고 있다. 젠트리는 다음과 같이 주장한다.

> 헨리 바클레이 스웨트(Henry Barclay Swete)와 알버트 반즈(Albert Barnes) 같은 학자들의 주장처럼 2, 3백년 뒤에 있을 로마 제국의 몰락과 관련이 있는 사건들을 어떻게 '가깝다'라고 말할 수 있겠는가? 그동안 죽어 간 기독교 세대들만도 여러 세대가 될 것이다. 로버트 마운스, 존 월부어(John Walvoord) 등의 학자들이 2, 3천 년 뒤의 사건들을 '가깝다'고 말한다면 그것은 더욱 이해하기가 힘들 것이다. 그처럼 저 멀리에 있는 미래 사건들을 어떻게 '가깝다'고 할 수 있겠는가? 그러나 예언된 사건들이 1, 2년이라는 기간 내에 발생한다면—요한계시록이 주후 70년 이전에 기록되었다고 했을 때 그 책의 예언에서처럼—모든 것이 명백해진다.[11]

세 번째 단어 그룹은 멜로(mellō)다. 요한계시록 1장 19절과 3장 10절에서 발견된다. 젠트리는 이렇게 말한다. "동사 멜로는 단순히 '예정된'(destined)이란 의미를 가지고 있으며, 미래 시제를 우회적으로 나타낼 때 사용되기도 한다. 그럼에도 불구하고 이 단어가—요한계시록 1장 19절에서처럼—부정 시

표 6.1   요한계시록에 나오는 시기 언급

속히	
1:1	반드시 속히 일어날 일
2:16	회개하라 그리하지 아니하면 내가 네게 속히 가서
3:11	내가 속히 오리니
22:6	속히 되어질 일
22:7	보라 내가 속히 오리니
22:12	보라 내가 속히 오리니
22:20	내가 진실로 속히 오리라
가깝다	
1:3	때가 가까움이라
22:10	때가 가까우니라
장차 될	
1:19	장차 될 일을 기록하라
3:10	…시험의 때…장차 온 세상에 임하여

상(과거) 부정사형으로 사용되면 주된 용법 및 중심적 의미는 '바야흐로 ~하려 하다, 막 ~하려 하다'(be on the point of~, be about to~)가 된다. 이것은 이 단어가 요한계시록 3장 10절의 경우처럼 현재 원형으로 쓰일 때도 마찬가지다. 세이어와 애버트 스미스도 이 단어의 기본적인 의미는 '바야흐로 ~하려 하다'라고 설명한다."[12]

이 세 그룹의 단어들은 요한계시록에 예언된 사건들의 임박성을 가리키고 있다. 이러한 시기 언급은 감람산 강화의 경우와 매우 흡사하다. 그러나 이러한 주장을 반박하는 입장은 주로 요한계시록의 저작 연대를 문제 삼는다. 요한계시록이 주후 70년 이후에 기록되었다면, 그 내용은 예루살렘의 멸망을 둘러싼 사건들과는 아무런 관계가 없게 된다. 이 책이 예언된 사건들이 발생한 뒤에 지어진 완전한 사기가 아닌 이상 말이다.

따라서 과거 종말론자들은 요한계시록이 주후 70년 이전에 기록되었다는 것을 논증해야 하는 부담을 갖게 된다. 이러한 부담은 젠트리의 박사 학위 논문의 주제가 되었다. 그의 저서 『예루살렘이 멸망하기 전』(Before Jerusalem Fell)은 과거 종말론 옹호자들과 반대자들 양 진영에서 모두 환영을 받아 왔다. 제이 아담스(Jay E. Adams)는 이 책에 대해 이렇게 말한다. "우리가 수년 간 기다려 온 책이 여기 있다! 이 책이 있으므로 우리는 기뻐할 수 있다. 젠트리 박사는 요한계시록이—이 책 자체가 여러 가지 방식으로 밝히고 있듯이—주후 70년에 일어난 예루살렘 멸망 이전에 기록되었음을 설득력 있게 논증하고 있다."[13]

과거 종말론자가 아닌 조지 나이트(George W. Knight)는 이렇게 말한다. "『예루살렘이 멸망하기 전』은 요한계시록이 주후 70년 이전에 기록되었음을 철저하고 분명하게 주장하는 책이다. 이 책은 독자들로 하여금 요한계시록과 초대 교회의 자료에서 그 증거를 발견하게 하며, 이 문제를 둘러싼 금세기와 이전의 신약 학자들 사이의 논쟁을 개관하고 있다. 요컨대 이 문제를 해결하기 위해 온갖 방법을 다 동원하고 있다."[14]

성경의 저작 연대에 대한 문제가 제기될 경우에는 외적 증거와 내적 증거라는 두 가지 주된 증거를 고려해야 한다. 단어가 암시하고 있듯이 외적 증거는 성경과는 별도로, 또는 성경 이외의 자료들에 눈을 돌린다. 즉 고대의 저작들이나 다른 저자들의 언급이나 인용 또는 암시들에서 그 증거를 찾는다. 그런데 요한계시록의 저작 연대에 대한 외적 증거들은 종종 그 중요성이 의문시되어 왔으며, 학자들의 의견도 오랫동안 일치를 보지 못했다. 젠트리는 이렇게 평가한다.

> 1800년경에는 신약 정경의 저작 연대를 주후 50-100년으로 보는 것이 전통이었다. 그런데 1850년에 이르러 튀빙겐 학파와 특히 바우어(F. C. Baur)의 영향으로 저작 연대의 범위가 주후 50-160년 이후로 넓어졌다. 그런데 바울의 저작이라고 알려진 것들 가운데 4편만이, 또는—아돌프 힐겐펠트(Adolf Hilgenfeld) 등 다소 온건한 입장에 따르면—7편만이 진정성을 갖고 있다고 주장하면서 신약 대부분의 저작 연대를 후기로 보는 튀빙겐 학파가 요한계시록에 대해서는 요한의 저작설을 인정하고 저작 연대도 전통적인 입장보다 25년이나 일찍 잡는 것은 놀랄 만한 역설이다.[15]

젠트리는 20세기의 학문 진영에서 대다수가 요한계시록의 저작 연대를 주후 70년 이후로 보는 것은 타당하다고 인정하면서도, 동시에 그 이전으로 보는 많은 학자들의 이름도 열거한다. 이들 중 일부만 언급하더라도 다음과 같은 학자들이 있다. 그레그 반센(Greg L. Bahnsen), 아담 클라크(Adam Clarke), 패러(F. W. Farrar), 존 로빈슨(John A. T. Robinson), 헨리 바클레이 스웨트(Henry Barclay Swete), 밀튼 테리(Milton S. Terry), 빌헬름 부세(Wilhelm Bousset), 브루스(F. F. Bruce), 루돌프 불트만(Rudolf Bultmann), 새무얼 데이비슨(Samuel Davidson), 알프레드 에더스하임(Alfred Edersheim), 아이히호른(Johann Eichhorn), 조셉 피츠마이어(Joseph A. Fitzmyer), 라이트풋(J. B. Lightfoot), 모울(C. F. D. Moule), 아우구스투스 스트롱(Augustus H. Strong) 등이다.[16]

이 명단에 대해 두 가지 사실을 말할 수 있을 것이다. 첫째, 이들이 다양한 성향의 신학적 입장을 대변하는 학자들이라는 사실이다. 둘째, 이 학자들의 수가 많다고 해서 그 사실만으로 요한계시록의 초기 저작설이 입증되는 것은 아니라는 점이다. 그러나 이 명단들은 요한계시록의 초기 저작설이 결코 새로운 주장이 아님을 분명히 드러내 준다.

표 6.2

요한과 요한계시록에 대한 정보 출처

이름	출생	사망	거주지
티아나의 아폴로니우스	1세기		그리스
클레멘트		101년경	로마
폴리캅	69년경	155년	스미르나
파피아스	2세기		프리기아
이레나이우스	130년경	202년경	골(갈리아)
클레멘트	150년경	215년경	알렉산드리아
터툴리안	160년경	230년경	카르타고
유세비우스	260년경	339년경	케사리아
에피파니우스	315년경	403년	팔레스타인, 키프러스
제롬	347년경	420년경	베들레헴
아레타스	860년경		가이사랴
테오필락트	1050년경	1109년경	오크리다

이레나이우스와 클레멘트

요한계시록이 예루살렘 멸망(주후 70년) 이후에 기록되었다고 하는 주장은 주로 외적 증거, 그중에서도 특히 교부 이레나이우스(Irenaeus, 주후 130-202년)의 증거에 의존하고 있다. 이레나이우스는 2세기 말, 주후 180-190년경에 저술한 자신의 저작에서 요한계시록에 대해 언급했다. 그는 자신의 중요한 신앙의 변호를 통해서뿐만 아니라, 사도 요한을 직접 알았던 폴리

칩(Polycarp)을 개인적으로 알고 있다는 주장으로 인해 더욱 신뢰를 받는다. 요한계시록에 대한 그의 증언은 유명한 저서 『이단 반박』(*Against Heresies*) 제5권에서 발견된다. 이 저서의 그리스어 원본은 남아 있지 않으며, 라틴어 역본만 남아 있을 뿐이다. 유세비우스는 이레나이우스의 요한계시록 주석을 인용한 바 있고, 젠트리는 이 그리스어 텍스트를 상세하게 분석하여 다음과 같이 번역했다. "그러나 우리는 위험을 무릅쓰면서까지 적그리스도의 이름을 공개적으로는 밝히지 않으려 한다. 그의 이름이 오늘날 명백하게 드러날 필요가 있다면 묵시적 환상을 보았던 그 사람이 이미 밝혔을 것이다. 그것(that, 또는 그)은 얼마 전, 거의 우리 시대라 할 수 있는 도미티안 황제의 통치 말기에 보였다."[17]

앞 단락 마지막 문장에 나오는 그것(that)은 환상을 가리키는 것인가? 아니면 그 환상을 본 사람, 즉 요한을 가리키는 것인가? 이레나이우스의 말은 요한의 환상(vision)이 도미티안 황제가 통치하던 시기에 나타났다는 것인가? (이 경우 요한계시록의 저작 연대는 예루살렘 멸망 이후가 될 것이다) 아니면, 도미티안 황제가 통치하던 시기까지 살았던 요한이 그 늦은 시대에 보였다(살았다)는 말인가?

젠트리는 후자의 입장을 따른다. 그는 체이스(F. H. Chase)의 주장을 인용한다.

내가 보기에는 문장의 논리상 이렇게 해석해야 할 것 같다. 도미티안 황제 통치 말기에 환상이 보였다는 것은, '묵시를 본 그 사람'이 그렇게 하는 것이 필요하다고 판단했다면 비밀의 숫자에 담긴 의미가 밝혀졌을 것이라고 한 말에 대해 아무런 논리적 근거가 되지 못한다.

반면에 헤오라테(heōrathē)가 사도 요한을 가리킨다고 보게 되면, 그 의미는 명백하고 단순해진다. 그리하여 이 문장을 다음과 같이 다시 풀어서 쓸 수 있을 것이다. "우리 시대의 사람들에게 그 이름을 밝힐 필요가 있었다면 이 책의 저자가 그것을 밝혔을 것이다. 사람들이 이 땅에서 그를 보았으며, 그가 살아서 자기 제자들과 함께 이야기를 나누었던 것이 우리 세대라고 할 수 있는 불과 얼마 전의 일이기 때문이다. 그러므로 한편으로 그는 책을 쓴 후에도 수년을 더 살았기에, 그가 그렇게 하려고 했다면 수수께끼를 풀어 줄 기회가 얼마든지 있었을 것이며, 다른 한편으로 그는 거의 우리 시대까지 살았기 때문에 우리에게 설명해 주었다면 그것이 우리에게 남아 있었을 것이다."[18]

체이스의 견해가 비록 야코부스 베트슈타인(Jacobus Wettstein), 제임스 맥도널드(James M. Macdonald) 등 다른 이레나이우스 해석가들의 지지를 받고 있지만 다분히 사변적이다.[19] 그는 이것이 이레나이우스의 생각이었음에 틀림없다는 것을 결정적으로 증명하지 못하고 있다. 단지 이레나이우스가 생각할 수도 있었던, 아니면 고작해야 이레나이우스가 생각했을 것으로 짐작되는 의미를 말할 뿐이다. 그럼에도 불구하고 체이스가 분명하게 해준 것은 이레나이우스의 글에는 애매모호한 점이 있다는 사실이다. 이것은 요한계시록이 도미티안 황제가 통치하던 시기에 기록되었음을 말해 주는 명백한 증거로 이레나이우스의 글이 이용되는 것을 막아 준다.

또한 이레나이우스는 요한계시록의 '고대 사본'을 언급한다. 그러나 이 명칭은 요한계시록이 '거의 우리 시대에' 기록되었다고 한 그의 말과 일치되기는 어렵다.

다른 주요 외적 증거로 알렉산드리아의 클레멘트(Clement of Alexandria, 주후 150-215)의 증언을 언급할 수 있다. 클레멘트는 이렇게 말한다. "폭군이 죽자 (사도 요한은) 밧모 섬을 떠나 에베소로 간 후 초대를 받아 근처 이방인들이 거주하는 지역으로 가서 어느 곳에서는 감독을 임명하고, 어느 곳에서는 온 교회를 지도하며, 또 어느 곳에서는 성령께서 임명하신 목사들 가운데 한 사람을 택하여 세웠다."[20]

그렇다면 폭군은 누구인가? 안타깝게도 클레멘트는 그의 이름을 말하지 않는다. 젠트리는 이 폭군이 도미티안이 아니라 네로 황제라는 자신의 주장을 뒷받침하기 위해 여러 가지 증거들을 나열한다. 네로는 폭군의 전형으로 여겨졌으며, 통상적으로 폭군(Tyrant)이라는 이름으로 불렸다는 것이다.

젠트리는 티아나의 아폴로니우스(Apollonius of Tyana)의 증언을 인용한다. "나는 그 누구도 감히 따라올 수 없을 정도로 많은 곳을 다니던 중에 아라비아와 인도에서 정말로 많은 야생 동물들을 보았다. 하지만 나는 폭군이라 불리는 이 짐승이 머리가 몇 개 달려 있는지, 발톱이 있는지 없는지, 무시무시한 송곳니가 달려 있는지 알지 못한다.… 당신은 자기 어미를 먹었다는 짐승의 이야기를 들어 본 적이 없을 것이다. 그러나 네로는 자기 어머니를 먹어 치웠다."[21]

이 밖에도 요한계시록이 이른 시기에 기록되었다는 것을 지지하는 클레멘트의 진술이 두 가지 더 있다. 그중 하나는 요한이 유배를 마치고 나서 말을 타고 젊은 배교자를 추적하는 이야기다. 가령 요한이 도미티안 황제 때 유배를 당했다고 하면, 배교자를 추적할 때 그의 나이가 90대였을 것이다. 그런 일이 전혀 불가능하다고는 할 수 없겠지만 요한이 그 나이에 그처럼 원기 넘치고 용맹스러울 수 있었을지 의심스럽다.

두 번째 진술은 클레멘트의 문집에서 발견된다. "지상에서 아우구스투스와 티베리우스 때에 시작된 우리 주님의 가르침은 티베리우스 통치 중반에 이르러 끝났으며, 바울의 사역을 포함한 사도들의 가르침은 네로 시대에 끝났다."[22]

클레멘트가 사도 요한을 요한계시록의 저자로 생각하며, 사도적 계시는 네로 시대에 끝났다고 주장하는 것으로 보아 그는 요한계시록이 네로가 죽기 전에 기록된 것으로 믿고 있음을 알 수 있다.

고대 저작들에서 외적 증거들을 면밀히 조사한 후에 젠트리는 이렇게 요약한다. "『헤르마스의 목자』(The Shepherd of Hermas)와 파피아스(Papias) 등 요한계시록이 주후 70년 이전에 기록되었음을 암시하는 몇 가지 증거들이 있다. 그러나 무라토리 단편, 터툴리안, 에피파니우스 등을 포함한 다른 자료들은 요한이 네로 시대에 유배되었음을 더 강하게 암시하고 있다. 한편 유세비우스[『교회사와 복음의 변증』(Ecclesiastical History with Evangelical Demonstrations)]와 제롬 등은 요한의 유배 시점이 앞의 두 시기 가운데 하나라고 말한다. 반면에 재론의 여지 없이 네로 시대의 유배를 지지하는 예로는 아레타스(Arethas), 『요한의 생애』(History of John) 시리아 역본, 요한계시록 시리아 역본, 테오필락트(Theophylact) 등이 있다."[23]

젠트리는 요한계시록의 저작 연대에 대한 외적 증거들이 완전히 일치하지 않고 내용이 모두 동일하지도 않지만, 네로 시대의 저작설을 증거하는 자료들이 압도적으로 많다고 주장한다. 요한계시록의 초기 저작설을 암시하는 내적 증거가 될 수 있는 것으로 요한계시록 자체의 내용과 그 안에 반영되어 있는 삶의 정황 등이 있다. 스튜어트 러셀은 요한계시록을 감람산 강화의 사도 요한 확대판으로 본다. 젠트리는 요한계시록의 중심 주제는 임박한 예루살렘의 멸망과 유대 시대의 종말이라고 주장한다. 지금까지 살펴본 시기 언급 이외에도 그는 몇 가지 주제를 분석함으로써 자신의 주장을 펼친다.

여섯째 왕의 정체

여섯째 왕에 대한 언급은 17장에 나온다.

> 천사가 이르되 왜 놀랍게 여기느냐 내가 여자와 그가 탄 일곱 머리와 열 뿔 가진 짐승의 비밀을 네게 이르리라 네가 본 짐승은 전에 있었다가 지금은 없으나 장차 무저갱으로부터 올라와 멸망으로 들어갈 자니 땅에 사는 자들로서 창세 이후로 그 이름이 생명책에 기록되지 못한 자들이 이전에 있었다가 지금은 없으나 장차 나올 짐승을 보고 놀랍게 여기리라 지혜 있는 뜻이 여기 있으니 그 일곱 머리는 여자가 앉은 일곱 산이요 또 일곱 왕이라 다섯은 망하였고 하나는 있고 다른 하나는 아직 이르지 아니하였으나 이르면 반드시 잠시 동안 머무르리라 전에 있었다가 지금 없어진 짐승은 여덟째 왕이니 일곱 중에 속한 자라 그가 멸망으로 들어가리라 네가 보던 열 뿔은 열 왕이니 아직 나라를 얻지 못하였으나 다만 짐승과 더불어 임금처럼 한 동안 권세를 받으리라 그들이 한뜻을 가지고 자기의 능력과 권세를 짐승에게 주더라 그들이 어린양과 더불어 싸우려니와 어린양은 만주의 주시요 만왕의 왕이시므로 그들을 이기실 터이요 또 그와 함께 있는 자들 곧 부르심을 받고 택하심을 받은 진실한 자들도 이기리로다 또 천사가 내게 말하되 네가 본 바 음녀가 앉아 있는 물은 백성과 무리와 열국과 방언들이니라 네가

본 바 이 열 뿔과 짐승은 음녀를 미워하여 망하게 하고 벌거벗게 하고 그의 살을 먹고 불로 아주 사르리라 이는 하나님이 자기 뜻대로 할 마음을 그들에게 주사 한뜻을 이루게 하시고 그들의 나라를 그 짐승에게 주게 하시되 하나님의 말씀이 응하기까지 하심이라(계 17:7-17).

여섯째 왕은 누구인가? 그의 정체를 밝히려다 보면 두 가지 문제에 부딪치게 된다. 첫째, 왕이란 말은 로마 황제를 가리키는 것인가? 둘째, 이 황제들을 계산하는 가장 타당한 방법은 무엇인가? 젠트리와 그 밖의 학자들은 일곱 언덕에 대한 언급을 '일곱 언덕의 도시'로 알려진 로마와 연관시킨다. 이러한 연관이 옳다면 그 왕은 로마의 통치자를 가리키는 것으로 볼 수 있다.

요한계시록은 일곱 왕에 대해 명확하게 언급한다. 그중 다섯 명은 망했고, 한 명은 현재 있다고 말한다. 그리고 일곱째 왕은 아직 오지 않았는데, 오게 되면 잠시 머무를 것이라고 말한다. 찰스 커틀러 토레이(Charles Cutler Torrey)는 이러한 언급에 대해 "이것은 흔히 묵시록에서 분명하게 예상할 수 있는 것처럼, 그 책이 기록된 시점—이는 곧 정확한 통치 시기를 말한다—에 대한 정보를 제공하고 있음이 틀림없다"고 말한다.[24]

표 6.3

요한계시록 17:10의 여섯째 왕

1안	2안	3안	통치 기간
		1. 줄리어스 시저	주전 49-44년
1. 아우구스투스	1. 아우구스투스	2. 아우구스투스	주전 31-주후 14년
2. 티베리우스	2. 티베리우스	3. 티베리우스	주후 14-37년
3. 칼리굴라	3. 칼리굴라	4. 칼리굴라	주후 37-41년
4. 클라우디우스	4. 클라우디우스	5. 클라우디우스	주후 41-54년
5. 네로	5. 네로	6. 네로	주후 54-68년
6. 갈바			주후 68-69년
7. 오토			주후 69-69년
8. 비텔리우스			주후 69-69년
9. 베스파시아누스	6. 베스파시아누스		주후 69-79년

줄리어스 시저는 왕(king)보다는 시저(caesar, 로마 황제)라는 칭호를 더 선호했다. 고대 세계에서는 줄리어스를 포함하여 로마의 황제(emperor)를 왕으로 부르는 것이 일반적이었다. 대제사장들이 본디오 빌라도에게 "가이사(caesar, 개역개정은 '가이사'로 번역함) 외에는 우리에게 왕이 없나이다"(요 19:15)라고 공언한 예에서 보듯이 심지어 신약성경도 이 점을 증언하고 있다.

또 하나의 문제는 로마의 통치자들을 계산하는 타당한 방법이 무엇인가 하는 것이다. 자신을 황제로 부른 최초의 왕은 아우구스투스였다. 그는 줄리어스 시저를 계승했는데, 그렇다면 우리는 줄리어스부터 시작해야 하는가, 아니면 아우구스투스부터 시작해야 하는가? 이 문제에 대해 기본적으로 두 가지 접근 방식이 제시되어 왔다. 첫 번째 접근 방식은(표 6.3의 1안) 아우구스투스부터 시작하는 것이다. 이 표에 따르면 여섯째 왕이 갈바인데, 그의 통치 기간은 짧았다.

그러나 이 방식을 따르는 사람들은 종종 네로 사후에 계속된 권력 투쟁 기간에 잠시 권력을 잡았던 갈바, 오토, 비텔리우스는 숫자에 포함시키지 않는다. 이들을 생략하면 여섯째 왕은 베스파시아누스가 되며(표 6.3의 2안) 그가 통치하던 시기에 예루살렘이 멸망했다. 여섯째 왕을 베스파시아누스로 본다 하더라도 요한계시록의 후기 저작설을 배경으로 일반적으로 주장되는 도미티아누스 황제 시기에는 아직 이르지 못하게 된다.

그러나 좀더 자연스러운 접근 방식은 디오카시우스(Dio Cassius)를 비롯하여 요세푸스와 수에토니우스 등 고대 역사가들이 흔히 그랬던 것처럼 줄리어스 시저부터 시작하는 것이다. 이 같은 방식에 따르면(표 6.3의 3안) 여섯째 왕은 네로가 된다. 요한계시록에서 현재 있다고 한 그 왕이 바로 네로라고 한다면, 요한계시록이 60년대 중·후반에 기록되었다고 하는 주장이 상당한 무게를 얻게 된다.

성전의 존재

요한계시록이 예루살렘과 성전이 파괴된 후에 기록되었다면, 요한이 이 파국적인 사건에 대해 침묵하는 것이 이상하다. 요한계시록은 과거의 사건으로 성전의 파괴에 대해 아무런 언급을 하지 않을 뿐만 아니라, 성전이 아직 존재하고 있음을 자주 내비친다. 이러한 사실은 요한계시록 11장에서 분명히 볼 수 있다. 버나드 바이스(Bernhard Weiss)는 젠트리의 말을 인용하여 "11장의 예언에 비추어 볼 때, 이 책이 예루살렘의 멸망—이에 대해서는 11장 1절에 암시되어 있을 뿐이다—이전에 기록되었음이 분명하다"라고 말한다.[25]

바이스의 이러한 주장에 대한 반박은 주로 로마의 클레멘트(Clement of Rome)의 저술을 근거로 하여 이루어진다. 전통적인 견해는 클레멘트가 1세기의 마지막 10년 간 저술 작업을 했다고 본다. 예컨대 도널드 거스리(Donald Guthrie)와 로버트 마운스는 클레멘트가 현재 성전이 아직 서 있으며, 희생 제사가 예루살렘에서 이뤄지고 있다고 말했다고 주장한다.[26] 이에 대해 어떤 사람들은 클레멘트가 말한 현재는 '이상 속의 현재'를 가리키는 것이라고 주장하며, 다른 사람들은 그가 말한 제사는 유대의 남은 자들이 성전이 있던 자리 근처에서 희생 제사를 계속 드린 것을 두고 한 말이었다고 생각한다. 그러나 클레멘트가 실제로 예루살렘에 아직 성전이 서 있다고 말했다

그림 6.1

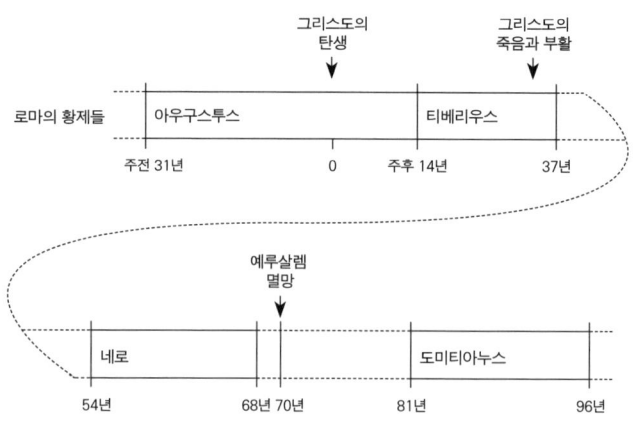

면 우리는 다음 결론 가운데 하나를 선택해야 한다. 첫 번째, 클레멘트가 잘못 알고 있었다. 두 번째, 주후 70년 이후 적어도 20년 내에는 예루살렘이 파괴되지 않았다. 세 번째, 클레멘트는 예루살렘이 멸망하기 전에 글을 썼다.

　이 가운데 가장 가능성이 희박한 것은 두 번째 결론이다. 주후 70년은 고대사에서 가장 확실하게 증명된 연도 가운데 하나이기 때문이다. 첫 번째 결론도 마찬가지로 대단히 의심스럽다. 클레멘트가 주후 90년대에 책을 썼다면 예루살렘의 파괴에 대해 몰랐을 리가 없기 때문이다. 그가 현실을 떠나 어떤 이상적인 관점에서 말하는 것이 아니라면, 가장 가능해 보이는 것은 세 번째 결론이다. 즉 예루살렘이 멸망하기 전에 그가 서신을 썼다는 것이다. 젠트리는 이 같은 결론을 뒷받침해 줄 만한 인상적인 증거를 제시한다.

젠트리는 요한계시록의 초기 저작설을 뒷받침해 주는 다른 내적 증거들, 즉 황제 숭배의 문제, 유대교적 기독교의 역할, 유대 전쟁의 예감, 네로의 역할 (이 점에 대해서는 뒤에서 좀더 상세히 다룰 것이다) 등을 면밀히 검토한다. 젠트리는 이렇게 결론내린다. "나는 모든 내적, 외적 증거들에 비추어 볼 때, 요한계시록은 네로 시대에 기록되었다고 확고하게 주장할 수 있다고 확신한다. 개인적으로 나는 주후 64년 말 네로의 대박해 이후 67년 초 유대 전쟁 선포 사이의 어느 시점을 선호하는 입장이다. 즉, 주후 65년이나 66년 초 저작설이 가장 타당하다고 본다. 이 논쟁이 열정과 관심 속에 재개되기를 바란다. 이 문제는 단순히 학문적, 지적 훈련으로 그치는 것이 아니라, 그리스도인의 실생활과 연관되기 때문이다."[27]

07

부활은 언제 이루어지는가?

The Last Days according to Jesus

주께서 호령과 천사장의 소리와 하나님의 나팔 소리로
친히 하늘로부터 강림하시리니
그리스도 안에서 죽은 자들이 먼저 일어나고.
데살로니가전서 4:16

과거 종말론은 우리 시대에 들어와 여러 형태와 다양한 수준으로 부활했다. 그러나 그것은 완전한 의견 일치를 보지 못한 채, 때로는 그 옹호자들 사이에서도 첨예한 논쟁을 일으켜 왔다.

과거 종말론 내의 여러 분파들은 여러 방식으로 그 이름이 불려졌다. 예컨대 케니스 젠트리는 자신의 입장을 스튜어트 러셀, 맥스 킹(Max R. King) 등의 입장과 구별하여 정통 과거 종말론(orthodox preterism)이라고 부른다. 또 게리 드마와 데이비드 칠턴의 초기 입장에 대해서도 그렇게 부른다. 그리고 자신 외에 다른 사람들이 지지하는 과거 종말론은 초과거 종말론(hyper-preterism), 일관된 과거 종말론(consistent preterism), 완전 과거 종말론(full preterism) 등 다양한 용어로 부른다. 나는 이들의 다양한 입장을 두 진영으로 나누어 각각 급진적 과거 종말론(radical preterism)과 온건한 과거 종말론(moderate preterism)이라는 용어로 부르기로 했다.

논쟁이 전개됨에 따라 각 분파들 간에는 적지 않은 대립이 일어났다. 에드워드 스티븐스(Edward E. Stevens)는 젠트리의 논문 "초과거 종말론에 대한 간략한 신학적 분석"(A Brief Theological Analysis of Hyper-Preterism)에 대해 "젠트리에 대한 스티븐스의 반박"(Stevens Response to Gentry)이라는 소책자로 대응했다.[1] 이 두 논문은 두 학파의 차이를 극명하게 드러낸다. 스티븐스는 젠트리가 초과거 종말론이라는 용어를 사용하는 것에 대해 불쾌감을 나타낸다. 그는 초(hyper-)라는 접두사에 담긴 경멸적 의미에 대해 반감을 표현하는데, 이 말은 종종 극단적이거나 균형 잡히지 않은 견해를 암시하기 때문이다.

급진적(radical)이라는 용어도 같은 운명을 겪는다. 나는 이 용어를 '어떤 근본적인 믿음의 대상으로 생각하는 것'이라는 의미로 사용한다. 이 용어는 라틴어 라딕스(radix)에서 유래했으며, 그 의미는 '뿌리'(root)다. 그러나 어떤 용어든 다양한 의미가 있게 마련이며, 우리 문화에서 급진적이라는 용어도 내가 과거 종말론에 대해 부여하고자 하는 것 이상의 의미를 불러일으킨다. 따라서 이제는 내 설명어를 수정하는 편이 나을 것 같다.

본격적으로 비평에 착수하기에 앞서 젠트리는 다음과 같은 의견을 피력한다. "초과거 종말론적 견해는 주석적이고 신학적인 문제점들을 아주 많이 갖고 있다. 나는 내가 표방하는 역사적이고 정통적인 과거 종말론이 진정으로 '주석적 과거 종말론'(exegetical preterism)이라고 생각한다(나는 특정한 과거 종말론적 사건에 들어맞는 특정 구절을 찾기 때문이다). 그에 비해 맥스 킹과 스티븐스의 견해는 '신학적 과거 종말론'(theological preterism) 내지는 포괄적 과거 종말론이라고 생각한다(그들은 자신들이 의지하는 신학적 패러다임 때문에 몇몇 종말론적 구절에서 끌어낸 주석적 결론을 모든 종말론 구절에 적용하기 때문이다)."[2]

젠트리는 '주석적 과거 종말론'과 '신학적 과거 종말론'을 구별한다. 그러나 이러한 구별은 그리 유용하지 못한 것 같다. 오히려 젠트리의 견해야말로 대단히 신학적이며, 반대로 스티븐스와 다른 학자들의 견해는 절대적으로 주석적이기 때문이다. 젠트리는 포괄적 과거 종말론자들이 그들의 신학적 패러다임 때문에 결국은 '일관된'(consistent) 관점으로 이를 수밖에 없다고 비난한다.

스티븐스는 젠트리의 주장에 대해 이렇게 반박한다.

> 젠트리가 '초과거 종말론'의 '초'(超)라는 말을 어떤 의도로 사용했는지는 분명하지 않다. 인터넷에서 그렇게 하는 사람들도 없지는 않지만, 그가 그 말을 조롱이나 경멸조로 사용하지 않는 것은 분명하다. 나는 젠트리가 말하고자 하는 요지가 무엇인지 모르겠다. 사실 그런 주장은 덜 경멸적인 용어를 사용해서는 할 수 없는 것이다.
>
> 그는 어째서 (그가 첫 단락에서 그랬던 것처럼) '일관된 과거 종말론'이라든가 (세 번째 단락에서처럼) '포괄적 과거 종말론'이라

는 말을 계속 쓰지 않는 것인가? 사실 우리의 견해를 묘사하는 데 필요한 말은 '과거 종말론'이 전부다. '과거 종말론'은 예언이 과거에 성취되었다고 이해하는 견해다. 종말론적 사건들은 모두 (예컨대 그리스도의 재림, 성도의 부활, 심판 등) 과거에 성취되었다고 믿는 사람들만 진정으로 '과거 종말론자'라고 불릴 수 있다. 반면에 종말론적 사건들 가운데 중요한 것들(예컨대 그리스도의 재림, 성도의 부활, 심판 등)은 미래에 성취될 것이라고 믿는 사람들은 단지 또 다른 종류의 미래주의자들인 것이다.

그러므로 젠트리를 비롯한 '부분적 과거 종말론자들'(partial preterists)은 역사적 후천년주의자들이나 미래주의자들로 분류하는 것이 더 타당할 것이다. 모든 종말론적 사건들을 과거로 돌리는 사람만이 그 용어가 갖는 참된 의미에서 과거 종말론자라고 불릴 수 있다.⋯'과거 종말론'이란 '완전 과거 종말론'에 속하는 것이지, 젠트리처럼 '부분적 과거 종말론적' 미래주의에 속하는 것은 아니다.[3]

과거 종말론의 명칭을 둘러싼 이러한 논쟁은 찻잔 속의 폭풍처럼 보일 수 있다. 이것은 칼뱅이 '실체'(substance)라는 용어를 두고 벌였던 논쟁을 상기시킨다. 칼뱅은 두 전선에서 전쟁을 치러야 했다. 하나는 성례 때 그리스도의 몸의 실체가 임재한다고 주장하는 사람들을 상대하는 것이었으며, 또 다른 하나는 성례 때 그리스도의 임재를 전적으로 부정하는 유심

두 가지 과거 종말론	
<u>완전 과거 종말론</u>	<u>부분적 과거 종말론</u>
일관된 과거 종말론	
급진적 과거 종말론	온건한 과거 종말론
신학적 과거 종말론	주석적 과거 종말론
초과거 종말론	정통 과거 종말론

론자들을 상대하는 것이었다. 전자와 논쟁할 때는 실체라는 용어가 육체적이거나 물리적인 실체의 관념을 전달하기 때문에 그 말을 사용하는 것을 피했다. 한편 후자와 논쟁할 때는 실체라는 용어가 그리스도가 성례 때 물리적으로가 아니라 실질적으로 임재하심(real presence)을 뜻하는 것이라고 주장했다.

이러한 예는 논쟁에 참여하는 각 진영들이 종종 서로 다른 방식으로 언어를 사용한다는 사실을 보여 준다. 칼뱅의 경우처럼 젠트리도 두 진영에서 논쟁하고 있다. 한편으로 그는 세대주의의 미래주의적 입장을 비판한다. 그들에 맞서 자신이 주후 70년에 성취되었다고 믿는 특정 예언에 대해 '제한적 과거 종말론'(limited preterism)을 변호한다. 다른 한편으로는 완전 과거 종말론과의 논쟁에 참여한다. 그들에게는 그가 아직 성취되지 않았다고 믿는 사건들을 강조한다.

스티븐스는 '과거 종말론자'라는 말을 종말론적 사건은 모두 과거에 성취되었다고 믿는 사람들에게만 사용하기 원하면서도 젠트리를 '부분적 과거 종말론자'라고 부른다. 내가 보기에 과거 종말론의 이 두 입장을 가장 잘 묘사하는 용어는 '완전 과거 종말론'과 '부분적 과거 종말론'인 것 같다. 일부(some) 종말론적 사건들에 대해서는 두 입장이 다 과거 종말론이지만, 모든(all) 종말론적 사건들에 대해서는 한쪽만 과거 종말론이다. 따라서 이 두 입장을 가장 안전하게 묘사할 수 있는 말은 완전(full)과 부분적(partial)이란 용어일 것이다.

과거 종말론과 신조들

젠트리는 완전 과거 종말론이 정통 기독교의 울타리에서 벗어나 있다고 주장하며 혹독하게 비판한다. 적어도 신조적 관점에서는 그것이 비정통(heterodoxy) 내지는 이단(heresy)이라는 것이다. 그는 이렇게 쓰고 있다. "주후 70년의 재림을 인정하는 신조는 하나도 없다. 어떤 신조도 육체적 부활 이외에는 그 어떤 형태의 부활을 인정하지 않는다. 또한 역사상 신조들은 모든 인류에 대한 보편적이고 개인적인 심판에 대해 말하지, 주후 70년의 대표적 심판에 대해서는 말하지 않는다. 주후 70년을 거쳤을 모든 교회들이 종말이 임했음을 바로 이해하지 못하고 성도들이 부활했음을 알지 못했다면 그보다 더

진기한 일이란 없을 것이다!"⁴

비정통이란 비난에 대한 스티븐스의 반박을 살펴보기 전에, 우리는 젠트리가 쟁점이 되는 신학적 이슈들을 미래 재림, 미래 심판, 미래 부활이란 말로 간략하게 요약하고 있음을 주시해야 한다. 이것은 부분적 과거 종말론자들의 말에 따르면, 아직 성취되지 않은 매우 중대한 종말론적 사건들이다. 기독교의 역사적 신조들은 이러한 사건들을 미래에 성취될 것으로 봄으로써 실질적으로 동일한 의견을 가진다는 젠트리의 말은 전적으로 옳다.

스티븐스는 완전 과거 종말론을 이단이라는 비난으로부터 방어함에 있어서 신조들이 사실은 그의 입장을 지지하고 있다고 주장하지 않는다. 다만 신조가 정통 기독교의 최종적 판단 기준은 아니라고 주장한다. 궁극적인 판단 기준은 신조와의 일치가 아니라, 성경과의 일치라는 것이다. 그는 종교 개혁의 전통이 이 점에서 단호하다는 사실을 지적한다. '오직 성경'(sola Scriptura)이라는 종교 개혁의 원리도 바로 이 용광로 속에서 단련되어 나왔다는 것이다. 그는 이렇게 말한다. "완전 과거 종말론자들은 개혁주의자들이다. 그리고 개혁주의자들로서 우리는 초대 교회와 신조들이 잘못될 수 있다고 (또 잘못되었음이 밝혀졌다고) 믿는다."⁵

완전 과거 종말론자들이 성경에서 벗어나기를 원하지 않는다는 것은 명백한 사실이다. 그러나 그들은 현재의 논쟁에서 정통적 신조들이 종말론의 이해에서 중대한 부분에 대해 잘못되었음을 밝혀야 하는 부담을 지게 된다. 이것은 무거운 짐이며, 크나큰 책임이다. 나는 젠트리가 신조들에 대해 맹목적인 견해를 갖고 있다고 믿지 않는다. 또 그가 신조들의 일부 또는 전부가 성경의 권위를 가진 것으로 생각한다고 믿지 않는다. 젠트리는 '오직 성경'이라는 종교 개혁의 원리에 따른다. 그러나 '오직 성경'을 강력하게 옹호하는 사람들은 역사적으로 역사상의 신조들을 존중해 왔다. 이러한 옹호자들은 신조들에 오류가 있다고 생각한 적이 없으며, 신조들을 아주 높이 평가해 왔다.

개인적으로는 나는 역사적 신앙에 대해 그처럼 통일되고 강력한 증언과 반대 방향으로 나가는 사고를 거부한다. 비록 그것들이 어떤 점에서 잘못될 수도 있음을 인정하지만 말이다. 신조들에 반대하기를 잘하는 사람들은 누구나 경고등을 보고 아주 주의해야 할 것이다. 물론 이러한 경고등도 신조들의 권위 자체에 비한다면 희미할 뿐이다.

이 점에 대한 스티븐스의 글을 읽던 중 나는 그가 자기 주장을 펼치면서 내 말을 인용한 것을 발견하고는 다소 당황했다. 그는 이렇게 쓰고 있다. "우리가 완전 과거 종말론적인 입장을 취하지 않는다면 예수님과 신약성경의 완전성은 무방비 상태에 놓이게 된다. 완전 과거 종말론이 종말론의 문제에 대한 역사적 교회의 해석이 정확하지 못했다고 주장하는 것은

표 7.1
과거 종말론자들의 차이점

	완전 과거 종말론		부분적 과거 종말론	
	주후 70년	역사의 끝	주후 70년	역사의 끝
예수 그리스도의 재림	있음	없음	있음	있음
육체의 부활과 휴거	있음	없음	없음	있음
주님의 날	있음	없음	있음	있음
최후의 심판	있음	없음	있음	있음

사실이다. 그러나 스프라울이 관찰한 바와 같이, '…사람들은 예수님의 진정성을 공격해 왔다. 일부 교부들은 오류를 범했을 수도 있다. 우리가 가장 좋아하는 신학자들도 실수를 범했을지 모른다. 나는 이것은 참을 수 있다. 하지만 예수님께서 거짓 선지자가 되는 일은 참지 못한다.' [여기서 우리는 스프라울이 완전 과거 종말론자가 아님을 공식적으로 분명히 해둘 필요가 있다. 그럼에도 불구하고 그는 젠트리와 같은 부분적 과거 종말론자들에게서 장점을 발견한다.]"[6]

스티븐슨이 인용한 내 글은 실제로 내가 발언했던 내용이며, 또 이 내용이 정확하게 인용되어서 다행스럽다. 즉 예수님의 권위에 관한 문제들에 대해서 나는 모든 과거 종말론자들과 의견을 같이한다. 그리고 우리 모두는 예수님의 권위를 유지하는 일에 전념해야 한다. 내 마음을 정말로 솔직히 털어놓자면, 나는 몇 가지 핵심적인 문제에 대해 아직 입장을 정리하지 못했다. 나는 감람산 예언의 실질적인 내용은 주후 70년에 성취되었으며, 요한계시록의 상당 부분도 그때 이루어졌다고 확신한다. 그리고 젠트리처럼 나도 완전 과거 종말론의 견해에 대해, 특히 하나님 나라의 완성이나 죽은 자들의 부활과 같은 문제에 대한 그들의 입장에 우려를 표한다. 결론적으로 말하면, 나는 스티븐스나 젠트리나 모두 이러한 문제들을 성경의 주석에 기초해서 해결해야 한다는 점에 동의한다고 믿는다.

핵심 쟁점은 이것이다. 성경에 예언된 사건들 가운데 아직 성취되지 않은 것은 무엇인가? 완전 과거 종말론자들은 스스로를 '일관된' 종말론자라고 부르는데, 이 말에는 부분적 과거 종말론자들이 '일관되지 못하다'는 암시가 담겨 있다. 그들은 파루시아(재림), 세대의 끝, 주님의 날의 의미에 대해 철저하게 과거 종말론적 견해를 적용한다.

부분적 과거 종말론자들은 주후 70년의 예루살렘 멸망과 더불어 그리스도의 재림, 또는 한 번의 재림이 이루어졌다고 인정하지만, 그것이 바로 그 재림(the parousia)은 아니었다고 주장한다. 즉, 주후 70년의 그리스도의 재림은 유대 시대의 종말 및 주님의 날의 성취에 대한 전조로서 유대 국가의 심판을 위한 재림이었다는 것이다. 예수님은 그때 심판을 통해 실제로 오셨으며, 이로써 그분의 감람산 예언이 성취되었다. 하지만 이것은 최종적이고 궁극적인 그리스도의 재림은 아니었다. 재림은 그것이 완성될 때면 유대 민족을 뛰어넘어 전 세계까지 그 범위와 의미가 미칠 것이다. 그것은 유대 시대가 끝나면서 이루어진 것이 아니라, 우리가 알고 있는 인류 역사가 끝날 때 이루어질 것이다. 그날은 단순히 주님의 날들 가운데 하나가 아니라, 최종적이고 궁극적인 주님의 날이 될 것이다.

부분적 과거 종말론자들은 그리스도의 재림 및 주님의 날과 관련된 성경의 용어들에는 여러 미묘한 차이점이 있다고 이해한다. 이런 미묘한 차이점 때문에 한 가지 사건이 동시에 이 모든 것들을 포함할 수 있으며, 또 그렇게 볼 필요가 있게 된다.

반면에 완전 과거 종말론자들은 이러한 접근 방식은 일관되지 못하고 자의적인 것으로 그리스도의 재림과 주님의 날이 여러 번 있게 되는 결과를 낳을 수 있다고 주장한다. 그들은 감람산 강화의 시기 언급은 신약의 예언을 이해할 수 있는 열쇠를 제공하며, 이 열쇠는 모든 종말론적 사건들에 대한 언급에 적용된다고 주장한다. 스티븐스는 일관된 과거 종말론에 따르면 "예수님의 재림, 죽은 자들의 부활, 대심판 등에 대한 모든 예언이 주후 70년 성전의 파괴 때 이루어진 것이 된다"고 한 젠트리의 비난에 대해 반박한다.[7]

스티븐스는 젠트리의 말이 반드시 옳다고는 할 수 없다고 말한다. 그 이유는 완전 과거 종말론자들은 예언이 현실의 하나님 나라 속에서 계속 성취되어 간다고 믿기 때문이라는 것이다. 그러나 이런 지속적인 예언 성취는 신약성경에 예언된 특정 사건들에는 적용되지 않는다고 말한다. 이것은 일종의 궤변으로 들린다. 젠트리가 말하고 있는 것은 예언된 어떤 사건들의 성취이기 때문이다. 이 궤변 같은 주장은 그리스도의 재림, 죽은 자들의 부활, 휴거, 마지막 심판 등 신약에 예언된 종말론적 사건들이 이미 성취되었다고 하는 완전 과거 종말론자들의 입장에 쉽게 빠질 수 있다.

이러한 입장은 부분적 과거 종말론자들에게 이단 내지는 비정통이라는 비난을 받는다. 완전 과거 종말론자들도 자신들의 견해가 신조적 정통(creedal orthodoxy)에서 벗어나 있음을 인정하면서도 성경적 정통(biblical orthodoxy)에서는 벗어난 것이 아니라고 주장한다. 결국 양쪽 다 신조가 아닌 성경에 근거하여 최종 결론을 내려야 한다고 주장한다.

신조적 정통에 속하는 하나의 항목은 육체의 부활에 대한 사도신조의 고백이다. 이것은 우리 육체의 부활을 증언한 것이지, 그리스도의 육체의 부활(이 점은 사도신조의 앞부분에서 이미 증언하고 있다)을 가리켜 말한 것이 아니다. 그것은 마지막 날에 우리의 육체가 부활하여 영화롭게 될 때, 그리스도인들이 그리스도의 육체의 부활에 참여하게 될 것이라고 선언한다. 완전 과거 종말론은 이러한 견해를 명확하게 거부하며, 이 점에서 두 입장 간의 차이가 난다.

육체의 부활

육체의 부활에 초점을 맞추는 중요한 구절을 고린도전서 15장 50-58절에서 찾을 수 있다.

> 형제들아 내가 이것을 말하노니 혈과 육은 하나님 나라를 이어 받을 수 없고 또한 썩는 것은 썩지 아니하는 것을 유업으로 받지 못하느니라 보라 내가 너희에게 비밀을 말하노니 우리가 다 잠잘 것이 아니요 마지막 나팔에 순식간에 홀연히 다 변화되리니 나팔 소리가 나매 죽은 자들이 썩지 아니할 것으로 다시 살아나고 우리도 변화되리라 이 썩을 것이 반드시 썩지 아니할 것을 입겠고 이 죽을 것이 죽지 아니함을 입으리로다 이 썩을 것이 썩지 아니함을 입고 이 죽을 것이 죽지 아니함을 입을 때에는 사망을 삼키고 이기리라고 기록된 말씀이 이루어지리라 사망아 너의 승리가 어디 있느냐 사망아 네가 쏘는 것이 어디 있느냐 사망이 쏘는 것은 죄요 죄의 권능은 율법이라 우리 주 예수 그리스도로 말미암아 우리에게 승리를 주시는 하나님께 감사하노니 그러므로 내 사랑하는 형제들아 견실하며 흔들리지 말고 항상 주의 일에 더욱 힘쓰는 자들이 되라 이는 너희 수고가 주 안에서 헛되지 않은 줄 앎이라 (고전 15:50-58).

완전 과거 종말론자들은 이 구절에 대해 두 가지 강력한 주장을 편친다. 이 구절은 육체의 부활이 아니라 영혼의 부활에 대해 말하고 있다는 것과, 이 부활은 이미 이루어졌다는 것이다. 이 논쟁에서도 중심은 시기다. 러셀은 51절에서 사도 바울이 한 말을 강조한다. "우리가 다 잠잘 것이 아니요…다 변화되리니." 이에 대해 러셀은 묻는다. "사도 바울이 '우리가 다 잠잘 것이 아니요'라고 했을 때 누구에게 대답하는 것인가? 먼 미래에 살고 있을 어떤 가상적인 인물들인가? 아니면 고린도 교인들과 사도 바울 자신인가? 그가 재림이 임박했다는 사실을 분명히 알고 있는데 먼 미래에 대해 생각할 이유가 있겠는가?"[8]

러셀의 주장에 따르면, 바울의 고린도전서를 받아 본 사람들 대부분은 바울이 묘사하는 사건들을 목격할 만큼 오래 살아 있었거나, 그렇게 될 것이라고 기대했으리라는 것이다. 이 같은 사건들이 실제로 1세기에 이루어졌음을 주장하려면 관련 구절들이 해석상 이루어질 수 있는 것이어야 한다. 그러나 이 같은 해석을 어렵게 만드는 가장 큰 장애물은, 살아 있는 사람들의 휴거와 죽은 자들의 부활이 이루어졌다는 역사적 기록이 없다는 것이다. 그러므로 러셀을 비롯한 완전 과거 종말론자들은 죽은 자들의 부활을 영적 의미로 받아들인다. 러셀도 다음과 같은 반론을 예상한다.

그러나 다음과 같은 반론이 제기될 수 있다. 이 모든 일들이 일어나고도 어떻게 그것을 본 사람이 없거나 그에 대한 기록이 없느냐는 것이다. 우선 죽은 자들의 부활에 대해 말하자면, 우리는 그것이 어떤 상태로 이루어지며 어떤 특징을 갖는지에 대해 아는 바가 거의 없다는 사실이다. 그것은 관찰할 수 있는 것인가? 육체의 기관으로 지각할 수 있는 것인가? "영적인 몸으로 다시 살아날 것이다." 영적인 몸은 볼 수 있고 만질 수 있는 몸인가? 우리는 영적인 것을 눈으로 볼 수 있고, 비물질적인 것을 손으로 만질 수 있는 것인지 확실히 알 수 없다. 하지만 그럴 수 없으리라는 것이 우리의 추측이다. 죽은 자들의 부활과 살아 있는 자들의 변화는 영적인 영역에서 일어나는 일로, 이 땅의 인간들은 설령 그런 일이 일어났다 하더라도 그 영역으로 들어가서 그것을 볼 수도 없으며, 그것을 보도할 수도 없다.[9]

우리는 러셀이 감람산 강화의 시기 언급에 적용했던 해석학적 입장이 여기서 뚜렷하게 변하고 있음을 볼 수 있다. 감람산 강화를 해석하는 사람이라면 시기 언급과 재림에 대한 언급을 모두 다루어야 하는 문제에 직면하게 된다. 앞서 살펴본 것처럼, 일부 주석가들은 시기 언급에 대한 언어들을 영적으로 받아들여 그것들을 다소 상징적인 것으로 이해하는 반면, 재림을 묘사하는 이미지에 대해서는 문자적으로 해석한다. 반면에 러셀은 시기 언급에 대한 것은 문자적으로 해석하고, 재림과 관련된 이미지들은 상징적으로 해석한다. 이와 관련하여 그는 구약에 나오는 심판에 대한 예언의 선례들을 자신의 입장에 유리하게 해석한다.

러셀의 고린도전서 본문 해석에 대해 말하자면, 우리는 즉시 두 가지 사실에 주목하게 된다. 하나는, 러셀이 채택하고 있는 시기는 시간에 대해 명백하게 언급하는 본문에 근거한 것이 아니라, "우리가 다 잠잘 것이 아니요"라고 한 바울의 말에서 도출한 결론에 기초하고 있다는 것이다. 바울이 신적 영감에 의해 부활은 그가 살아 있는 동안에 이루어지리라고 예언한 것이라고 우리가 결론을 내린다면, 그 부활은 예루살렘이 멸망하기 적어도 5년 전에 이루어졌을 것이다(바울은 네로가 통치하던 시대인 주후 65년에 순교했다).

완전 과거 종말론자들은 바울이 말한 "우리"는 바울 자신은 포함하지 않으며, 그의 가르침을 받은 사람들만 가리킨다고 주장할지도 모른다. 하지만 그것이 사실이라면 "살아 있는 우리"는 훨씬 더 포괄적인 의미를 지녀 미래에 이 서신을 읽게 될 모든 독자들까지 지칭할 수 있게 된다.

고린도전서의 "우리" 구절은 부활의 시점에 대해 예수님의 감람산 강화와 비교해 볼 때 훨씬 덜 구체적이다. 그러나 더 심각한 문제는 완전 과거 종말론자들이 이해하는 부활의 성격이다. 그들은 이 부활을 숨겨진 '영적인' 부활로 보는데, 완전 과거 종말론의 이론적 일관성이 유지되려면 그렇게 하는 수밖에 없기 때문이다.

우리는 완전 과거 종말론의 이러한 해석에서 심각한 두 가지 문제점을 발견하게 된다. 하나는 논리적인 것이고, 다른 하나는 신학적인 것이다. 논리적인 문제는 그들의 견해나 주장이 경험적으로 타당하다는 것을 입증할 수 없으며, 그렇다고 해서 틀렸다는 것도 증명할 수 없다는 것이다. 본래 전적으로 연역법에 기초한 논리적 주장은 경험에 근거한 증명이 필요하지 않기 때문이다. 하지만 누군가가 어떤 일이 물리적 실체로서 현실 역사 가운데 일어날 것이라고 공언하거나 예언한다면 거기에는 경험적 입증이란 것이 연관될 뿐만 아니라, 또한 필수적이다.

러셀은 영적인 몸은 경험적으로 관찰될 수 있는 조건 속에서 부활할 필요는 없다고 주장한다. 그는 영적인 몸을 보거나 만질 수 있느냐고 묻는다. 러셀로 하여금 이러한 식의 사고를 가능하게 한 것은 바울이 사용한 '신령한 몸'(spiritual body)이라는 표현이다. 그는 사도 바울이 고린도 교인들에게—나아가 우리에게—자신이 말하는 부활이 비밀스럽고 감추어진 영적 부활이라는 사실을 환기시키지 못했던 것은 불행한 일이라고 여긴다. 하지만 사도 바울의 말이 다른 것을 암시하고 있음이 분명하다. 이것은 바울이 우리 몸의 부활을 그리스도의 몸의 부활과 명백하게 연관시키고 있음을 볼 때 더욱 그렇다.

부활하신 그리스도는 장차 부활하게 될 모든 사람의 첫 열매다. 사도는 우리의 부활이 그리스도의 부활을 본떠서 이루어질 것이라고 분명히 가르친다.

> 그러나 이제 그리스도께서 죽은 자 가운데서 다시 살아나사 잠자는 자들의 첫 열매가 되셨도다 사망이 한 사람으로 말미암았으니 죽은 자의 부활도 한 사람으로 말미암는도다 아담 안에서 모든 사람이 죽은 것같이 그리스도 안에서 모든 사람이 삶을 얻으리라 그러나 각각 자기 차례대로 되리니 먼저는 첫 열매인 그리스도요 다음에는 그가 강림하실 때에 그리스도에게 속한 자요 그 후에는 마지막이니 그가 모든 통치와 모든 권세와 능력을 멸하시고 나라를 아버지 하나님께 바칠 때라 그가 모든 원수를 그 발 아래에 둘 때까지 반드시 왕 노릇 하시리니 맨 나중에 멸망받을 원수는 사망이니라(고전 15:20-26).

그리스도의 부활에 대한 신약성경의 진술은 그분의 부활한 몸이 연속성과 불연속성을 모두 갖고 있다는 것을 보여 준다. 그분의 육체가 모종의 변화를 겪은 것은 분명하다. 그분은 영화로운 인간의 육체가 되었다. 그분의 신체 구조에까지 이러한 영화로운 변화가 이루어졌다는 점에서 우리는 그분의 부활이 불연속적이라고 말할 수 있다. 하지만 성경은 무덤에 들어간 육체와 부활한 육체 사이의 연속성을 매우 강조한다. 즉, 부활한 육체는 다른 어떤 '한 육체'(a body)가 아니라, '똑같은 육체'(the same body)였다.

나의 인간적인 육체는 영화롭게 되지 못했다. 매 순간 어떤 생물학적 변화와 화학적 변화를 겪으며 가차 없이 나이를 먹어 가고 있다. 내 몸이 순간마다 완전히 똑같지 않지만, 그럼에도 불구하고 내 몸은 실질적으로 동일하다. 어제의 내 육체가 소멸되거나 오늘 어떤 완전히 새로운 육체로 대체되는 것이 아니다. 매 순간 내 육체에 일어나는 변화에도 불구하고 이전의 육체는 실질적으로 연속성을 가지고 있다고 할 수 있다. 현재의 내 몸은 수십 년 간 가지고 있던 치아와 어린 시절 이후로 내 피부에 남아 있는 상처를 그대로 간직하고 있는 것이다.

우리는 부활하신 예수님의 몸이 십자가에서 죽고 무덤에 들어간 것과 똑같은 몸이라고 단언하면서도 그분의 몸에 어떤 변화가 있었다는 사실을 인정한다. 그러나 결정적인 사실은, 부활 후에 무덤이 텅 비어 있었다는 것이다. 오늘날 예루살렘이 멸망한 후로 지금까지 죽은 성도들의 무덤은 비어 있지 않다. 이들의 몸이 부활했다면 그 몸과 처음 무덤에 들어갈 때의 몸 사이에는 근본적인 불연속성이 있을 것이다. 사실 이 불연속성은 너무 심오하여 차라리 부활했다기보다는 새로운 육체로 다시 태어났다고 말하는 편이 더 정확할 것이다. 또 부활은 실로 영적인 사건이라서 어떤 형태의 육체나 물질도 그것과는 아무런 관계가 없다.

볼 수 없고 만질 수도 없는

러셀은 우리의 영적인 몸은 볼 수도 만질 수도 없다고 말한다. 그것이 사실이라면, 우리의 지상의 몸과 하늘의 몸 사이에는 근본적인 불연속성이 있을 뿐만 아니라, 우리의 부활의 몸과 그리스도의 부활의 몸 사이에도 그 본질에서 근본적인 불연속성이 있게 된다. 부활하신 그리스도는 볼 수도 있고 만질 수도 있었기 때문이다.

다시 한번 말하지만, 부활이 전적으로 영적인 영역에 속하는 것이라는 주장은 입증할 수도 없고 반박할 수도 없는 성질의 것이다. 그렇게 하는 것 자체가 위험한 작업이다. 그러한 주장은 폴터가이스트(poltergeist, 소리는 나도 모습은 안 보이는 요정)를 옹호하는 주장과 비슷한 감이 있다. 즉 그들은 폴터가이스트들이 과학자들에게 거부감을 가져 가까이 다가오면 사라진다고 말한다. 또 어떤 사람들은 달나라의 옥토끼는 망원경에 대해 뿌리 깊은 반감을 드러낸다고 주장한다. 그런 것들은 존재하지 않는다고 증명하기가 불가능하다. 그런 것들에 대해 '오류의 증명'이란 용어 자체를 애초부터 적용할 수 없기 때문이다.

이 말은 러셀이 폴터가이스트나 옥토끼의 존재를 인정하는 사람들과 같은 방식으로 자신의 주장을 내세우고 있다는 뜻은 아니다. 단지 그가 무오한 하나님의 말씀이라고 믿는 성경을 진지하게 다루고 있을 뿐이다. 그럼에도 불구하고 부활에 대한 그의 주장은 위험성으로 가득 차 있으며, 논리적 근거가 결여되어 있다는 것이 나의 생각이다.

러셀의 논지들을 살펴보기 위해 우리는 심각한 신학적 의문들을 불러일으키는 구조 속으로 그 논지들을 밀어 넣어야만 한다. 앞서 살펴본 바와 같이, 그의 주장은 부활한 우리의 몸뿐만 아니라 부활한 그리스도의 몸의 본질이 무엇인지에 대해 의문을 제기한다. 그의 말처럼 영적인 몸은 볼 수도 없고 만질 수도 없다면 과연 그것을 몸이라 할 수 있을까? 부활한 우리 몸이 영적인(spiritual) 몸이라고 말하는 것이 부활한 우리 몸이 영(spirit)이라는 의미는 아니다. 성경이 말하는 것은 영적인 몸이다. 그 몸이 영화롭게 되는 과정에서 어떤 변화를 겪지만, 그럼에도 불구하고 여전히 몸인 것이다.

러셀은 고린도전서 15장에 대한 분석을 마치면서 해석상의 문제를 다음과 같은 딜레마로 돌린다. 첫째, 바울은 성령의 영감을 받았으며, 바울이 예언한 사건들은 이루어졌다. 둘째, 사도가 실수를 한 것이며, 그가 예언한 사건들은 이루어지지 않았다. 둘 중에서 하나를 선택해야 한다면 우리는 첫 번째 입장을 따를 수밖에 없을 것이다. 하지만 러셀의 결론은 논리상 다분히 양자택일의 오류를 가지고 있다. 즉 더 많은 선택의 가능성이 있음에도 불구하고 그는 단지 두 가지로 제한시켜 버렸다.

러셀의 주장에는 바울이 영적인 부활에 대해 말했다면 그가 진실을 말했을 것이라는 의미가 함축되어 있다. 러셀의 이러한 접근 방식은 신약성경의 모든 종말론적 사건들이 예루살렘의 멸망이라는 틀 안에서 이루어졌다고 하는 그의 확신에서 출발한 것이다. 그는 '끝'이란 말에 담긴 유일한 의미는 유대 시대의 종말이며, 세상의 종말에 대해서는 예언된 것이 없다고 생각한다. 그는 이스라엘에 대한 하나님의 심판을 마지막, 곧 최종적 심판이라고 본다.

우리 시대에는 맥스 킹이 완전 과거 종말론과 영적인 부활을 지지하는 방대한 저술을 했다. 그는 죽은 자의 부활에는 다음과 같이 세 단계가 있다고 주장한다.

첫 번째 단계. 그리스도의 부활은 죽은 자들의 부활의 시작이 되었다. 그분은 잠자는 자들의 첫 열매가 되셨다(고전 15:20). 그분의 (세대를 종결시키는) 메시아적 통치는 그분이 부활하신 이후에 시작되었다. 그분의 나라는 "이 세상에 속한 것이 아니며"(요 18:36), 옛 언약 시대에 속한 것이 아니기 때문이다.

두 번째 단계. 재림 이전 시기의 그리스도의 통치 기간, 즉 십자가에서 주후 70년 세대의 끝에 이르는 시기에 속하는 성도들의 죽음과 부활이다. 그것은 처음 부활의 완성이다. 첫 열매들이 그리스도와 함께 옛 시대에 대해 죽고 새 시대에 대해 부활한다는 의미에서 죽었다가 살아나는 것이다. 그러므로 그들은 살아서 상징적인 '천년왕국'에 해당하는 종말론적 시기에 그분과 함께 통치하게 된다. 그들은 그리스도와 함께(with Christ) 통치하는 것이다(계 20:4-5).

세 번째 단계. '종말'(끝)에 하나님의 우주적인 통치가 궁극적으로 확립되고 보편적인 부활이 이루어진다. 이 '끝'은 마태복음 24장 3절, 14절에서 말하는 '끝'과 동일한 것으로 유대 시대의 종료를 가리킨다. 이것이 다니엘서 7장, 그리스도의 감람산 강화(눅 21:31), 오순절 이후 시대에 쓴 사도들의 저작들(행 14:22, 히 12:28, 벧후 1:11, 계 11:15)에서 말하는 하나님 나라의 궁극적인 도래에 담긴 핵심적인 뜻이다. 이 모든 것이 그리스도의 통치가 시작된 때로부터 하나님 나라의 궁극적 도래에 이르기까지 그 기간에 이루어졌으며, 이때가 그리스도의 종말론적 언급이 가리키는 마지막 때인 것이다(마 24:34, 막 9:1, 마 16:27-28).[10]

이 같은 도식에 따르면, 하나의 종말론적 기간에 뚜렷하게 세 단계에 걸쳐 이루어지는 하나의 부활이 있게 된다. 이 도식이 유효하려면, 전통적인 부활 개념은 구원의 옛 시대에 대해 죽고 새 시대에 대해 다시 살아난다는 은유적인 부활 개념으로 바뀌어야 한다. 성경의 종말론이 다루고 있는 '끝'은 앞에서 말한 끝이 전부가 되기 때문이다.

킹은 이렇게 말한다. "그러므로 우리는 하나님께서 그리스도를 통해 역사적 이스라엘을 완성하심으로써 역사는 종언을 고한 것이라고 주장한다.…우리는 학자들이 성경의 종말론에 내재된 역사의 본질을 밝히지 못한 데 문제가 있다고 생각한다. 성경의 역사는 의미를 가진다. 그리스도 안에서 역사는 목적지에 도달했다. 선지자들이 예언한 종말이 다가왔다. 죽음이 '여호와의 산에서' 파멸당했다. 그리스도를 통한 하나님의 완전한 통치가 '오는 세대'에 확립된 것이다."[11]

'끝'이란 용어에 대해 킹이 표현한 용례에서 우리는 애매모호한 점을 발견하게 된다. 그것은 한편으로 '일정 기간의 종료'를 의미하고, 다른 한편으로는 '목표' 또는 '목적지'를 의미한다. 본질적으로 이 두 개념이 양립할 수 없는 것은 아니다. 사실 시간의 끝이란 특정한 역사적 목표와 일치할 수 있기 때문이다. 이러한 구별은 킹의 견해에서 결정적으로 중요하다. 이에 기초하여 킹은 역사적 이스라엘의 완성과 함께 역사가 종료되었다고 말할 수 있는 것이다.

이것은 이상한 주장이다. 킹이 세계사가 주후 70년 이후로 더 이상 진행되지 않았다는 의미로 말한 것이 아님은 분명하다. 그의 말은 단지 이스라엘의 구속사가 끝났으며, 그것이 목표에 도달했다는 의미일 것이다.

스티븐스는 부활에 대한 견해가 완전 과거 종말론자들 사이에서 완전히 일치하는 것은 아니라고 말한다.

부활 사건이 개개의 그리스도인들에게 갖는 의미에 대해 완전 과거 종말론 진영 내에 적어도 세 가지 다른 견해들이 있다. 과거 종말론에 대단한 혼란이 있는 것처럼 이 말이 들릴 수도 있지만, 미래 종말론 진영 내의 수많은 견해들에 비하면 아무것도 아니다. 맥스 킹은 교회라는 공동체가 구약의 유대주의적 체제로부터 부활한 것이라고 주장한다. 이 같은 견해는 우리의 부활체와 그리스도의 부활체 사이의 연속성을 설명하는 데 상당한 어려움이 있으며, 부활이 갖는 개인적 의미에 대해 말한다고 보이는 구절에 집합적인 몸의 개념을 억지로 적용시키려는 경향이 있다. 러셀(J. S. Rusell)과 밀턴 테리(Milton S. Terry)는 주후 70년에 (보이지 않는 영역에서의) 부활과 문자적인 (그러나 눈에 띠지 않은) 휴거가 일어났다고 주장하지만, (지금까지는) 그 어떤 역사적 증거도 발견되지 않았다. 다른 학자들은 죽은 자들의 부활이 하늘의 영역에서 일어났으며, 이에 대한 가시적인 징후가 물질 세계에 있었다고 주장한다. 그리고 휴거는 주후 70년에 하나님 앞에 비가시적으로 '모여듬'을 달리 표현한 것이라고 말한다. 나는 러셀과 테리의 의견을 결코 가볍게 여기지는 않지만 후자의 견해를 선호하는 입장이다.[12]

스티븐스는 완전 과거 종말론이 부활에 대해 일종의 영지주의에 빠져 있다고 비난하는 젠트리에게 강력하게 반박한다. 스티븐스는 전적으로 영적인 부활 개념과 순수하게 육체적인 부활 개념 사이에서 방향을 잡으려고 머레이 해리스(Murray J. Harris)의 글을 인용한다.[13] 그러나 내가 보기에는 스티븐스를 비롯해 그가 인용하는 완전 과거 종말론자들은 해리스보다 더 영지주의적인 방향으로 가고 있는 것 같다.

살아 있는 자들의 휴거

부활의 성격과 시기를 둘러싼 논쟁은 휴거에 대한 바울의 가르침과 밀접하게 연관된다. 휴거에 대한 바울의 가르침은 데살로니가전서에 나온다.

> 형제들아 자는 자들에 관하여는 너희가 알지 못함을 우리가 원하지 아니하노니 이는 소망 없는 다른 이와 같이 슬퍼하지 않게 하려 함이라 우리가 예수께서 죽으셨다가 다시 살아나심을 믿을진대 이와 같이 예수 안에서 자는 자들도 하나님이 그와 함께 데리고 오시리라 우리가 주의 말씀으로 너희에게 이것을 말하노니 주께서 강림하실 때까지 우리 살아 남아 있는 자도 자는 자보다 결코 앞서지 못하리라 주께서 호령과 천사장의 소리와 하나님의 나팔 소리로 친히 하늘로부터 강림하시리니 그리스도 안에서 죽은 자들이 먼저 일어나고 그 후에 우리 살아 남은 자들도 그들과 함께 구름 속으로 끌어올려 공중에서 주를 영

접하게 하시리니 그리하여 우리가 항상 주와 함께 있으리라 그러므로 이러한 말로 서로 위로하라(살전 4:13-18).

러셀이 휴거에 대한 이 본문을 다루는 방식은 그가 고린도전서 15장의 부활에 대한 바울의 가르침을 다루는 방식과 매우 흡사하다. "우리 살아 남은 자"(살전 4:17)라는 표현을 통해 사도 바울은 자신이 살아 있는 동안에 휴거가 일어나리라고 기대하고 있음을 알 수 있다고 러셀은 주장한다. 러셀은 예루살렘에 대한 심판으로 이루어진 그리스도의 재림과 휴거를 연결시킨다. "주님이 호령과 함께 강림하심, 나팔 소리, 죽은 자들의 부활, 살아 있는 성도들의 휴거 등 여기에 묘사된 모든 사건들이 실제로 일어났다는 증거가 하나도 없다고 말할 수도 있다. 그 말은 사실이다. 하지만 이런 일들이 감각적으로 분명하게 인식할 수 있는 성질의 것인가? 물질의 영역에서 가시적으로 일어날 수 있는 일이란 말인가?"[14]

휴거가 과거에 성취되었다고 하는 자신의 견해를 유지하기 위해 러셀은 비물질적이고 영적인 영역에서 발생한 '은밀한' 휴거를 내세운다. 그는 이 사건들이 바울이 묘사한 대로 이루어졌다는 증거가 없음을 인정한다. 하지만 묘사된 사건들이 비감각적인 영역에서 이루어졌기 때문이라고 말한다.

그의 말이 사실이라면 사도 바울은 왜 그렇게 묘사했을까? 사도는 주님이 호령과 천사장의 소리와 하나님의 나팔 소리와 함께 강림하실 것이라고 말했다. 그러나 러셀은 아무도 그 소리를 들을 수 없었다고 말한다. 천사장의 소리는 들을 수 없었으며, 하나님의 나팔 소리는 들리지 않았다. 이뿐 아니라 부활하는 죽은 자들은 눈에 보이지 않는 구름 속으로 눈에 띄지 않게 들리워져 눈에 보이지 않는 재림의 주님을 만났다고 한다.

이 같은 주장은 해석학적으로 심각한 문제를 제기한다. 감람산 강화의 묘사적인 언어는 구약의 예언에 사용된 이미지와 매우 흡사하기 때문에 비유적으로 받아들여도 무방하다. 하지만 데살로니가전서 4장에서 바울이 사용한 언어는 이와는 성격이 명백하게 다르다. 여기에 사용된 문학적 장르에 비추어 볼 때 바울이 지상의 시야로부터 감추어진 사건에 대해 묘사한다고 보기 어렵기 때문이다.

맥스 킹은 휴거를 묘사한 언어는 감람산 강화에서 사용된 것과 마찬가지로 묵시적 이미지(apocalyptic imagery)라고 주장한다. 그는 이렇게 쓰고 있다. "이곳을 비롯하여 종말이나 주님의 날을 다루는 다른 관련 구절들에서 나팔 소리는 문자적인 의미에서 들을 수 있는 것이 아니다. 여기에 사용된 언어들은 상징적인 것으로서, 세상 끝에 나타날 하나님의 종말론적 행위에 관심을 돌리게 한다. 공중에서 주님을 영접하기 위해 구름 속으로 함께 이끌려 올라가는 것은 세상 끝에 하나님께서 선택된 자들을 한데 모으시는 것(엡 1:10)을 의미하는 편의적 언어일 뿐이다."¹⁵ 킹은 데살로니가전서 4장의 나팔 소리 이미지를 마태복음 24장 31절의 감람산 강화에서 사용된 것과 연결시킨다. 그는 두 곳 모두에서 나팔 소리 이미지를 영적인 진리의 상징으로 여긴다.

다른 몇몇 학자들은 휴거에 대한 묘사는 로마의 전승 기념 의식을 각색한 것에 불과하며, 따라서 그 의미도 상징적인 것으로 제한될 수밖에 없다고 주장한다. 그 근거로 그들은 바울이 당시 문화에서 그러한 이미지를 빈번히 차용했다는 사실을 든다.

로마군은 정복 전쟁을 마치고 로마로 돌아오면 승리를 축하할 준비를 하는 동안에 도시 밖에서 일시적으로 야영을 하곤 했다. 온갖 오물과 노예로 잡혀 온 전쟁 포로들이 풍기는 악취를 없애기 위해 거리에는 꽃을 뿌렸다. 또 커다란 아치를 세워 개선하는 군인들이 색종이 세례를 받으며 그 아래로 행진하게 했다. 모든 준비가 끝나면 나팔을 불어 시민들을 밖으로 불러내고 행진하는 승리자들과 합류할 것을 알렸다. 군인들은 "SPQR"이라는 문자가 그려진 깃발을 가지고 전투에 참여했는데, 그것은 로마의 원로원과 시민들을 상징했다. 군인들은 로마의 원로원과 시민들을 대표했기에 이 두 부류의 사람들은 이 승리의 분위기에 합류하도록 초청을 받았다.

이와 유사한 방식으로 그리스도의 백성들이 그분의 승리 귀환에 동참할 것이라는 사실을 전달하기 위해 휴거라는 이

표 7.2
부분적 과거 종말론자의 견해

주후 70년에 이루어진 일들	미래에 이루어질 일들
그리스도의 오심(파루시아) A coming (parousia) of Christ	그리스도의 오심(파루시아) The coming (parousia) of Christ
주님의 날 A day of the Lord	주님의 날 The day of the Lord
	죽은 자의 부활 The resurrection of the dead
	살아 있는 자들의 휴거 The rapture of the living
심판 A judgment	최종 심판 The (final) judgment
유대 시대의 종료 The end of the Jewish age	역사의 종말 The end of history

미지가 고안된 것인지도 모른다. 이러한 의미에서 휴거의 이미지는 그것이 나타내는 내용에 대해 상징적일 수 있다. 그러나 휴거가 전적으로 눈에 보이지 않는다는 점에서는 상징적이라고 할 수 없다.

결론적으로 말하면, 완전 과거 종말론과 부분적 과거 종말론의 주된 차이는 부활의 시점에 대한 각각의 주장에서 분명하게 드러난다. (완전 과거 종말론으로 전향했다고 선언하기 전에) 데이비드 칠턴은 그것을 이런 방식으로 요약했다. "우리는 여기에 사도 바울이 부활에 대해 우리에게 말하는 내용을 덧붙일 수 있다. 부활은 그리스도의 재림 및 살아 있는 성도들의 휴거와 동시에 이루어질 것이다(살전 4:16-17). 어떤 이들은 성경 본문의 이 같은 취지에서 벗어나 부활이 여러 단계에 걸쳐 이루어질 것이라고 주장한다. 한 번은 휴거 때 일어나고, 또 한 번은 (수년 뒤에 있을 것으로 생각되는) 재림 때 일어나며, 그리고 하나님 나라가 완성될 때, 즉 역사가 종료될 때 적어도 한 번 더 있을 것이라고 주장한다. 하지만 이 본문에 따르면 믿는 자들의 부활은 단 한 번 밖에 없는 것이 분명하다. 그리고 이 부활은 휴거와 그 시점이 같은 마지막 날에 함께 이루어질 것이다."[16]

지금까지 우리 논의의 초점은 '마지막 날'(the last day)에 집중되었다. 완전 과거 종말론자들에게 세상의 끝과 주님의 날에 대한 모든 언급은 예루살렘의 멸망을 가리킨다. 이것이 유일한 그리스도의 재림이다.

반면, 부분적 과거 종말론자들은 1) 유대 시대의 끝에 이루어진 유대인들에 대한 심판을 위한 재림과 2) 역사의 끝에 세상에 오시는 그분의 재림, 즉 최종 재림 이 두 가지를 명백하게 구별한다. 완전 과거 종말론자들이 보기에 대부활과 휴거는 과거에 이미 이루어졌으며, 이와는 달리 부분적 과거 종말론자들에게 대부활과 휴거는 미래에 이루어질 것들이다.

08

적그리스도는 누구인가?

이것이 곧 적그리스도의 영이니라
오리라 한 말을 너희가 들었거니와
지금 벌써 세상에 있느니라.
요한일서 4:3

신약성경에 기록된 내용 가운데 적그리스도의 정체만큼 불가사의한 것도 없을 것이다. 적그리스도란 말만 들어도 악마적인 존재가 떠오르며, 사악하기 그지없어 그 이름을 부르기만 해도 소름이 끼치는 인물이 상기된다. 종말론에서 미래주의적 입장을 취하는 사람들은 적그리스도로 여겨지는 가장 최근의 인물을 때마다 발표한다. 예컨대, 진 딕슨(Jeane Dixon)은 적그리스도가 이미 태어났기 때문에 우리 세대에 그를 보게 될 것이라고 예언했다.

　　적그리스도란 말을 신약성경에서 처음 사용한 사람은 사도 요한이다. 그는 요한일서에서 적그리스도에 대해 다음과 같이 말한다. "아이들아 지금은 마지막 때라 적그리스도가 오리라는 말을 너희가 들은 것과 같이 지금도 많은 적그리스도가 일어났으니 그러므로 우리가 마지막 때인 줄 아노라 그들이 우리에게서 나갔으나 우리에게 속하지 아니하였나니 만일 우리에게 속하였더라면 우리와 함께 거하였으려니와 그들이 나간 것은 다 우리에게 속하지 아니함을 나타내려 함이니라 너희는 거룩하신 자에게서 기름 부음을 받고 모든 것을 아느니라"(요일 2:18-20).

이 구절에는 몇 가지 수수께끼 같은 요소가 담겨 있다. 먼저, 시기에 대한 언급이다. "지금은 마지막 때라." 이 독특한 문구는 이해하기가 다소 어렵다. 우리는 이렇게 물을 수 있다. "지금이 무엇의 마지막 때란 말인가?"

예수님은 자신의 "때"에 대해 말씀하신 적이 있는데(마 26:45), 이것은 그분이 죽으시고 하늘의 영광으로 돌아가실 때를 의미하는 것으로 해석되어 왔다. 이 두 가지는 모두 1세기에 이루어졌다. 그러나 여기서 요한은 그리스도의 마지막 때에 대해 말하는 것이 아니라, 그 밖의 어떤 것의 마지막 때에 대해 말하고 있다. 유대 시대의 마지막 때인가? 세계사의 마지막 때인가? 이미 과거에 있었던 하나의 마지막 때(a last hour)인가, 아니면 인류의 모든 역사의 마지막 순간(the last hour)인가?

이것을 인류 역사의 마지막 때로 이해하는 사람들은 기본적으로 두 부류다. 첫 번째 부류는 성경 비평가들로 이 구절을 '일관된 종말론'의 또 다른 근거로 내세운다. 즉, 종말론적 기대가 예고된 시기 내에 현실화되지 못했음을 보여 주는 예라는 것이다. 두 번째 부류는 '마지막 때'는 신약 시대에 시작되어 오늘날까지 계속되고 있다고 주장하는 입장이다.

알렉산더 로스(Alexander Ross)는 이 문구에 대해 다음과 같이 말한다.

신약성경에 따르면, 그리스도의 죽음, 부활, 승천과 더불어 그분의 강림이 세계사의 마지막 때가 시작되었음을 알린다는 중요한 사실을 우리는 기억해야 한다. 하나님은 자기 아들을 통해 마지막 메시지를 전하셨다(히 1:2). 그리스도가 다시 오실 때까지는 세계사에서 그 어떤 사건도 그분이 이 세상에 오신 것만큼 획기적으로 중요하지 않다.

앞서 말한 것처럼, 기독교 시대는 "신적 구상에서 마지막을 차지하는 때이며, 그 다음은 주님의 재림이 될 것이다." 이 시기는 사도 요한이 그 말을 한 이후로 1900년 이상 지속되었으며, 아직 얼마간 더 지속될 것이다. 그 기간이 얼마나 더 지속되든, 그것은 여전히 실질적인 의미에서 마지막 때다. 칼뱅이 말한 것처럼, 지금은 모든 것이 완성되어 그리스도가 최종적으로 나타날 일 외에는 그 어떤 것도 남지 않은 '마지막 때'인 것이다.[1]

이러한 입장을 이해하려면, 앞의 해석에서 말하고 있는 마지막(last)이라는 단어와 최종적인(final)이라는 단어를 구별해야 한다. 앞에서 로스가 인용한 칼뱅의 견해를 더 정확하게 표현하면 다음과 같을 것이다. "지금은 '최종적인'(final) 시간이 아니라, '중심적인'(main) 또는 '주된'(chief) 구속사적 시간이다."

요한이 어떤 의미에서 마지막 때라고 말했는지 모르지만, 그는 '지금'이 그때라고 생각했다. 그는 두 번이나 "지금이 마지막 때"라고 말하며, 적그리스도의 존재를 보아 그것이 분명하다고 단언한다. 그는 적그리스도에 대해 과거 시제로도 말하고, 미래 시제로도 말하고 있다. 한편으로 적그리스도는 올 것이다(is coming). 이 경우에는 올 것이 아직 오지 않은 것이다. 이때 요한은 적그리스도를 단수형으로 말한다. 그러나 그는 "많은 적그리스도들이 일어났다"고 덧붙인다. 요한이 이 경우에서는 적그리스도가 복수형으로 현재 존재하거나 과거에 출현한 사실을 근거로 하여 지금이 마지막 때임을 안다고 말하는 것이다.

적그리스도의 영

요한은 계속해서 적그리스도에 대한 자신의 가르침을 다듬는다.

> 사랑하는 자들아 영을 다 믿지 말고 오직 영들이 하나님께 속하였나 분별하라 많은 거짓 선지자가 세상에 나왔음이라 이로써 너희가 하나님의 영을 알지니 곧 예수 그리스도께서 육체로 오신 것을 시인하는 영마다 하나님께 속한 것이요 예수를 시인하지 아니하는 영마다 하나님께 속한 것이 아니니 이것이 곧 적그리스도의 영이니라 오리라 한 말을 너희가 들었거니와 지금 벌

써 세상에 있느니라 자녀들아 너희는 하나님께 속하였고 또 그들을 이기었나니 이는 너희 안에 계신 이가 세상에 있는 자보다 크심이라(요일 4:1-4).

본문에서 요한은 적그리스도의 영에 대해 말한다. 그의 독자들은 적그리스도가 올 것이라고 들어 왔다. 그러나 요한은 그가 '지금 벌써'(now and already) 세상에 있다고 말한다. 그런데 결정적인 의문점은 바로 이것이다. "벌써 세상에 있는 그것은 무엇인가?" 그것은 적그리스도의 영(spirit)인가, 아니면 적그리스도인가?

이 질문에 대답하려면 여러 요소들을 고려해야 한다. 우선 헬라어 원문에는 "이것이 곧 적그리스도의 영이니라"(And this is the spirit of the Antichrist)는 완전한 문장으로 되어 있지 않고, 단지 "이것이 곧 적그리스도의"(And this is of the Antichrist)라고 되어 있다는 사실이다. 현재의 문맥에서 요한은 예수 그리스도가 육체로 오신 것을 시인하는 영과 부인하는 영에 대해 말한다. 그러고 나서 "이것이 곧 적그리스도의"라고 결론내린다. 번역자들이 이 문장에 "영"(*the spirit*)이란 단어를 첨가한 후 이탤릭체로 표시하여 그 사실을 독자들에게 알려주고 있다. "영"이란 단어를 첨가한 것에 대해 긍정론과 부정론이 있지만, 나는 그렇게 하는 것이 타당하다고 생각한다.

더 중대한 의문은 따로 있다. "오리라 한 말을 너희가 들었거니와 이제 벌써 세상에 있느니라"고 한 문장에서 "오리라" 한 것의 주체가 무엇이냐 하는 것이다. 적그리스도의 영은 벌써 세상에 있으나 적그리스도는 아직 세상에 있지 않다는 의미인가? 그렇다면 적그리스도는 장차 세계사의 끝에 나타날 수 있다. 그리고 이러한 해석은 대다수의 복음주의 신학자들이 취하는 입장이다.

해석상의 또 다른 가능성은—그의 영뿐만 아니라—적그리스도가 1세기 당시에 이미 세상에 있다는 것이다. 이렇게 해석할 경우에도 두 가지 해석이 가능하다. 우선 적그리스도가 1세기에 이 세상에 출현했지만 오늘날 우리 시대에까지 전 세계적으로 계속 활동한다고 볼 수 있다. 이 같은 입장에 선다면 그 어떤 인간도 초자연적으로 오래 살아 있지 않는 한 적그리스도라고 볼 수 없게 된다.

다음으로 가능한 해석은 '그 적그리스도'(the Antichrist)가 요한이 이 서신을 기록했을 때 이 세상에 있었고 그 활동은 1세기로 국한되었다고 보는 것이다. 문법적으로 말하면 "오리라"의 주체는 '적그리스도의 영'이 아니라 '적그리스도'가 된다. 이 같은 해석이 옳다면 우리는 요한이 말하는 적그리스도가 1세기에 출현했다고 결론내려야 할 것이다.

요한이 말하는 적그리스도가 1세기 당시의 어떤 특정 인물을 가리킨다 하더라도, 그렇다고 해서 적그리스도들이 여러 시대에, 또는 교회사 전체를 통해 지속적으로 출현할 수 있다는 가능성을 배제할 수는 없다. 이러한 생각은 그 적그리스도(the Antichrist)에 앞서 '많은 적그리스도들'이 나타났다고 한 요한의 말(요일 2:18)에 비추어볼 때 어느 정도 타당성이 있다.

많은 학자들은 요한이 '많은 적그리스도들'이라고 한 말을 근거로 하여 적그리스도라는 말은 특정 개인이나 일련의 인물들을 가리키는 것이 아니라 어떤 제도나 거짓 예언을 중심으로 하는 어떤 가르침의 체계를 가리킨다고 결론내린다. 한편 어떤 사람들은 적그리스도를 특정 인물로 보고 그를 사도 바울이 말한 '불법의 사람'이나 요한계시록에 등장하는 짐승과 동일시한다. 하지만 바울도, 요한계시록도 적그리스도라는 용어를 구체적으로 사용하지 않는다. 즉, 적그리스도라고 명백하게 언급된 곳은 요한의 서신이 유일하다.

데이비드 칠턴은 적그리스도라는 용어가 어떤 불신앙 체계(특히 초기 영지주의처럼 성육신의 체계를 부인하는 이단)와 배교적인 인물들(1세기의 이단 창시자인 케린투스처럼)을 동시에 가리킨다고 주장한다. 칠턴은 다음과 같이 쓴다. "이 모든 것을 종합해 볼 때, 우리는 적그리스도란 이단적 체계와 배교적인 인물들을 모두 가리키는 말임을 알 수 있다. 다시 말해, 적그리스도는 대배교의 때가 이르러 '많은 사람이 실족하게 되어 서로 잡아 주고 서로 미워하겠으며 거짓 선지자가 많이 일어나 많은 사람을 미혹하겠으며'(마 24:10-11)라고 하신 예수님의 예언의 성취였다.…적그리스도에 대한 교리를 이해하게 되면 그것이 신약의 나머지 부분에서 '마지막 세대'라고 말하는 세대에 대해 우리에게 말하는 바와 완벽하게 일치함을 알 수 있게 된다."[2]

벌카우어(G. C. Berkouwer)는 이 논쟁을 다음과 같이 요약한다. "일반적인 해결 방안은 '선구자들'(적그리스도들)과 그 적그리스도(the Antichrist)를 구별하는 것이다. '적그리스도들'은 현재 우리와 함께 있다. 그 적그리스도는 역사의 끝에 나타날 것이다. 이런 의미에서 헤르만 바빙크는 역사를 통해 이어진 적그리스도의 세력에 대해 말하면서, 언젠가 이 세력들이 배교의 극치인 하나의 세계 제국으로 구체화될 것이라고 믿었다. 여하튼 요한이 말한 것이 적그리스도들이든 그 적그리스도이든 간에 그가 전하는 메시지의 핵심은 경고다. 다시 말해, 요한에 따르면 적그리스도의 중심 의미는 거짓말, 즉 예수님이 그리스도이심을 부인하는 것이다."[3]

벌카우어는 적그리스도들은 단지 '선구자들'일 뿐이라고 한 바빙크의 견해를 거부한다. 그는 적그리스도를 모든 시대의 교회에 대한 비상 신호로 이해한다. 그러나 이러한 견해는 요한이 경고한 적그리스도가 1세기에 출현한 특정 인물이었는가 하는 의문에 대답이 되지 못한다. 요한이 지칭한 적그리스도가 남성 단수형이라는 사실에 비추어 볼 때, 적그리스도가 막연한 제도나 체제일 가능성은 희박해진다. 물론 그럴 가능성을 완전히 배제할 수는 없지만 말이다.

알렉산더 로스는 적그리스도가 어떤 체제가 아니라 한 인물이라는 입장을 강력하게 지지한다. 그는 이러한 주장의 근거로 요한의 적그리스도를 바울의 '불법의 사람'—이는 명백하게 구체적인 인물로 묘사된다—과 연결시킨다. 그는 이렇게 말한다. "요한의 적그리스도가 바울의 '불법의 사람'(살후 2:3)과 동일 인물이라면—물론 거의 그렇다고 볼 수 있지만—적그리스도의 인격성(personality)은 명백하게 입증된 셈이다.…신약성경 밖의 저작들에서도 순교자 저스틴(Justin Martyr), 이레나이우스, 터툴리안(Tertullian), 제롬 등의 저술가들이 적그리스도의 문제를 자주 다루며, 이때 그들이 모두 적그리스도를 어떤 인물로 취급함을 볼 수 있다."4

적그리스도(antichrist)라는 말은 접두사 anti-를 어떻게 이해하느냐에 따라 하나 이상의 의미와 뉘앙스를 가질 수 있다. 이 접두사는 일반적으로 '~에 반대하여'라는 의미를 가지며, 어떤 일에 반대하는 사람을 가리킨다. 이런 의미에서 볼 때 적그리스도는 그리스도를 반대하고 그분에게 매우 적대적인 사람을 가리킨다. 영어에서도 anti-는 일반적으로 어떤 것에 대해 반대하거나 적대적인 태도를 가진 사람을 가리킨다.

그리스어에서 접두사 *anti-*는 '~를 대신하여'(in place of~)로 번역될 수 있다. 즉 어떤 것을 대신하거나 대체하는 역할을 할 수 있다는 것이다. 신학자들은 이를 '모방 동기'(imitation motif)라 부른다. 그러므로 우리는 적그리스도를 거짓 그리스도 또는 그리스도의 정당한 지위를 침탈하려는 인물로 볼 수 있다. 한마디로 그는 가짜 그리스도다. 이처럼 '모방'은 진짜가 아니라 가짜를 가리키는 말이다.

접두사 anti-의 이 두 가지 뉘앙스 가운데 어느 하나만 선택할 필요는 없다. 적그리스도의 개념에는 이 두 가지 요소가 다 있다고 볼 수 있기 때문이다. 적그리스도는 최소한 그리스도에 '반대하는' 입장에 서서 그렇게 행동하는 사람이다. 하지만 그가 그리스도를 대신하려고까지 한다면 적그리스도와 불법의 사람의 연관성은 훨씬 더 흥미로워진다.

불법의 사람

바울은 데살로니가후서에서 불법의 사람에 대해 다음과 같이 말한다.

> 누가 어떻게 하여도 너희가 미혹되지 말라 먼저 배교하는 일이 있고 저 불법의 사람 곧 멸망의 아들이 나타나기 전에는 그날이 이르지 아니하리니 그는 대적하는 자라 신이라고 불리는 모든 것과 숭배함을 받는 것에 대항하여 그 위에 자기를 높이고 하나님의 성전에 앉아 자기를 하나님이라고 내세우느니라 내가 너희와 함께 있을 때에 이 일을 너희에게 말한 것을 기억하지 못

하느냐 너희는 지금 그로 하여금 그의 때에 나타나게 하려 하여 막는 것이 있는 것을 아나니 불법의 비밀이 이미 활동하였으나 지금은 그것을 막는 자가 있어 그중에서 옮겨질 때까지 하리라 그때에 불법한 자가 나타나리니 주 예수께서 그 입의 기운으로 그를 죽이시고 강림하여 나타나심으로 폐하시리라 악한 자의 나타남은 사탄의 활동을 따라 모든 능력과 표적과 거짓 기적과 불의의 모든 속임으로 멸망하는 자들에게 있으리니 이는 그들이 진리의 사랑을 받지 아니하여 구원함을 받지 못함이라 이러므로 하나님이 미혹의 역사를 그들에게 보내사 거짓 것을 믿게 하심은(살후 2:3-11).

바울이 말한 불법의 사람 또는 죄의 사람은 종종 적그리스도와 연관되거나 동일시된다. 실제로 이 두 명칭이 동일한 존재를 가리킨다면, 바울은 적그리스도의 본질과 성격에 대해 상당히 많은 사실을 조명하는 셈이 된다. 우선, 이 불법의 사람은 한 인물로 밝혀지고 있다. 그렇다면 어떤 체제가 하나의 인물로 구체화되지 않는 한 적그리스도가 될 수 없다. 종교 개혁가들은 흔히 교황 제도를 적그리스도로 간주했다. 이는 교황 제도가 교황이라는 특정 인물로 구체화될 수 있는 제도였기 때문이다. 이와 유사하게 어떤 이들은 특정 황제를 통해 구체화되는 로마 제국 정부를 적그리스도로 보기도 했다.

두 번째로, 불법의 사람의 불법적 행위는 종교적인 성격을 강하게 띠고 있다. 그는 하나님을 '대적할' 뿐만 아니라 하나님보다 자신을 높이는 "멸망의 아들"이다(살후 2:3-4). 이같이 스스로를 신격화함으로써 자신을 하나님과 맞먹는 존재로 내세운다. 바울이 여기서 그를 '적그리스도'라고 부르지는 않지만, 그의 활동이 그리스도에게 대적하고(against Christ), 동시에 그리스도를 대신하는(substitute for Christ) 성질의 것이라고 묘사한다. 바울은 이 불법의 사람이 "하나님의 성전에 앉아" 있다고 말한다(살후 2:4). 이 말은 이 방자한 인물이 성전에까지—물론 성전이란 표현은 단지 종교적인 장소를 가리킬 뿐이라고 생각할 수도 있지만—나타날 것임을 암시한다.

예를 들어 칼뱅은 이 문구가 당연히 교회를 가리킨다고 보았다. "이 한마디["하나님의 성전에"]로 인해 그가 어떤 행동을 하더라도 교회 내에서 확고한 지위를 차지하고 있다는 사실에 기초하여 교황이 바로 그리스도의 대리인이라고 주장하는 사람들이 전적으로 잘못되었을 뿐만 아니라, 더 나아가 어리석기까지 하다는 것이 입증된다. 바울은 적그리스도가 하나님의 성소 안에 있다고 말한다. 그는 외부의 적이 아니라, 믿음의 식구들 가운데서 나와 그리스도의 이름으로 그리스도를 대적하는 자다."[5]

세 번째로, 바울은 불법의 사람이 언제 나타날 것인지에 대해 논평한다. 그는 데살로니가인들에게 "그리스도의 날이 아직 이르지 않았다"고 쓴다. 그는 배도하는 일이 있고 불법의 사람이 나타나기 전에는 그날이 오지 않을 것이라고 말한다(살후 2:3).

다음으로 바울이 한 말은, 불법의 사람이 출현하는 시점을 둘러싼 대논쟁의 주제가 된다. 바울은 "막는 자"(restrainer)—서신의 독자들은 그를 알고 있다—가 있다고 말한다(살후 2:7). 현대의 주석가들은 이 막는 자를 로마 정부, 바울, 성령님 등으로 생각해 왔다.

이 구절에서 휴거에 대한 암시가 나타난다고 주장하는 일부 세대주의자들은 마지막 입장을 선호한다. 다시 말해, 적그리스도가 자유롭게 되기 전에 휴거가 일어나야 한다는 것이다. 적그리스도가 아무런 제약 없이 활동할 수 있으려면 먼저 성령님이 없어져야 하기 때문이다. 그리고 이런 일이 이루어지려면 기독교 공동체가 이 땅에서 실질적으로 사라져야 한다. 그리스도인들이 이 땅에 존재하는 동안은 그들 가운데 거하시는 성령님도 존재하시기 때문이다.

불법의 사람이 나타나려면 막는 자—그가 누구이든 간에—가 사라져야 한다. 요한과 마찬가지로 바울도 "불법의 비밀이 이미 활동하였으나"(살후 2:7)라고 말하며 시간에 관한 표현을 사용한다. 그러고 나서 그는 이렇게 말한다. "그때에 불법한 자가 나타나리니 주 예수께서 그 입의 기운으로 그를 죽이시고 강림하여 나타나심으로 폐하시리라." 이러한 언급에는 비록 불법의 사람이 이미 활동하고 있지만 바울의 동시대인들에게는 아직 분명하게 드러나지 않았음이 암시된다. 그의 활동은 그리스도가 오셔서 그를 죽이실 때까지 계속될 것이다.

이 시점에서 또다시 시기가 핵심적인 문제로 등장하게 된다. 바울이 말하는 불법의 사람은 머지않아 그 정체가 밝혀지고 주후 70년 그리스도의 심판 재림으로 죽임을 당할 어떤 인물을 가리키는 것일까? 아니면 그는 1세기에 이미 활동하고 있지만 역사가 끝나갈 무렵이 되어서야 예수님의 재림의 전조로서 완전히 드러날 어떤 인물을 가리키는 것일까?

게리 드마가 인용하고 있는 벤자민 워필드(Benjamin Breckinridge Warfield)는 바울이 말하는 불법의 사람은 그와 동시대인이라고 주장한다. 워필드는 이렇게 쓴다.

> 저지하는 세력은 이미 존재하고 있다. 비록 불법의 사람이 아직은 나타나지 않았지만 그의 본질이라 할 수 있는 '불법'은 이미 활동하고 있다. 그러나 현재 막는 자가 그 가운데서 사라질 때까지만 활동할 것이다. 바울은 불법의 사람이 하나님의 성전에 앉게 될 것이라고 내다본다. 물론 이 성전은 문자 그대로 예루살렘 성전을 가리킨다고 보는 것이 당연하다. 비록 사도 바울은 하나님의 진노가 유대인들에게 쏟아질 날이 임박했음을 알았지만 말이다(살전 2:16). 그리고 바울이 그에 대해 묘사하는 것을 우리 주님의 감람산 강화(마 24장)—우리가 앞서 살펴본 대로 바울이 이를 암시하고 있음은 분명하다—와 비교해 보았을 때, 바

울이 "그는 대적하는 자라 신이라고 불리는 모든 것과 숭배함을 받는 것에 대항하여 그 위에 자기를 높이고 하나님의 성전에 앉아 자기를 하나님이라고 내세우느니라"(살후 2:4)고 말하며 주님께서 말씀하신 "멸망의 가증한 것이 거룩한 곳에 선 것을 보거든"(마 24:15)이라는 구절을 염두에 두었으리라고 추측하는 것도 가능하다. 그런데 우리 주님은 곧바로 이것을 예루살렘의 포위와 연결시키셨다(눅 21:20).[6]

드마는 바울이 말하는 배교(살후 2:3)는 그때 이미 일어나고 있었으며, 아마도 그 성격상 유대교적 배교이지 기독교적 배교는 아니었을 것이라고 주장한다. 즉, 바울은 역사의 끝에 일어날 교회의 배교에 대해 말하는 것이 아니라, 그리스도를 거부한 유대인들의 타락에 대해 말하고 있다는 것이다. 드마는 다시 워필드의 말을 인용한다.

이를 해석함에 있어서 배교는 그때까지 계속 차올랐고 숨가쁘게 멸망의 분량까지 채워 가고 있는 유대인들의 대배교를 뜻하는 것이 분명하다. 바울이 데살로니가전서 2장 14-16절에서 유대인들을 신랄하게 비난하면서—그의 비난은 끊임없이 자기들의 죄의 분량을 채워 마침내 하나님의 진노가 당장이라도 벼락을 내릴 듯한 짙은 뇌운처럼 그들 머리 위에 드리워져 있다고 한 선언에서 그 절정에 이른다—그가 염두에 두고 있는 것은 이처럼 극단을 향해 치닫고 있는 그들의 배교임이 분명하며, 이러한 사실은 바울의 말이 이 배교를 가리킨다고 볼 수 있는 또 다른 근거를 제공한다.[7]

라이트풋(J. B. Lightfoot)은 데살로니가전서 2장 3-11절을 해석하면서 요한이 말하는 적그리스도와 바울이 말하는 불법의 사람 사이에 명백한 연관성이 있음을 확신한다. 그는 이렇게 쓴다. "이들에 대한 묘사에서 발견되는 가장 중요한 특징 가운데 하나는 그리스도와 그리스도의 대적의 유사점이다. 이들은 둘 다 '나타나며', 둘 다에게 '비밀'이라는 말이 쓰이고 있다. 이 같은 배경과 또 자기 숭배에 대한 4절의 묘사를 통해 보았을 때, 우리는 바울이 말하는 불법의 사람이 요한이 말하는 적그리스도와 동일 인물임을 확신할 수 있다."[8]

짐승

성경 어디에도 요한계시록의 '짐승'만큼 사악한 종말론적 인물에 대해 생생하게 묘사하는 곳은 없다.

> 내가 보니 바다에서 한 짐승이 나오는데 뿔이 열이요 머리가 일곱이라 그 뿔에는 열 왕관이 있고 그 머리들에는 신성모독 하는

이름들이 있더라 내가 본 짐승은 표범과 비슷하고 그 발은 곰의 발 같고 그 입은 사자의 입 같은데 용이 자기의 능력과 보좌와 큰 권세를 그에게 주었더라 그의 머리 하나가 상하여 죽게 된 것 같더니 그 죽게 되었던 상처가 나으매 온 땅이 놀랍게 여겨 짐승을 따르고 용이 짐승에게 권세를 주므로 용에게 경배하며 짐승에게 경배하여 이르되 누가 이 짐승과 같으냐 누가 능히 이와 더불어 싸우리요 하더라 또 짐승이 과장되고 신성모독을 말하는 입을 받고 또 마흔두 달 동안 일할 권세를 받으니라 짐승이 입을 벌려 하나님을 향하여 비방하되 그의 이름과 그의 장막 곧 하늘에 사는 자들을 비방하더라 또 권세를 받아 성도들과 싸워 이기게 되고 각 족속과 백성과 방언과 나라를 다스리는 권세를 받으니 죽임을 당한 어린양의 생명책에 창세 이후로 이름이 기록되지 못하고 이 땅에 사는 자들은 다 그 짐승에게 경배하리라 누구든지 귀가 있거든 들을지어다 사로잡힐 자는 사로잡혀 갈 것이요 칼에 죽을 자는 마땅히 칼에 죽을 것이니 성도들의 인내와 믿음이 여기 있느니라 내가 보매 또 다른 짐승이 땅에서 올라오니 어린양같이 두 뿔이 있고 용처럼 말을 하더라 그가 먼저 나온 짐승의 모든 권세를 그 앞에서 행하고 땅과 땅에 사는 자들을 처음 짐승에게 경배하게 하니 곧 죽게 되었던 상처가 나은 자니라 큰 이적을 행하되 심지어 사람들 앞에서 불이 하늘로부터 땅에 내려오게 하고 짐승 앞에서 받은 바 이적을 행함으로 땅에 거하는 자들을 미혹하며 땅에 거하는 자들에게 이르기를 칼에 상하였다가 살아난 짐승을 위하여 우상을 만들라 하더라 그가 권세를 받아 그 짐승의 우상에게 생기를 주어 그 짐승의 우상으로 말하게 하고 또 짐승의 우상에게 경배하지 아니하는 자는 몇이든지 다 죽이게 하더라 그가 모든 자 곧 작은 자나 큰 자나 부자나 가난한 자나 자유인이나 종들에게 그 오른손에나 이마에 표를 받게 하고 누구든지 이 표를 가진 자 외에는 매매를 못하게 하니 이 표는 곧 짐승의 이름이나 그 이름의 수라 지혜가 여기 있으니 총명한 자는 그 짐승의 수를 세어 보라 그것은 사람의 수니 그의 수는 육백육십육이니라 또 내가 보니 보라 어린양이 시온산에 섰고 그와 함께 십사만 사천이 서 있는데 그들의 이마에는 어린양의 이름과 그 아버지의 이름을 쓴 것이 있더라(계 13:1-14:1).

666이라는 무시무시한 암호로 알려진 이 짐승은 누구인가? 성경에서 이것만큼 사람들의 관심과 흥미를 끌었던 수수께끼는 아마도 없을 것이다. 이 수수께끼는 전 교회사를 통해 끊임없이 사람들의 사색에 불을 지폈으며, 그 결과 무수한 입장을 낳게 했다. 이 사람의 수는 '짐승의 표'로 불린다.

이 인물이 짐승 같은 모습을 하고 있지만 그의 정체는 인간이다. 벌카우어는 이렇게 말한다. "일반적으로 666이 사람의 수효라는 사실보다는 이 숫자에 담긴 수수께끼에 더 많은 관심을 기울여 왔다. 다시 말해, 이 짐승의 유인성(類人性)은 사

표 8.1

적그리스도

저자	내용	성경구절
요한	아이들아 지금은 마지막 때라 **적그리스도**가 오리라는 말을 너희가 들은 것과 같이 지금도 많은 적그리스도가 일어났으니 그러므로 우리가 마지막 때인 줄 아노라	요일 2:18
요한	이로써 너희가 하나님의 영을 알지니 곧 예수 그리스도께서 육체로 오신 것을 시인하는 영마다 하나님께 속한 것이요 예수를 시인하지 아니하는 영마다 하나님께 속한 것이 아니니 이것이 곧 **적그리스도**의 영이니라 오리라 한 말을 너희가 들었거니와 지금 벌써 세상에 있느니라	요일 4:1-4
바울	먼저 배교하는 일이 있고 저 **불법의 사람** 곧 **멸망의 아들**이 나타나기 전에는 그날이 이르지 아니하리니 그는 대적하는 자라 신이라고 불리는 모든 것과 숭배함을 받는 것에 대항하여 그 위에 자기를 높이고 하나님의 성전에 앉아 자기를 하나님이라고 내세우느니라	살후 2:3-4
바울	그때에 **불법한 자**가 나타나리니 주 예수께서 그 입의 기운으로 그를 죽이시고 강림하여 나타나심으로 폐하시리라 **악한 자**의 나타남은 사탄의 활동을 따라 모든 능력과 표적과 거짓 기적과	살후 2:8-9
요한	내가 보니 바다에서 한 **짐승**이 나오는데 뿔이 열이요 머리가 일곱이라 그 뿔에는 열 왕관이 있고 그 머리들에는 신성모독 하는 이름들이 있더라	계 13:1
요한	**짐승**에게 경배하여 이르되 누가 이 **짐승**과 같으냐 누가 능히 이와 더불어 싸우리요 하더라 또 **짐승**이 과장되고 신성모독을 말하는 입을 받고 또 마흔두 달 동안 일할 권세를 받으니라	계 13:4-5
요한	[**짐승**이] 또 권세를 받아 성도들과 싸워 이기게 되고 각 족속과 백성과 방언과 나라를 다스리는 권세를 받으니	계 13:7

실상 인간적인 것으로, 그는 사람들 가운데서 나와 자신을 하나님과 인간보다 우위에 두고 있다."[9]

요한계시록의 저작 시기에 대해 많은 글을 쓴 케네스 젠트리는[10] 이 짐승의 정체에 대해서도 완벽한 논문을 썼다.[11] 젠트리는 숫자가 666인 그 짐승은 인간으로서, 악마적인 존재나 철학 체계, 정치적 운동이나 제국 등 구체적이고 특정적인 인간 이외의 그 어떤 것도 아니라고 보는 점에서 벌카우어와 의견이 일치한다.

요한계시록 13장을 대충 읽는다 해도 적그리스도나 불법의 사람과 마찬가지로 이 짐승은 극단적으로 사악하고 사신적(邪神的)인 인물이라는 사실이 분명하게 드러난다. 젠트리는 이 짐승은 대단한 권세가 있으며(계 13:5, 7), 그의 머리에 열 개의 왕관을 쓰고 있는 것을 보아(계 13:1) 정치적인 인물임에 틀림없다고 덧붙인다. (그렇다고 해서 그 인물이 교회적 권위 이외에 정치적 권위까지 갖춘 종교적 인물일 가능성이 배제되는 것은 아니다. 사실 역사를 통틀어 시민적 권위와 교회적 권위가 서로 철저하게 분리된 적은 없었다.)

또 젠트리는 "그 이름의 수"(계 13:17)가 요한과 동시대인을 가리켜 말하는 것이 틀림없다고 주장한다. 젠트리의 이러한 주장은 주로 요한계시록의 시기(이에 대해서는 앞에서 이미 살펴보았다)에 기초하고 있다. 젠트리는 "이러한 원칙만으로도 주석가들의 주장 99퍼센트를 배제할 것"이라고 말한다.[12]

그는 이 짐승이 요한의 동시대인들 가운데 한 사람이라면 요한의 서신을 받은 사람들과 관련 있는 인물이라는 결론이 나온다고 말한다. 이렇게 볼 때 짐승의 정체는 그 범위가 점점 더 좁혀진다.

젠트리는 짐승에 대한 요한의 묘사가 포괄적인 이미지와 특정적인 이미지 사이를 오가고 있다고 보는 주석가들과 의견을 같이한다. 즉 한편으로 이 짐승은 머리가 일곱이라고 묘사되는데(계 13:1), 이것은 왕국이나 제국 등 집단적인 실체를 암시한다. 반면에 같은 문맥에서 이 짐승은 666이라는 불가사의한 숫자와 관련된 어떤 특징적인 존재로 그려진다(계 13:18).

젠트리는 요한계시록의 후반부에서 이 일곱 개의 머리가 일곱 개의 산을 가리키고 있다고 지적한다(계 17:9).

> 지혜 있는 뜻이 여기 있으니 그 일곱 머리는 여자가 앉은 일곱 산이요 또 일곱 왕이라 다섯은 망하였고 하나는 있고 다른 하나는 아직 이르지 아니하였으나 이르면 반드시 잠시 동안 머무르리라 전에 있었다가 지금 없어진 짐승은 여덟째 왕이니 일곱 중에 속한 자라 그가 멸망으로 들어가리라 네가 보던 열 뿔은 열 왕이니 아직 나라를 얻지 못하였으나 다만 짐승과 더불어 임금처럼 한동안 권세를 받으리라 그들이 한뜻을 가지고 자기의 능력과 권세를 짐승에게 주더라(계 17:9-13).

어떤 이들은 일곱 산이 있는 도시는 영적 음란으로 인해 바벨론이라 일컬어지는 예루살렘이라고 주장한다. 그러나 대다수의 주석가들은 그것이 일곱 언덕의 도시로 널리 알려진 또는 고대로부터 '셉티몬티움'(Septimontium)으로 불려진 로마를 가리킨다고 본다.

1세기의 인물

이러한 배경에서 젠트리는 그 짐승은 도미티우스 아헤노바르부스(Lucius Domitius Ahenobarbus)를 가리킨다고 결론짓는다. 일반적으로 이 사람은 네로라고 알려져 있다.[13]

젠트리는 폭력으로 얼룩진 네로의 일생을 개괄하는데, 네로는 자기 가족들을 살해하며, 결혼한 소년 네로를 거세하고, 임신한 자기 부인을 발로 차서 죽이는 등 야만적인 행위를 저질렀다고 한다. 역사가 수에토니우스(Suetonius)도 네로의 기괴한 행동에 대해 기록하고 있다. 한 예로 네로가 게임을 하나 고안했는데, 그에 따르면 네로가 어떤 짐승의 가죽을 뒤집어 쓰고 우리에서 나와 말뚝에 묶여 있는 남자와 여자들의 음부를 공격하는 것이었다.[14]

네로는 주후 54년에 황제의 권좌에 오른다. 그리고 네로가 일으킨 것으로 믿어지는 그 유명한 로마의 대화재 사건이 있던 주후 64년에 전 제국에 걸쳐 기독교 공동체에 대한 박해가 시작된다. 많은 사람들이 네로가 화재의 책임을 기독교인들에게 뒤집어씌워 그들을 박해한 것은 자기 행위에 대한 책임을 다른 데로 돌리려 한 교란책이었던 것으로 생각한다. 네로는 주후 68년에 자살하는데, 그의 나이 31세였다.

짐승의 출현은 "속히 일어날 일들"(계 1:1) 가운데 하나였으므로, 네로가 적어도 그 짐승의 역할을 할 후보 가운데 하나임에는 틀림없다. 고대 역사가들이 묘사하는 것처럼 네로는 유례없이 잔인하고 사악한 인물이었다. 고대의 많은 저자들은 네로의 야수적인 성격에 대해 서술했는데, 젠트리는 이를 다음과 같이 요약한다.

> 타키투스는…'죄 없는 이들을 셀 수 없을 정도로 많이 살해한' 네로의 '잔인한 본성'에 대해 말했다. 로마 역사가 플리니(Pliny the Elder)는…그를 '인류의 파괴자' '세상의 독'으로 묘사했다. 로마 풍자가 유베날(Juvenal)은…'네로의 무자비하고 잔학한 독재 정치'에 대해 말하며,…타나의 아폴로니우스는…네로가 특히 '짐승'으로 불렸다고 언급한다. "나는 지금껏 어느 누구도 다녀 보지 못했을 많은 곳으로 여행을 다니면서 아라비아와 인도에서 많은 짐승을 보았다. 그러나 보통 독재자라고 불리는 이 짐승에 대해서는 그것의 머리가 몇 개인지, 갈고리 발톱이 있는지 없는지, 무시무시한 송곳니가 있는지 없는지 모른다.…그리고 어떤 짐승이 자기 어미를 잡아먹었다는 이야기를 들어 본 사람은 없을 것이다. 그러나 네로라는 짐승은 자기 어머니를 잡

아먹었다."15

이처럼 사악한 본성에 비춰 볼 때 네로가 짐승을 빼닮았음을 알 수 있다. 하지만 네로에게 제기되는 가장 결정적인 문제는 그가 666이란 숫자와 어떤 관계가 있는가 하는 것이다. 고대 세계에서는 알파벳이 종종 계수 체계의 역할을 했다. 우리는 X, C, M, L 등의 알파벳이 숫자의 역할을 함을 알고 있다. 젠트리는 고대 세계에는 숫자 '암호'가 매우 널리 통용되었음을 지적한다. "이것을 그리스에서는 이솝세피아(isopsephia, 동등수), 유대에서는 기마트리야(gimatriya, 수리적인)라고 불렀다. 그래서 어떤 이름이든 그 이름을 이루는 모든 알파벳에 상당하는 수를 합함으로써 수값으로 환산할 수 있었다."16

젠트리는 계속해서 이렇게 말한다. "네로라는 이름의 히브리어 철자는 Nrwn Qsr['네론 카이사르'(Neron Caesar)로 발음된다]였다. 그리고 이것은 히브리어 철자에 따르면 정확하게 666이라는 수값이 나온다는 사실이 고고학적 발견에 의해 밝혀졌다. 마커스 재스트로(Marcus Jastrow)의 탈무드 사전에도 바로 이 철자가 실려 있다. 많은 성경 학자들은 이 명칭에 문제의 해결책이 담겨 있다고 생각한다. 당면한 쟁점에서 관련성이 가장 많아 보이는 이 황제가 우리가 요구하는 수와 정확하게 맞아떨어지는 이름을 갖고 있다는 사실이 놀랍지 않은가?"17

표 8.2

네로의 수

네로라는 이름의 히브리어 철자인 Nrwn Qsr의 수값은 666이다.

	히브리어	수값
N	נ	50
r	ר	200
w	ו	6
n	נ	50
Q	ק	100
s	ס	60
r	ר	200
	합계	666

    이 암호의 흥미로운 한 가지 측면은, 요한계시록의 다른 역본에 따르면 13장 18절의 수는 666이 아니라 616으로 읽힌다는 사실이다. 본문 분석가들은 이러한 변형이 필사자의 실수인지 아니면 최초의 유대인 독자들이 아니라 후대의 독자들에게 맞추기 위해 의도적으로 변형시킨 것인지 명확한 대답을 하지 못하고 있다. 본문 분석가로서 대단한 명성을 얻고 있는 브루스 메츠거(Bruce M. Metzger)는 이렇게 말한다. "네로의 그리스어식 이름인 네론 카이사르를 히브리 알파벳으로 표기하면(nrwn qsr) 666의 수값이 나오지만, 라틴어식으로 네로 카

이사르(Nero Caesar, nrw qsr)로 부르면 616이라는 수값이 나온다는 사실에 비추어 볼 때, 아마도 이러한 변형은 의도적이었던 것 같다."[18]

1세기 로마에서 황제 숭배가 실행되었음은 잘 알려진 사실이다. 주후 55년에는 네로의 동상이 로마의 마르스 신전에 세워졌다. 젠트리는 이렇게 말한다. "네로가 실제로 숭배를 받았다는 것이 에베소에서 발견된 비문을 통해 밝혀졌는데, 이 비문에서 그는 '전능자 하나님', '구세주'로 불리고 있다. 네로를 '하나님', '구세주'로 부르고 있는 비문은 살라미스, 키프로스 등지에서도 발견되었다.… 황제 숭배가 전 제국으로 확산되는 과정에서 칼리굴라와 네로는 황제 숭배를 조장하는 일을 조금도 주저하지 않았다. 칼리굴라와 네로는 아우구스투스의 직계 자손인 율리오 클라우디아누스(Julio-Claudians)에 해당하는 유일한 황제들로, 그들은 살아 있는 동안에도 신적 대우를 받으려 했다."[19]

우리는 이 문제를 어떻게 이해해야 하는가? 많은 학자들은 요한계시록의 짐승에 대한 언급을 먼 미래에 대한 예언으로 본다. 다른 학자들은 아직 정체가 명백하게 드러나지 않은 인물의 전형으로 네로를 지목한다. 그리고 이에 대한 주석가들의 입장은 종종 요한계시록의 기록 시기에 대한 각자의 견해에 의해 좌우된다. 설령 요한계시록의 기록 시기에 대한 젠트리의 주장이 옳다 하더라도, 예언의 일차적 성취와 이차적 성취라는 구도 속에서 이 짐승이 미래에 등장할 가능성은 여전히 남아 있는 것이다. 하지만 요한계시록에 예언된 사건들이 임박한 유대 국가의 심판과 예루살렘의 멸망에 대해 말하는 것이라면 굳이 그 같은 이중적인 구도가 필요하다고 할 수 있겠는가?

09
천년왕국은 언제 실현되는가?

The Last Days according to Jesus

내가 보니 예수를 증언함과 하나님의 말씀 때문에
목 베임을 당한 자들의 영혼들과
또 짐승과 그의 우상에게 경배하지 아니하고
그들의 이마와 손에 그의 표를 받지 아니한 자들이
살아서 그리스도와 더불어 천 년 동안 왕 노릇 하니.

요한계시록 20:4

요한계시록에는 광범위한 종말론적 탐구의 주제가 되었던 짤막한 대목이 하나 있다. 그것은 '천년왕국'에 대해 말하는 구절이다. 종말론에 대한 모든 사상 체계는 그 사상 체계 내에서 천년왕국이 어떤 위치를 차지하느냐를 기준으로 각각 구별되고 분류된다. 종말론적 견해들은 크게 다음과 같은 학파들로 범주화되어 왔다. 역사적 전천년설(historic premillennialism), 세대주의적 전천년설(dispensational premillennialism), 무천년설(amillennialism), 후천년설(postmillennialism), 완전 과거 종말론(full preterism, 또는 실현된 종말론)이다. 우리는 이 같은 다양한 종말론적 견해들이 내세우는 주요 입장들에 대한 요약을 살펴보고, 특히 완전 과거 종말론과 부분적 과거 종말론이 제기하는 문제점들에 대한 논의에 집중할 것이다.

천년왕국을 둘러싼 논쟁의 중심에 놓여 있는 구절은 요한계시록 20장 1-8절이다.

또 내가 보매 천사가 무저갱의 열쇠와 큰 쇠사슬을 그의 손에 가지고 하늘로부터 내려와서 용을 잡으니 곧 옛 뱀이요 마귀요 사탄이라 잡아서 천 년 동안 결박하여 무저갱에 던져 넣어 잠 그고 그 위에 인봉하여 천 년이 차도록 다시는 만국을 미혹하지 못하게 하였는데 그 후에는 반드시 잠깐 놓이리라 또 내가 보좌 들을 보니 거기에 앉은 자들이 있어 심판하는 권세를 받았더라 또 내가 보니 예수를 증언함과 하나님의 말씀 때문에 목 베임을 당한 자들의 영혼들과 또 짐승과 그의 우상에게 경배하지 아니 하고 그들의 이마와 손에 그의 표를 받지 아니한 자들이 살아서 그리스도와 더불어 천 년 동안 왕 노릇 하니 (그 나머지 죽은 자들 은 그 천 년이 차기까지 살지 못하더라) 이는 첫째 부활이라 이 첫 째 부활에 참여하는 자들은 복이 있고 거룩하도다 둘째 사망이 그들을 다스리는 권세가 없고 도리어 그들이 하나님과 그리스 도의 제사장이 되어 천 년 동안 그리스도와 더불어 왕 노릇 하 리라 천 년이 차매 사탄이 그 옥에서 놓여 나와서 땅의 사방 백 성 곧 곡과 마곡을 미혹하고 모아 싸움을 붙이리니 그 수가 바 다의 모래 같으리라(계 20:1-8).

천년왕국에 대한 여러 학설들(이들은 각각 그 자체로 하나의 종 말론 체계를 이룬다)을 간략하게 요약하면 다음과 같다.

1. 전천년설(Premillennialism)은 미래에 문자적 의미의 천년왕 국이 지상에 건설될 것인데, 그리스도의 재림으로 시작된다 고 가르친다. 접두사 pre-에는 그리스도가 천년왕국이 건설

되기 전에(before) 재림하시리라는 의미가 담겨 있다.

2. 무천년설(Amillennialism)은 문자적 의미의 천년왕국은 없다고 가르친다. 접두사 a-는 부정의 의미를 가진다.

3. 후천년설(Postmillennialism)은 천년왕국이 끝난 후에(after, post) 그리스도가 재림하실 것이라고 가르친다.

이같이 pre-, a-, post-의 간단한 접속사는 천년왕국과 그리스도의 재림 사이에 시간적 상관 관계를 설정하는 데 도움이 된다. 하지만 이것만으로는 그 밖의 입장들을 충분히 설명하지 못한다는 약점도 있다. 그것은 단지 연대표(chronology)가 아니라 하나님 나라의 본질(nature)이기 때문이다. 천년왕국에 대한 입장이 어떠한가에 따라 역사관이 낙관적일 수도 있고 비관적일 수도 있으며, 교회가 자신의 사명을 수행하는 전략에도 차이가 생기게 된다. 이렇게 볼 때 천년왕국에 대한 여러 입장들을 더욱 자세히 고찰할 필요가 있다.

무천년설

개혁주의 신학이 종말론 체계에 대해 완전한 의견 통일을 이루지는 못했지만, 개혁주의 사상가들 대다수는 무천년설을 지지한다. 안토니 후크마(Anthony A. Hoekema)는 무천년설의 입장을 다음과 같이 서술한다.

무천년주의자들은 요한계시록 20장 4-6절에 언급된 천년왕국은 죽은 신자들의 영혼이 하늘에서 그리스도와 함께 현재 통치하고 있음을 묘사한 것이라고 해석한다. 그들은 요한계시록 20장의 첫 세 구절에서 말하는 사탄의 결박도 그리스도의 초림과 재림 사이의 전 기간에 걸쳐 진행되는 것으로 이해한다.…

더 나아가 무천년주의자들은 승리하신 그리스도가 말씀과 성령으로 자기 백성을 다스리심에 따라 하나님 나라가 현재 이 세상에 임하고 있다고 주장한다. 또한 그들은 미래의 영광스럽고 완전한 나라가 새 세상, 새 땅에 건설될 것도 기대한다.… 세상이 끝날 때까지 하나님 나라와 나란히 악의 나라도 계속 존재할 것이다. …

소위 '시대의 징조들'은 그리스도의 초림 이후 이 세계에 계속 존재해 왔다. 하지만 그 징조들은 그리스도의 재림 직전이 되면 마지막으로 더욱 강렬하게 나타날 것이다. 그러므로 무천년주의자들은 그리스도가 재림하시기 전에 복음이 온 민족에게 전파되며, 이스라엘 민족의 총체적인 회개가 이루어질 것이라고 내다본다. 또한 그리스도의 재림 전에는 적그리스도가 한 인격체로 등장할 뿐만 아니라, 환난과 배교가 그 강도를 더할 것이라고 예상한다.[1]

케네스 젠트리는 무천년설의 특징을 이렇게 요약한다.

1. 신약 교회가 하나님의 백성 이스라엘이 됨에 따라 교회 시대는 곧 구약이 예언한 하나님 나라의 시대가 된다.
2. 예수님이 지상에서 사역을 수행하시는 동안 사탄은 결박당했으며, 복음이 전 세계에 전파될 때까지 힘을 쓸 수 없게 되었다.
3. 그리스도가 현재 신자들의 한가운데서 다스리시는 동안은 그들이 믿음에 따라 산다면 문화에 일정한 영향력을 끼치게 된다.
4. 종말이 점점 더 가까이 다가옴에 따라 악은 더 빠른 속도로 확장될 것이며, 그 결과 대환난이 일어나고 적그리스도가 출현하게 될 것이다.
5. "그리스도는 재림하여 역사를 종결시키고, 모든 인간을 부활시켜 심판하시며 영원한 새 질서를 확립하실 것이다. 구원받은 이들은 하늘 또는 완전히 새로워진 새 땅에서 영원히 살게 될 것이다."[2]

세대주의적 전천년설

비교적 최근의 종말론 체계라 할 수 있는 세대주의는 19세기

초 영국에서 처음 등장했다. 그리고 1909년에 출간된 『스코필드 관주성경』(Scofield Reference Bible)의 광범위한 영향으로 전 세계에 확산되었다. 그 결과 세대주의는 우리 시대 복음주의 그리스도인들 사이에서 중심적 입장이 되었다.

찰스 라이리(Charles Caldwell Ryrie)는 세대주의적 전천년설을 다음과 같이 개괄한다.

> 전천년주의자들은 자신들의 입장이 교회가 지지하는 전통적 신념이라고 믿는다. 그들은 성경을 문자적으로 해석해야 한다고 주장하면서 하나님께서 아브라함과 다윗에게 하신 약속들은 무조건적인 것으로 문자적으로 성취되어 왔으며, 앞으로도 그럴 것이라고 믿는다. 이스라엘에게 주신 이 약속들은 어떤 의미에서라도 교회에 의해 폐기되거나 완성되었다고 할 수 없으며, 교회는 이스라엘과는 뚜렷이 구별되는 실체로서 이스라엘과는 다른 약속과 운명을 갖는다.
>
> 전천년주의자들은 또 이 시대가 끝나면 그리스도가 자신의 교회를 위해 다시 돌아와 공중에서 그들을 영접할 것인데(이것은 그리스도의 재림이 아니다), 휴거라 불리는 이 사건을 신호로 지상에 7년 간의 대환난이 도래하게 된다. 이후에 주님이 이 땅에 돌아와(이것이 그리스도의 재림이다) 지상에 천 년 동안 그분의 나라를 세우실 것이며, 이 기간에 이스라엘에게 주신 약속들이 성취될 것이다.[3]

젠트리는 세대주의적 전천년설의 핵심 주장들을 다음과 같이 요약한다.

1. 그리스도는 1세기 유대인들에게 다윗의 나라를 제공하셨다. 그러나 그들은 거부했고, 그 나라는 미래로 연기되었다.
2. 현재의 교회 시대는 구약의 선지자들은 알지 못했던 하나의 '괄호'다.
3. 하나님께서 교회와 이스라엘을 향해 구상하신 계획은 각각 다르다.
4. 교회는 궁극적으로는 이 세계에서 영향력을 상실할 것이며, 교회 시대가 끝날 무렵이 되면 타락하고 배교하게 될 것이다.
5. 그리스도는 대환난이 있기 전에 그의 성도들을 휴거시키기 위해 은밀하게 돌아오실 것이다.
6. 대환난 후에 그리스도는 이 땅에 돌아와 예루살렘에 기반을 둔 정치적 유대 왕국을 천 년 동안 다스리실 것이다. 사탄이 결박되고, 성전이 재건되며, 제사 제도가 부활할 것이다.
7. 천년왕국이 끝날 때쯤이면 사탄이 풀려나고 그리스도는 예루살렘에서 공격을 받게 될 것이다.
8. 그리스도는 하늘로부터 심판을 불러내려 그분의 원수들을 파멸시킬 것이다. 악인들의 (두 번째) 부활과 그들에 대한 심판이 이루어짐으로 영원한 새 질서가 개시될 것이다.[4]

역사적 전천년설

우리 시대에서 가장 주목받는 역사적 전천년설 지지자는 조지 래드(George Eldon Ladd)일 것이다. 래드는 『신약 신학』(A Theology of the New Testament), "역사적 전천년설"(Historic Premillennialism), 『복된 소망』(The Blessed Hope)[5]에서 이 주제를 광범위하게 다루었다. 그는 『복된 소망』에서 세대주의에 대해 의미심장한 비평을 하며, 세대주의와 역사적 전천년설의 차이점을 역사적으로 조망하고 있다. 래드의 주장은 다음과 같다.

"초대교회 교부들은 성경에서 대환난 전 휴거라는 개념을 찾은 적이 없다. 그들은 미래주의자이자 전천년주의자들이었지만 대환난 전 휴거주의자들은 아니었다. 이것은 자연히 대환난 전 휴거설과 전천년설이 동일한 것이 아니며 복된 소망은 대환난 전 휴거에 대한 소망이 아님을 말해 준다. 대환난 전 휴거설은 플리머스 형제단(Plymouth Brethren)이 등장하여 이를 제기하기 전에는 알려지지 않았던 학설이다.…복된 소망의 어휘에는 한편으로는 은밀하고 다른 한편으로는 영광스러운 그리스도의 재림이라는 것 이외의 의미는 없다."[6]

표 9.1

천년왕국설의 대변자들

무천년설	후천년설	
제이 E. 아담스	오스왈드 T. 앨리스	J. 그레샴 메이첸
G. C. 벌카우어	아타나시우스	조지 C. 밀러딘
루이스 벌코프	아우구스티누스	이안 H. 머레이
윌리엄 헨드릭슨	그레그 L. 반센	존 머레이
안토니 후크마	장 칼뱅	게리 노스
아브라함 카이퍼	로버트 루이스 다브니	존 오웬
브루스 K. 월키	존 제퍼슨 데이비스	R. J. 러쉬두니
에드워드 J. 영	조나단 에드워즈	W. G. T. 셰드
	유세비우스	아우구스투스 스트롱
	A. A. 핫지	J. H. 손웰
	찰스 핫지	B. B. 워필드
	J. 마셀러스 킥	

세대주의적 전천년설		역사적 전천년설
글리슨 L. 아처	J. 드와이트 펜티코스트	W. J. 에드먼
도널드 G. 반하우스	찰스 라이리	프레드릭 L. 고데트
루이스 스페리 셰퍼	존 F. 월부어	이레나이우스
J. N. 다비		순교자 저스틴
M. R. 디한		조지 엘든 래드
찰스 L. 파인버그		파피아스
노먼 L. 가이슬러		J. 바튼 페인
해리 A. 아이언사이드		터툴리안
월터 C. 카이저		R. A. 토레이
핼 린지		테오도르 잔

래드는 계속해서 말한다.

마지막으로 우리는 다음과 같이 결론을 내리게 된다. 대환난 전 휴거라는 적절하지 않은 문제에 관심을 쏟음으로써 복된 소망과 관련된 더 중요하고 결정적인 쟁점을 도외시하는 경향을 유발하게 되었다. 그 같은 교리는 복된 소망을 정결하게 하는 효력을 보존하는 데 도움이 되지 못한다. 또한 정결하게 하는 소망이 가지고 있는 가장 근본적인 요소를 오해하게 하는 경향이 있다. 그것은 세계 복음화를 자극하는 가장 강력한 동기 가운데 하나를 희생시킨다. 성경에서 발견할 수 있는 소망의 자세는 그리스도가 언제든지 오실 수 있다는 말씀과는 다른 것이다. 그것은 복된 소망의 본질을 그리스도와의 연합이 아니라, 고난으로부터의 도피로 잘못 정의함으로서 적그리스도가 나타날 때 교회로 하여금 대환난에 무방비 상태로 내버려 두는 위험에 빠질 수 있게 한다. 또 대환난 전 휴거설은 전천년 종말론의 핵심 요소가 아니다.[7]

젠트리는 역사적 전천년설의 요점을 다음과 같이 일곱 가지로 정리한다.

1. 신약 시대의 교회는 구약 선지자들이 예언한 그리스도의 나라의 시작이다.

2. 신약 교회는 역사 속에서 승리할 때도 있지만 궁극적으로는 자신의 사명을 완수하는 데 실패하여 영향력을 상실할 것이며, 교회 시대가 끝날 무렵 악이 전 세계적으로 확산됨에 따라 타락하게 된다.
3. 교회는 장래 전 세계에 걸친 전무후무한 환난의 시기를 맞이할 것이다. 이 시기는 대환난으로 알려져 있으며 이로써 당대의 역사가 종료될 것이다.
4. 대환난이 끝나면 그리스도가 재림하여 교회를 휴거시키고 주님의 성도들을 부활시키며, '눈 깜짝할 사이에' 의인들에 대한 심판을 수행할 것이다.
5. 다음으로 그리스도는 영화롭게 된 자기 성도들과 더불어 이 땅으로 내려와 아마겟돈 전쟁을 수행하여 사탄을 결박하고 전 세계적인 정치적 왕국을 수립할 것인데, 이 왕국은 그리스도가 예루살렘을 중심으로 친히 천 년 동안 통치하실 것이다.
6. 천 년 통치가 끝나면 사탄이 풀려나 그리스도의 왕국에 대한 대규모의 반란이 이루어지고 그리스도와 그분의 성도들이 맹렬한 공격을 받게 될 것이다.
7. 하나님께서 불의 심판으로 개입하셔서 그리스도와 성도들을 구출하실 것이다. 악인들의 부활과 심판이 이루어지고 영원한 새 질서가 개시될 것이다.[8]

후천년설

오늘날 후천년설 지지자 가운데 한 사람인 젠트리는 이 학설의 몇 가지 특징에 대해 이렇게 말한다. 첫째, 구약 예언의 성취로 메시아 왕국이 그리스도의 지상 사역 기간에 이 땅에 건설되었다. 여기서 신약 교회는 바울이 갈라디아서 6장 16절에서 말하는 것처럼 변형된 이스라엘, 즉 '하나님의 이스라엘'이 된다.

둘째, 이 왕국은 본질적으로 정치적이고 물리적이라기보다는 구속적이고 영적이다.

셋째, 이 왕국은 역사 속에서 사회·문화를 변화시키는 영향력을 발휘한다. 젠트리는 그레그 반센(Greg L. Bahnsen)의 말을 다음과 같이 인용한다. "후천년설이 가지고 있는 본질적인 차별성은 현세대에서 복음과 교회가 번성할 것이라는, 성경에 기반을 둔 확고한 기대에 있다."[9]

넷째, 그리스도의 왕국은 이 땅의 역사 속에서 점진적으로 확장될 것이다. 그리스도가 이 땅에 육체적으로 임재하시지는 않지만 그분의 왕적 권세로서 이루어진다.

다섯째, 그리스도의 지상 명령이 성공을 거둘 것이다. 젠트리는 또다시 반센의 말을 인용한다. "성경적 후천년설을 무천년설 및 전천년설로부터 구별 짓게 하는 것은, 후천년설은 성경이 현재의 교회 시대에 지상 명령이 성공을 거둘 것이라고 가르친다는 믿음에 있다."¹⁰ 여기에는 국가들이 실질적으로 기독교를 국교로 받아들일 것이라는 기대도 담겨 있다.

이 시점에서 젠트리는 현대 후천년주의자들의 두 부류, 즉 경건주의적 후천년주의자들(pietistic postmillennialists)과 신법적 후천년주의자들(theonomic postmillennialists) 간의 구별을 중시한다. 이 두 부류의 기본적인 차이는 성경적 원리의 적용 여부를 둘러싸고 발생한다. 젠트리는 이렇게 말한다. "경건주의적 후천년주의자들은 (Banner of Truth 계열에서 발견되는 것처럼) 그리스도의 나라의 후천년적 진보에는 성경의 원리가 적용됨으로 이루어지는 인류 문화의 총체적 변혁은 포함되지 않는다고 본다. 반면에 신법적 후천년주의자들은 이를 긍정한다."¹¹

여섯째, 영적 부활은 천 년 간 지속되며, 그 후에는 그리스도가 인격적, 가시적, 육체적으로 재림하셔서 역사가 종결될 것이다. 그분의 재림과 함께 문자적인 의미의 죽은 자들의 부활과 대심판이 이루어지고 이로써 궁극적이고 영원한 하나님 나라가 열리게 된다.

그 밖의 차이점

천년왕국에 대한 여러 학파들 사이에서 나타나는 차이점은 천년왕국에 대한 이해에만 국한되지 않는다. 그들의 차이는 체계적인 것이며, 종말론의 모든 측면에까지 미친다. 그리고 어떤 형태의 과거 종말론은 모든 학파 속에 편입될 수 있다고 볼 수 있다. 한 가지 예외가 있다면, 세대주의—물론 일부 수정된 형태는 가능하지만—를 들 수 있다.

부분적 과거 종말론은 경건주의적 후천년설과 신법적 후천년설 그 어디에도 편입될 수 있다. 즉 신법적 후천년설의 진영에 소속되어야만 부분적 과거 종말론을 수용할 수 있는 것은 아니다. 신법적(theonomic)이란 용어는 오늘날의 칼뱅주의 계열 내의 한 사상적 분파로서 구약의 율법이 현대 문화에 적용된다고 보는 견해를 가리킨다. 그러나 넓은 의미에서 본다면 모든 칼뱅주의자들은 '신법적'이며, 더 넓은 의미에서 본다면 모든 그리스도인들이 신법적이라고 할 수 있을 것이다.

신법주의(theonomy)라는 말의 어원적 의미는 '하나님의 법에 의한 지배'(rule by the law of God)다. 어떤 의미에서 모든 그리스도인은 하나님의 법이 모든 피조세계를 지배한다는 사실에 동의한다. 하지만 구약의 율법이 기독교인들의 삶에 지금도 효력을 발휘한다고 하는 칼뱅주의의 주장은 기독교인들 모두가 동의하지는 않는다. 칼뱅이 말한 저 유명한 율법의 삼중 효용 가운데 "도덕법은 그리스도인들의 삶에도 지속적인 효력을 발휘한다"는 율법의 세 번째 효용에 대해 복음주의자들 사이에서도 여전히 뜨거운 논쟁이 되고 있다. 율법의 세 번째 효용(tertius usus)을 부인하는 복음주의자들—특히 세대주의 진영 내의 복음주의자들—은 신법 지배를 분명하게 부인한다.

구약의 율법은 어떤 의미에서도 그리스도인들에게 구속력을 갖지 못한다는 소위 반율법주의가 널리 받아들여지고 있다. 반율법주의의 문제는 현대 기독교에 심각한 위협이 되고 있다. 이 같은 견해에 맞서 모든 칼뱅주의자들은 구약의 도덕법은 지속적으로 타당성과 효용성이 있다고 주장한다. 사실 좁은 의미에서 신법 지배를 주제로 하는 논쟁은 구약의 율법을 부정하는 쪽보다는 존중하는 칼뱅주의자들 사이에서 이루어지는 것으로, 젠트리가 지적하는 바와 같이 후천년설의 핵심은 아니다.

천년왕국에 대한 여러 입장들 사이에 나타나는 또 다른 주요 차이점은 미래를 바라보는 관점이다. 후천년설은 역사와 문화에 끼치는 복음의 영향력이란 점에서 가장 낙관적이다. 20세기 말의 역사를 조망해 보았을 때 교회가 이 세상에서 영향력을 행사하고 있다고 평가하는 것은 다소 낙관적인 생각으로 보일 수 있다. 이 같은 의혹은 현시대를 '후 기독교 시대'(post-christian era)라고 보는 사회학자, 역사학자들의 진단에 비추어 볼 때 더욱 짙어진다. 하지만 성경이 말하는 유일한 후 기독교 시대는 영원뿐이며, 이것을 굳이 교회사의 한 시대로 분류하자면 '후'(post)가 될 수도 있지만 그것을 기독교적

(Christian)이라고 할 수는 없는 것이다. 미래는 그리스도의 왕국으로 하나님 백성의 것이기 때문이다.

이와 달리 일부 칼뱅주의자들은 가까운 미래에, 그리고 심지어는 그리스도가 다시 오시기 전까지 과연 복음이 문화에 영향력을 행사할 수 있을 것인가에 대해 비관적일 수 있다. 하지만 적어도 그리스도와 복음의 궁극적인 승리에 대해서라면 어떤 칼뱅주의자도 비관주의자가 될 수 없다.

결론

이 책의 목적은 과거 종말론—완전 과거 종말론과 부분적 과거 종말론—의 다양한 주장들을 검토하고 평가하는 데 있다. 과거 종말론이 기여한 큰 공헌은 두 가지 중요한 주제로 우리 주의를 환기시켰다는 사실에 있다. 그 하나는 종말론적 예언에 대한 신약성경의 기간 언급이다. 과거 종말론은 이 같은 시기에 대한 언급이 갖고 있는 의미를 과소평가하거나 이를 외면하려는 경박하고 피상적인 시도들에 맞서는 파수병이라고 할 수 있다.

두 번째 중요한 주제는 예루살렘의 멸망이다. 이 사건으로 구속사에서 결정적인 한 시대가 종말을 고했음은 분명한 사실이다. 틀림없이 그것은 어떤 시대의 종말로 간주되어야 할 것이다. 이것은 또한 하나님께서 심판을 통해 이스라엘을 돌아보신 하나의 중요한 사건이며, 절대적으로 중요한 '주님의 날'(day of the Lord)이다. 이것이 성경이 말하는 유일한 주님의 날인지 그렇지 않은지는 과거 종말론자들 사이에서도 주요 논쟁거리로 남아 있다.

완전 과거 종말론의 큰 약점은—나는 이것을 치명적인 결점으로 여긴다—최후의 부활에 대한 해석에 있다. 완전 과거 종말론이 우리 시대에 폭넓은 지지를 얻으려면 이 같은 장애를 극복해야 할 것이다.

한편 부분적 과거 종말론에 대해 말할 때, 케네스 젠트리는 그의 탁월한 저작을 통해 요한계시록이 기록된 시점에 대해 재고하게 되었다. 요한계시록이 주후 70년 이전에 기록되었다고 한 그의 주장이 옳다면, 요한계시록의 내용과 초점에 대한 기존의 이해에 전면적인 수정이 이루어져야 할 것이다.

기독교 내에서 종말론을 둘러싼 의견이 분분한 것은 미래에 대한 예언이 그 주제와 문학적 장르에서 대단히 난해하다는 사실을 고려할 때 충분히 이해할 만한 일이다. 하지만 그렇다고 해서 성경을 옆으로 밀쳐놓거나 종말론에 관련된 부분은 외면해도 좋다는 말은 아니다. 종말론이란 주제가 제기하는 해석상의 어려움은 우리로 하여금 그러한 문제를 해결하기 위해 더욱 끈기 있게 노력하도록 자극한다.

이 책을 통해 내내 지적한 바와 같이, 종말론 논쟁에서 내가 관심을 쏟았던 것 가운데 하나는 바로 성경의 권위다. 무오한 하나님의 말씀인 성경은 그 가르침을 무시하거나 소홀히 하려는 그 어떤 시도도 용납하지 않는다. 복음주의자들은 성경에서 신적 권위를 제거하려 하고 사도들의 증언과 심지어는 그리스도의 진정성에 공격을 가하는 회의주의의 거센 목소리에 귀를 막아서는 안 된다. 우리는 신약성경의 시기 언급에 대해 회의주의자들이 던지는 비판을 진지하게 받아들여야 하며, 그들에게 자신 있게 대답할 수 있어야 한다.

부록 1
마태복음의 감람산 강화

예수께서 성전에서 나와서 가실 때에 제자들이 성전 건물들을 가리켜 보이려고 나아오니 대답하여 이르시되 너희가 이 모든 것을 보지 못하느냐 내가 진실로 너희에게 이르노니 돌 하나도 돌 위에 남지 않고 다 무너뜨려지리라

예수께서 감람산 위에 앉으셨을 때에 제자들이 조용히 와서 이르되 우리에게 이르소서 어느 때에 이런 일이 있겠사오며 또 주의 임하심과 세상 끝에는 무슨 징조가 있사오리이까

예수께서 대답하여 이르시되 너희가 사람의 미혹을 받지 않도록 주의하라 많은 사람이 내 이름으로 와서 이르되 나는 그리스도라 하여 많은 사람을 미혹하리라 난리와 난리 소문을 듣겠으나 너희는 삼가 두려워하지 말라 이런 일이 있어야

하되 아직 끝은 아니니라 민족이 민족을, 나라가 나라를 대적하여 일어나겠고 곳곳에 기근과 지진이 있으리니 이 모든 것은 재난의 시작이니라

그때에 사람들이 너희를 환난에 넘겨 주겠으며 너희를 죽이리니 너희가 내 이름 때문에 모든 민족에게 미움을 받으리라 그때에 많은 사람이 실족하게 되어 서로 잡아 주고 서로 미워하겠으며 거짓 선지자가 많이 일어나 많은 사람을 미혹하겠으며 불법이 성하므로 많은 사람의 사랑이 식어지리라 그러나 끝까지 견디는 자는 구원을 얻으리라 이 천국 복음이 모든 민족에게 증언되기 위하여 온 세상에 전파되리니 그제야 끝이 오리라

그러므로 너희가 선지자 다니엘이 말한 바 멸망의 가증한 것이 거룩한 곳에 선 것을 보거든 (읽는 자는 깨달을진저) 그때에 유대에 있는 자들은 산으로 도망할지어다 지붕 위에 있는 자는 집 안에 있는 물건을 가지러 내려가지 말며 밭에 있는 자는 겉옷을 가지러 뒤로 돌이키지 말지어다 그날에는 아이 밴 자들과 젖 먹이는 자들에게 화가 있으리로다 너희가 도망하는 일이 겨울에나 안식일에 되지 않도록 기도하라

이는 그때에 큰 환난이 있겠음이라 창세로부터 지금까지 이런 환난이 없었고 후에도 없으리라 그날들을 감하지 아니하면 모든 육체가 구원을 얻지 못할 것이나 그러나 택하신 자들을 위하여 그날들을 감하시리라

예수의 종말론

그때에 사람이 너희에게 말하되 보라 그리스도가 여기 있다 혹은 저기 있다 하여도 믿지 말라 거짓 그리스도들과 거짓 선지자들이 일어나 큰 표적과 기사를 보여 할 수만 있으면 택하신 자들도 미혹하리라 보라 내가 너희에게 미리 말하였노라 그러면 사람들이 너희에게 말하되 보라 그리스도가 광야에 있다 하여도 나가지 말고 보라 골방에 있다 하여도 믿지 말라 번개가 동편에서 나서 서편까지 번쩍임같이 인자의 임함도 그러하리라 주검이 있는 곳에는 독수리들이 모일 것이니라

그날 환난 후에 즉시 해가 어두워지며 달이 빛을 내지 아니하며 별들이 하늘에서 떨어지며 하늘의 권능들이 흔들리리라 그때에 인자의 징조가 하늘에서 보이겠고 그때에 땅의 모든 족속들이 통곡하며 그들이 인자가 구름을 타고 능력과 큰 영광으로 오는 것을 보리라 그가 큰 나팔 소리와 함께 천사들을 보내리니 그들이 그의 택하신 자들을 하늘 이 끝에서 저 끝까지 사방에서 모으리라

무화과나무의 비유를 배우라 그 가지가 연하여지고 잎사귀를 내면 여름이 가까운 줄을 아나니 이와 같이 너희도 이 모든 일을 보거든 인자가 가까이 곧 문 앞에 이른 줄 알라 내가 진실로 너희에게 말하노니 이 세대가 지나가기 전에 이 일이 다 일어나리라 천지는 없어질지언정 내 말은 없어지지 아니하리라

그러나 그날과 그때는 아무도 모르나니 하늘의 천사들도,

아들도 모르고 오직 아버지만 아시느니라 노아의 때와 같이 인자의 임함도 그러하리라 홍수 전에 노아가 방주에 들어가던 날까지 사람들이 먹고 마시고 장가 들고 시집 가고 있으면서 홍수가 나서 그들을 다 멸하기까지 깨닫지 못하였으니 인자의 임함도 이와 같으리라 그때에 두 사람이 밭에 있으매 한 사람은 데려가고 한 사람은 버려둠을 당할 것이요 두 여자가 맷돌질을 하고 있으매 한 사람은 데려가고 한 사람은 버려둠을 당할 것이니라

    그러므로 깨어 있으라 어느 날에 너희 주가 임할는지 너희가 알지 못함이니라 너희도 아는 바니 만일 집주인이 도둑이 어느 시각에 올 줄을 알았더라면 깨어 있어 그 집을 뚫지 못하게 하였으리라 이러므로 너희도 준비하고 있으라 생각하지 않은 때에 인자가 오리라

    충성되고 지혜 있는 종이 되어 주인에게 그 집 사람들을 맡아 때를 따라 양식을 나눠 줄 자가 누구냐 주인이 올 때에 그 종이 이렇게 하는 것을 보면 그 종이 복이 있으리로다 내가 진실로 너희에게 이르노니 주인이 그의 모든 소유를 그에게 맡기리라

    만일 그 악한 종이 마음에 생각하기를 주인이 더디 오리라 하여 동료들을 때리며 술친구들과 더불어 먹고 마시게 되면 생각하지 않은 날 알지 못하는 시각에 그 종의 주인이 이르러 엄히 때리고 외식하는 자가 받는 벌에 처하리니 거기서 슬피

울며 이를 갈리라

그때에 천국은 마치 등을 들고 신랑을 맞으러 나간 열 처녀와 같다 하리니 그중의 다섯은 미련하고 다섯은 슬기 있는 자라 미련한 자들은 등을 가지되 기름을 가지지 아니하고 슬기 있는 자들은 그릇에 기름을 담아 등과 함께 가져갔더니

신랑이 더디 오므로 다 졸며 잘새 밤중에 소리가 나되 보라 신랑이로다 맞으러 나오라 하매 이에 그 처녀들이 다 일어나 등을 준비할새

미련한 자들이 슬기 있는 자들에게 이르되 우리 등불이 꺼져가니 너희 기름을 좀 나눠 달라 하거늘

슬기 있는 자들이 대답하여 이르되 우리와 너희가 쓰기에 다 부족할까 하노니 차라리 파는 자들에게 가서 너희 쓸 것을 사라 하니

그들이 사러 간 사이에 신랑이 오므로 준비하였던 자들은 함께 혼인 잔치에 들어가고 문은 닫힌지라 그 후에 남은 처녀들이 와서 이르되 주여 주여 우리에게 열어 주소서 대답하여 이르되 진실로 너희에게 이르노니 내가 너희를 알지 못하노라 하였느니라 그런즉 깨어 있으라 너희는 그날과 그때를 알지 못하느니라

또 어떤 사람이 타국에 갈 때 그 종들을 불러 자기 소유를 맡김과 같으니 각각 그 재능대로 한 사람에게는 금 다섯 달란트를, 한 사람에게는 두 달란트를, 한 사람에게는 한 달란트를

주고 떠났더니

　다섯 달란트 받은 자는 바로 가서 그것으로 장사하여 또 다섯 달란트를 남기고 두 달란트 받은 자도 그같이 하여 또 두 달란트를 남겼으되 한 달란트 받은 자는 가서 땅을 파고 그 주인의 돈을 감추어 두었더니

　오랜 후에 그 종들의 주인이 돌아와 그들과 결산할새 다섯 달란트 받았던 자는 다섯 달란트를 더 가지고 와서 이르되 주인이여 내게 다섯 달란트를 주셨는데 보소서 내가 또 다섯 달란트를 남겼나이다

　그 주인이 이르되 잘하였도다 착하고 충성된 종아 네가 적은 일에 충성하였으매 내가 많은 것을 네게 맡기리니 네 주인의 즐거움에 참여할지어다 하고

　두 달란트 받았던 자도 와서 이르되 주인이여 내게 두 달란트를 주셨는데 보소서 내가 또 두 달란트를 남겼나이다

　그 주인이 이르되 잘하였도다 착하고 충성된 종아 네가 적은 일에 충성하였으매 내가 많은 것을 네게 맡기리니 네 주인의 즐거움에 참여할지어다 하고

　한 달란트 받았던 자는 와서 이르되 주인이여 당신은 굳은 사람이라 심지 않은 데서 거두고 헤치지 않은 데서 모으는 줄을 내가 알았으므로 두려워하여 나가서 당신의 달란트를 땅에 감추어 두었었나이다 보소서 당신의 것을 가지셨나이다

　그 주인이 대답하여 이르되 악하고 게으른 종아 나는 심

지 않은 데서 거두고 헤치지 않은 데서 모으는 줄로 네가 알았느냐 그러면 네가 마땅히 내 돈을 취리하는 자들에게나 맡겼다가 내가 돌아와서 내 원금과 이자를 받게 하였을 것이니라 하고

그에게서 그 한 달란트를 빼앗아 열 달란트 가진 자에게 주라 무릇 있는 자는 받아 풍족하게 되고 없는 자는 그 있는 것까지 빼앗기리라 이 무익한 종을 바깥 어두운 데로 내쫓으라 거기서 슬피 울며 이를 갈리라 하니라

인자가 모든 천사와 함께 올 때 인자가 자기 영광으로 모든 천사와 함께 올 때에 자기 영광의 보좌에 앉으리니 모든 민족을 그 앞에 모으고 각각 구분하기를 목자가 양과 염소를 구분하는 것같이 하여 양은 그 오른편에 염소는 왼편에 두리라

그때에 임금이 그 오른편에 있는 자들에게 이르시되 내 아버지께 복 받을 자들이여 나아와 창세로부터 너희를 위하여 예비된 나라를 상속받으라 내가 주릴 때에 너희가 먹을 것을 주었고 목마를 때에 마시게 하였고 나그네 되었을 때에 영접하였고 헐벗었을 때에 옷을 입혔고 병들었을 때에 돌보았고 옥에 갇혔을 때에 와서 보았느니라

이에 의인들이 대답하여 이르되 주여 우리가 어느 때에 주께서 주리신 것을 보고 음식을 대접하였으며 목마르신 것을 보고 마시게 하였나이까 어느 때에 나그네 되신 것을 보고 영접하였으며 헐벗으신 것을 보고 옷 입혔나이까 어느 때에 병

드신 것이나 옥에 갇히신 것을 보고 가서 뵈었나이까 하리니

　임금이 대답하여 이르시되 내가 진실로 너희에게 이르노니 너희가 여기 내 형제 중에 지극히 작은 자 하나에게 한 것이 곧 내게 한 것이니라 하시고

　또 왼편에 있는 자들에게 이르시되 저주를 받은 자들아 나를 떠나 마귀와 그 사자들을 위하여 예비된 영원한 불에 들어가라 내가 주릴 때에 너희가 먹을 것을 주지 아니하였고 목마를 때에 마시게 하지 아니하였고 나그네 되었을 때에 영접하지 아니하였고 헐벗었을 때에 옷 입히지 아니하였고 병들었을 때와 옥에 갇혔을 때에 돌보지 아니하였느니라 하시니

　그들도 대답하여 이르되 주여 우리가 어느 때에 주께서 주리신 것이나 목마르신 것이나 나그네 되신 것이나 헐벗으신 것이나 병드신 것이나 옥에 갇히신 것을 보고 공양하지 아니하더이까

　이에 임금이 대답하여 이르시되 내가 진실로 너희에게 이르노니 이 지극히 작은 자 하나에게 하지 아니한 것이 곧 내게 하지 아니한 것이니라 하시리니

　그들은 영벌에, 의인들은 영생에 들어가리라 하시니라.

마태복음 24:1-25:46

부록 2
공관복음의 감람산 강화 비교

마태복음 24:1-44	마가복음 13:1-37	누가복음 21:5-36
예수께서 성전에서 나와서 가실 때에 제자들이 성전 건물들을 가리켜 보이려고 나아오니	예수께서 성전에서 나가실 때에 제자 중 하나가	어떤 사람들이 성전을 가리켜
	이르되 "선생님이여 보소서 이 돌들이 어떠하며 이 건물들이 어떠하니이까?"	그 아름다운 돌과 헌물로 꾸민 것을 말하매
대답하여 이르시되 "너희가 이 모든 것을 보지 못하느냐? 내가 진실로 너희에게 이르노니	예수께서 이르시되 "네가 이 큰 건물들을 보느냐?	예수께서 이르시되 "너희 보는 이것들이
돌 하나도 돌 위에 남지 않고 다 무너뜨려지리라"	돌 하나도 돌 위에 남지 않고 다 무너뜨려지리라"	날이 이르면 돌 하나도 돌 위에 남지 않고 다 무너뜨려지리라"

마태복음 24:1-44	마가복음 13:1-37	누가복음 21:5-36
예수께서 감람산 위에 앉으셨을 때에	예수께서 감람산에서 성전을 마주 대하여 앉으셨을 때에	
제자들이	베드로와 야고보와 요한과 안드레가	그들이
조용히 와서 이르되	조용히 묻되	물어 이르되
"우리에게 이르소서 어느 때에 이런 일이 있겠사오며 또 주의 임하심과 세상 끝에는	"우리에게 이르소서 어느 때에 이런 일이 있겠사오며	"선생님이여 그러면 어느 때에 이런 일이 있겠사오며
무슨 징조가 있사오리이까?"	이 모든 일이 이루어지려 할 때에 무슨 징조가 있사오리이까?"	이런 일이 일어나려 할 때에 무슨 징조가 있사오리이까?"
예수께서 대답하여 이르시되	예수께서 이르시되	이르시되
"너희가 사람의 미혹을 받지 않도록 주의하라	"너희가 사람의 미혹을 받지 않도록 주의하라	"미혹을 받지 않도록 주의하라
많은 사람이 내 이름으로 와서 이르되 '나는 그리스도라' 하여 많은 사람을 미혹하리라	많은 사람이 내 이름으로 와서 이르되 '내가 그라' 하여 많은 사람을 미혹하리라	많은 사람이 내 이름으로 와서 이르되 내가 "그라" 하며 때가 가까이 왔다 하겠으나
		그들을 따르지 말라
난리와 난리 소문을 듣겠으나 너희는 삼가 두려워하지 말라 이런 일이 있어야 하되	난리와 난리의 소문을 들을 때에 두려워하지 말라 이런 일이 있어야 하되	난리와 소요의 소문을 들을 때에 두려워하지 말라 이 일이 먼저 있어야 하되
아직 끝은 아니니라	아직 끝은 아니니라	끝은 곧 되지 아니하리라
		또 이르시되

예수의 종말론

마태복음 24:1-44	마가복음 13:1-37	누가복음 21:5-36
민족이 민족을, 나라가 나라를 대적하여 일어나겠고	민족이 민족을, 나라가 나라를 대적하여 일어나겠고	민족이 민족을, 나라가 나라를 대적하여 일어나겠고
곳곳에 기근과 지진이 있으리니	곳곳에 지진이 있으며 기근이 있으리니	곳곳에 큰 지진과 기근과 전염병이 있겠고
이 모든 것은 재난의 시작이니라	이는 재난의 시작이니라	
		또 무서운 일과 하늘로부터 큰 징조들이 있으리라
		이 모든 일 전에
그때에 사람들이 너희를 환난에 넘겨주겠으며 너희를 죽이리니	너희는 스스로 조심하라 사람들이 너희를 공회에 넘겨주겠고	
그때에 많은 사람이 실족하게 되어 서로 잡아 주고 서로 미워하겠으며	너희를 회당에서 매질하겠으며	
	나로 말미암아 너희가 권력자들과 임금들 앞에 서리니	내 이름으로 말미암아 너희에게 손을 대어 박해하며
		회당과 옥에 넘겨주며 임금들과 집권자들 앞에 끌어 가려니와
	이는 그들에게 증거가 되려 함이라	이 일이 도리어 너희에게 증거가 되리라
	또 복음이 먼저 만국에 전 파되어야 할 것이니라	
	사람들이 너희를 끌어다가 넘겨줄 때에 무슨 말을 할까 미리	그러므로 너희는 변명할 것을 미리 궁리하지 않도록 명심하라

마태복음 24:1-44	마가복음 13:1-37	누가복음 21:5-36
	염려하지 말고 무엇이든지 그때에 너희에게 주시는 그 말을 하라	내가 너희의 모든 대적이 능히 대항하거나 변박할 수 없는 구변과 지혜를 너희에게 주리라
	말하는 이는 너희가 아니요 성령이시니라	
	형제가 형제를, 아버지가 자식을 죽는 데에 내주며 자식들이 부모를 대적하여 죽게 하리라	심지어 부모와 형제와 친척과 벗이 너희를 넘겨 주어 너희 중의 몇을 죽이게 하겠고
너희가 내 이름 때문에 모든 민족에게 미움을 받으리라	또 너희가 내 이름으로 말미암아 모든 사람에게 미움을 받을 것이나	또 너희가 내 이름으로 말미암아 모든 사람에게 미움을 받을 것이나
		너희 머리털 하나도 상하지 아니하리라
거짓 선지자가 많이 일어나 많은 사람을 미혹하겠으며 불법이 성하므로 많은 사람의 사랑이 식어지리라		
그러나 끝까지 견디는 자는 구원을 얻으리라	끝까지 견디는 자는 구원을 받으리라	너희의 인내로 너희 영혼을 얻으리라
이 천국 복음이 모든 민족에게 증언되기 위하여 온 세상에 전파되리니		
그제야 끝이 오리라		
그러므로 너희가 선지자 다니엘이 말한 바 멸망의 가증한 것이 거룩한 곳에 선 것을 보거든 (읽는 자는 깨달을진저)	멸망의 가증한 것이 서지 못할 곳에 선 것을 보거든 (읽는 자는 깨달을진저)	너희가 예루살렘이 군대들에게 에워싸이는 것을 보거든 그 멸망이 가까운 줄을 알라

예수의 종말론

마태복음 24:1-44	마가복음 13:1-37	누가복음 21:5-36
그때에 유대에 있는 자들은 산으로 도망할지어다	그때에 유대에 있는 자들은 산으로 도망할지어다	그때에 유대에 있는 자들은 산으로 도망갈 것이며
지붕 위에 있는 자는 집 안에 있는 물건을 가지러 내려가지 말며	지붕 위에 있는 자는 내려가지도 말고 집에 있는 무엇을 가지러 들어가지도 말며	성내에 있는 자들은 나갈 것이며 촌에 있는 자들은 그리로 들어가지 말지어다
밭에 있는 자는 겉옷을 가지러 뒤로 돌이키지 말지어다	밭에 있는 자는 겉옷을 가지러 뒤로 돌이키지 말지어다	
		이날들은 기록된 모든 것을 이루는 징벌의 날이니라
그날에는 아이 밴 자들과 젖 먹이는 자들에게 화가 있으리로다	그날에는 아이 밴 자들과 젖 먹이는 자들에게 화가 있으리로다	그날에는 아이 밴 자들과 젖 먹이는 자들에게 화가 있으리니 이는 땅에 큰 환난과 이 백성에게 진노가 있겠음이로다
너희가 도망하는 일이 겨울에나 안식일에 되지 않도록 기도하라	이 일이 겨울에 일어나지 않도록 기도하라	
이는 그때에 큰 환난이 있겠음이라 창세로부터 지금까지 이런 환난이 없었고 후에도 없으리라	이는 그날들이 환난의 날이 되겠음이라 하나님께서 창조하신 시초부터 지금까지 이런 환난이 없었고 후에도 없으리라	그들이 칼날에 죽임을 당하며 모든 이방에 사로잡혀 가겠고 예루살렘은 이방인의 때가 차기까지 이방인들에게 밟히리라
그날들을 감하지 아니하면 모든 육체가 구원을 얻지 못할 것이나 그러나 택하신 자들을 위하여 그날들을 감하시리라	만일 주께서 그날들을 감하지 아니하셨더라면 모든 육체가 구원을 얻지 못할 것이거늘 자기가 택하신 자들을 위하여 그날들을 감하셨느니라	

부록 2 • 공관복음의 감람산 강화 비교

마태복음 24:1-44	마가복음 13:1-37	누가복음 21:5-36
그때에 사람이 너희에게 말하되 '보라 그리스도가 여기 있다' 혹은 '저기 있다' 하여도 믿지 말라	그때에 어떤 사람이 너희에게 말하되 '보라 그리스도가 여기 있다' '보라 저기 있다' 하여도 믿지 말라	
거짓 그리스도들과 거짓 선지자들이 일어나 큰 표적과 기사를 보여	거짓 그리스도들과 거짓 선지자들이 일어나서 이적과 기사를 행하여	
할 수만 있으면 택하신 자들도 미혹하리라	할 수만 있으면 택하신 자들을 미혹하려 하리라	
보라 내가 너희에게 미리 말하였노라	너희는 삼가라 내가 모든 일을 너희에게 미리 말하였노라	
그러면 사람들이 너희에게 말하되 '보라 그리스도가 광야에 있다' 하여도 나가지 말고 '보라 골방에 있다' 하여도 믿지 말라		
번개가 동편에서 나서 서편까지 번쩍임같이 인자의 임함도 그러하리라		
주검이 있는 곳에는 독수리들이 모일 것이니라		
그날 환난 후에	그때에 그 환난 후	일월 성신에는 징조가 있겠고 땅에서는
즉시 해가 어두워지며 달이 빛을 내지 아니하며	해가 어두워지며 달이 빛을 내지 아니하며	민족들이 바다와 파도의 성난 소리로 인하여 혼란 중에 곤고하리라

예수의 종말론

마태복음 24:1-44	마가복음 13:1-37	누가복음 21:5-36
별들이 하늘에서 떨어지며 하늘의 권능들이 흔들리리라	별들이 하늘에서 떨어지며 하늘에 있는 권능들이 흔들리리라	사람들이 세상에 임할 일을 생각하고 무서워하므로 기절하리니 이는 하늘의 권능들이 흔들리겠음이라
그때에 인자의 징조가 하늘에서 보이겠고 그때에 땅의 모든 족속들이 통곡하며		
그들이 인자가 구름을 타고 능력과 큰 영광으로 오는 것을 보리라	그때에 인자가 구름을 타고 큰 권능과 영광으로 오는 것을 사람들이 보리라	그때에 사람들이 인자가 구름을 타고 능력과 큰 영광으로 오는 것을 보리라
그가 큰 나팔 소리와 함께 천사들을 보내리니 그들이 그의 택하신 자들을 하늘 이 끝에서 저 끝까지 사방에서 모으리라	또 그때에 그가 천사들을 보내어 자기가 택하신 자들을 땅 끝으로부터 하늘 끝까지 사방에서 모으리라	
		이런 일이 되기를 시작하거든 일어나 머리를 들라 너희 속량이 가까웠느니라 하시더라
무화과나무의 비유를 배우라	무화과나무의 비유를 배우라	이에 비유로 이르시되 무화과나무와 모든 나무를 보라
그 가지가 연하여지고 잎사귀를 내면 여름이 가까운 줄을 아나니	그 가지가 연하여지고 잎사귀를 내면 여름이 가까운 줄 아나니	싹이 나면 너희가 보고 여름이 가까운 줄을 자연히 아나니
이와 같이 너희도 이 모든 일을 보거든 인자가 가까이 곧 문 앞에 이른 줄 알라	이와 같이 너희가 이런 일이 일어나는 것을 보거든 인자가 가까이 곧 문 앞에 이른 줄 알라	이와 같이 너희가 이런 일이 일어나는 것을 보거든 하나님의 나라가 가까이 온 줄을 알라

마태복음 24:1-44	마가복음 13:1-37	누가복음 21:5-36
내가 진실로 너희에게 말하노니 이 세대가 지나가기 전에 이 일이 다 일어나리라	내가 진실로 너희에게 말하노니 이 세대가 지나가기 전에 이 일이 다 일어나리라	내가 진실로 너희에게 말하노니 이 세대가 지나가기 전에 모든 일이 다 이루어지리라
천지는 없어질지언정 내 말은 없어지지 아니하리라	천지는 없어지겠으나 내 말은 없어지지 아니하리라	천지는 없어지겠으나 내 말은 없어지지 아니하리라
그러나 그날과 그때는 아무도 모르나니 하늘의 천사들도, 아들도 모르고 오직 아버지만 아시느니라	그러나 그날과 그때는 아무도 모르나니 하늘에 있는 천사들도, 아들도 모르고 아버지만 아시느니라	
노아의 때와 같이 인자의 임함도 그러하리라		
홍수 전에 노아가 방주에 들어가던 날까지 사람들이 먹고 마시고 장가 들고 시집 가고 있으면서		
홍수가 나서 그들을 다 멸하기까지 깨닫지 못하였으니 인자의 임함도 이와 같으리라	주의하라 깨어 있으라 그때가 언제인지 알지 못함이라	너희는 스스로 조심하라 그렇지 않으면 방탕함과 술취함과 생활의 염려로 마음이 둔하여지고 뜻밖에 그날이 덫과 같이 너희에게 임하리라
그때에 두 사람이 밭에 있으매 한 사람은 데려가고 한 사람은 버려둠을 당할 것이요 두 여자가 맷돌질을 하고 있으매 한 사람은 데려가고 한 사람은 버려둠을 당할 것이니라	가령 사람이 집을 떠나 타국으로 갈 때에 그 종들에게 권한을 주어 각각 사무를 맡기며 문지기에게 깨어 있으라 명함과 같으니	

예수의 종말론

마태복음 24:1-44	마가복음 13:1-37	누가복음 21:5-36
그러므로 깨어 있으라 어느 날에 너희 주가 임하는지 너희가 알지 못함이니라 너희도 아는 바니 만일 집주인이 도둑이 어느 시각에 올 줄을 알았더라면 깨어 있어 그 집을 뚫지 못하게 하였으리라	그러므로 깨어 있으라 집주인이 언제 올는지 혹 저물 때일는지, 밤중일는지, 닭 울 때일는지, 새벽일는지 너희가 알지 못함이라	
	그가 홀연히 와서 너희가 자는 것을 보지 않도록 하라	이날은 온 지구상에 거하는 모든 사람에게 임하리라
이러므로 너희도 준비하고 있으라 생각하지 않은 때에 인자가 오리라	깨어 있으라 내가 너희에게 하는 이 말은 모든 사람에게 하는 말이니라 하시니라	이러므로 너희는 장차 올 이 모든 일을 능히 피하고 인자 앞에 서도록 항상 기도하며 깨어 있으라 하시니라

미주

서론

1. Bertrand Russell, *Why I Am Not a Christian: And Other Essays on Religion and Related Subjects*, ed. Paul Edwards(London: Allen & Unwin / New York: Simon & Schuster, 1957), p. 6.
2. 같은 책, p. 6.
3. 같은 책, p. 16.
4. 같은 책.
5. 같은 책, pp. 16-17.
6. Adolf Harnack, *What Is Christianity? Lectures Delivered in the University of Berlin during the Winter-Term 1899-1900*, trans. Thomas Bailey Saunders, 2d ed.(1901; reprint, New York: Harper & Row, 1957).
7. Albert Schweitzer, *The Quest of the Historical Jesus: A Critical Study of Its Progress from Reimarus to Wrede*, trans. W. Montgomery(1910; reprint, New York: Macmillan, 1956).
8. Herman Ridderbos, *The Coming of the Kingdom*, trans. H. de Jongste, ed.

Raymond O. Zorn(Philadelphia: Presbyterian and Reformed, 1962), p. 13. Johannes Weiss, *Die Predigt Jesu vom Reiche Gottes*(1892) 참조; 영문판., *Jesus' Proclamation of the Kingdom of God*, ed. and trans. Richard Hyde Hiers and David Larrimore Holland, Lives of Jesus Series, ed. Leander E. Keck(Philadelphia: Fortress, 1971).

9. C. H. Dodd, *The Parables of the Kingdom*(London: Nisbet, 1935).
10. C. H. Dodd, *The Interpretation of the Fourth Gospel*(London: Cambridge University, 1953), p.7.
11. J. Stuart Russell, *The Parousia: A Critical Inquiry into the New Testament Doctrine of Our Lord's Second Coming*(London: Daldy, Isbister, 1878). New ed.(London: Unwin, 1887). Reprint of new ed.: *The Parousia: A Study of the New Testament Doctrine of Our Lord's Second Coming*(Grand Rapids: Baker, 1983).
12. 같은 책, pp. 539-540.

1장 예수님은 감람산에서 무슨 말씀을 하셨는가?

1. William L. Lane, *The Gospel according to Mark*, New International Commentary on the New Testament(Grand Rapids: Eerdmans, 1974), p. 444.
2. Vincent Taylor, *The Gospel according to St. Mark: The Greek Text with Introduction, Notes, and Indexes*, 2d ed.(1966; reprint, Grand Rapids: Baker, 1981), p. 498.
3. John Calvin, *Commentary on a Harmony of the Evangelists, Matthew, Mark, and Luke*, trans. William Pringle, vol. 3(reprint, Grand Rapids: Baker, 1984), p. 117.
4. J. Stuart Russell, *The Parousia: A Critical Inquiry into the New Testament Doctrine of Our Lord's Second Coming*, new ed.(1887; reprint, Grand Rapids: Baker, 1983), p. 57.
5. 같은 책, p. 58.
6. 같은 책, p. 69. 참조. Flavius Josephus, *The Antiquities of the Jews*, in *The Works of Flavius Josephus*, trans. William Whiston, vol. 4(reprint, Grand Rapids: Baker, 1974), p.133 (20.8.5-6)

7. Calvin, *Commentary on a Harmony*, 3 : 120-121.
8. Russell, *The Parousia*, pp. 69-70.
9. W. F. Albright and C. S. Mann, *Matthew: Introduction, Translation, and Notes*, Anchor Bible, ed. W. F. Albright and David Noel Freedman(Garden City: Doubleday, 1971), p. 292
10. Lane, *The Gospel according to Mark*, p. 458.
11. Russell, *The Parousia*, pp.70-71.
12. 같은 책, p. 71.
13. 같은 책, pp. 72-73.
14. 같은 책, p. 73. 참조. Josephus, *Antiquities of the Jews*, p. 20 (18.5.3).
15. Albright and Mann, *Matthew*, p. 295.
16. Calvin, *Commentary on a Harmony*, 3:131-132.
17. Russell, *The Parousia*, pp.75-76. Flavius Josephus, *The Wars of the Jews*, in *The Works of Flavius Josephus*, trans. William Whiston, vol. 1(reprint, Grand Rapids: Baker, 1974), p. 453(6.5.2).
18. Russell, *The Parousia*, p. 77. John Peter Lange, *The Gospel according to Matthew*, trans. Philip Schaff, *Commentary on the Holy Scriptures*, ed. John Peter Lange(1866; reprint, Grand Rapids: Zondervan 1960), p. 428; George Campbell, *The Four Gospels Translated from the Greek: With Preliminary Dissertations, and Notes Critical and Explanatory*(Philadelphia: Bartram, 1799); and Mosses Stuart[러셀은 이를 일일이 열거하지 않음].
19. Calvin, *Commentary on a Harmony*, 3:146.
20. A. W. Argyle, *The Gospel according to Matthew*, Cambridge Bible Commentary, ed. P. R. Ackroyd, A. R. C. Leaney, and J. W. Packer(Cambridge: Cambridge University, 1963), p. 185.
21. Russell, *The Parousia*, p. 79.
22. 같은 책, p. 80.
23. 같은 책, p. 80.
24. Calvin, *Commentary on a Harmony*, 3:146.
25. Russell, *The Parousia*, pp. 81-82.

26. 같은 책, p. 147.
27. 같은 책, pp. 83-84.
28. Gary DeMar, *Last Days Madness: The Folly of Trying to Predict When Christ Will Return*(Brentwood, Tenn.: Wolgemuth & Hyatt, 1991), p. 122.

2장 말세의 징조를 알리는 '이 세대'는 무엇인가?

1. David Hill, *The Gospel of Matthew*, New Century Bible Commentary, ed. Ronald E. Clements and Matthew Black(London: Marshall, Morgan & Scott/Grand Rapids: Eerdmans, 1972), p. 323.
2. William L. Lane, *The Gospel according to Mark*, New International Commentary on the New Testament(Grand Rapids: Eerdmans, 1974), p. 314. 참조. J. Schierse, "Historische Kritik und theologische Exegese der synoptischen Evangelien erlautert an Mk. 9:1," Scholastik 29(1959): 520-536.
3. J. Stuart Russell, *The Parousia: A Critical Inquiry into the New Testament Doctrine of Our Lord's Second Coming*, new ed.(1887; reprint, Grand Rapids: Baker, 1983), pp. 29-30.
4. 같은 책, pp. 26-27.
5. 같은 책, pp. 84-85.
6. Gary DeMar, *Last Days Madness: The Folly of Trying to Predict When Christ Will Return*(Brentwood, Tenn.: Wolgemuth & Hyatt, 1991), p. 32.
7. Herman Ridderbos, *The Coming of the Kingdom*, trans. H. de Jongste, ed. Raymond O. Zorn(Philadelphia. Presbyterian and Reformed, 1962), pp. 501-502.
8. DeMar, *Last Days Madness*, pp. 33-34. 두 번째 단락은 A. J. Mattill Jr., *Luke and the Last Things. A Perspective for the Understanding of Lukan Thought*(Dillsboro, N. C.: Western North Carolina, 1979), p. 100에서 인용.
9. DeMar, *Last Days Madness*, p. 34. David Chilton, *The Great Tribulation*(Fort Worth: Dominion, 1987), p. 3.
10. Russell, *The Parousia*, p. 85.
11. 같은 책, pp. 85-87. John Peter Lange, *The Gospel according to Matthew*, trans. Philip Schaff, *Commentary on the Holy Scriptures*, ed. John Peter Lange(1866;

reprint, Grand Rapids: Zondervan, 1960), p. 208; Rudolf Stier, *The Words of the Lord Jesus*, vol. 1, *Our Lord's First Words, and the Gospels of Matthew, Mark, and Luke Specially*, trans. William B. Pope, rev. James Strong and Henry B. Smith(New York : Tibbals, 1864), p. 207.

12. Russell, *The Parousia*, p. 87.
13. Friedrich Büchsel, *"Genea,"* Theological Dictionary of the New Testament, ed. Gerhard Kittel, trans. and ed. Geoffrey W. Bromiley, vol. 1(Grand Rapid: Eerdmans, 1964), p. 663.
14. 같은 책.
15. Lane, *The Gospel according to Mark*, p. 480.
16. Ridderbos, *The Coming of the Kingdom*, p. 499. 참조. Seakle Greijdanus, *Het heilig Evangelie naar de beschrijving van Lucas*, 2 vols., Kommentaar op het Nieuwe Testament, ed. Seakle Greijdanus, F. W. Grosheide, and J. A. C. van Leeuwen(Amsterdam: Van Bottenburg, 1940-1941), 2:1004.
17. Ridderbos, *The Coming of the Kingdom*, p. 500.
18. Russell, *The Parousia*, pp. 54-56.

3장 끝나게 될 '세대'란 무엇을 가리키는가?

1. J. Stuart Russell, *The Parousia: A Critical Inquiry into the New Testament Doctrine of Our Lord's Second Coming*, new ed.(1887; reprint, Grand Rapids: Baker, 1983), p. 23.
2. Hobart E. Freeman, *An Introduction to the Old Testament Prophets*(Chicago: Moody, 1968), pp. 145-146.
3. 같은 책, p. 146.
4. Bruce Vawter, *The Conscience of Israel: Pre-exilic Prophets and Prophecy*(New York: Sheed & Ward, 1961), pp. 94-95.
5. Russell, *The Parousia*, p. 4.
6. I. Howard Marshall, *The Gospel of Luke: A Commentary on the Greek Text*, New International Greek Testament Commentary(Grand Rapids: Eerdmans, 1978), p. 717, 719.

7. Russell, *The Parousia*, p. 39.
8. Augustus Neander, *The Life of Jesus Christ in Its Historical Connexion and Historical Development*, 3d ed., trans. John McClintock and Charles E. Blumenthal(New York: Harper, 1849), p. 349. Russsssell, *The Parousia*, p. 41에서 인용.
9. Gary DeMar, *Last Days Madness: The Folly of Trying to Predict When Christ Will Return*(Brentwood, Tenn.: Wolgemuth & Hyatt, 1991), pp. 21-23.
10. Russell, *The Parousia*, pp. 197-198. "때로 이같이 말하기도 한다"고 시작되는 문장의 각주에서 러셀은 다음 두 가지 출처를 인용한다. (1) John Peter Lange, *The Gospel according to Matthew*, trans. Philip Schaff, *Commentary on the Holy Scriptures*, ed. John Peter Lange(1866; reprint. Grand Rapids: Zondervan, 1960), p. 422; 그리고 (2) Henry Alford, *The Greek Testament: With a Critically Revised Text, a Digest of Various Readings, Marginal References to verbal and Idoiomatic Usage, Prolegomena, and a Critical and Exegetical Commentary*, 4th ed., 4 vols(London: Rivingtons, 1859-1861), 2:556.

4장 바울은 말세에 대해 무슨 말을 했는가?

1. J. Stuart Russell, *The Parousia: A Critical Inquiry into the New Testament Doctrine of Our Lord's Second Coming*, new ed.(1887; reprint, Grand Rapids: Baker, 1983), p. 161.
2. John Calvin, *The Epistles of Paul the Apostle to the Romans and to the Thessalonians*, trans. Ross Mackenzie, ed. David W. Torrance and Thomas F. Torrance(Grand Rapids: Eerdmans, 1961), p. 349.
3. Jonathan Edwards, *When the Wicked Shall Have Filled Up the Measure of Their Sin, Wrath Will Come Upon Them to the Uttermost*, in *The Works of Jonathan Edwards*, ed. Edward Hickman, 2 vols.(1834; reprint, Edinburgh: Banner of Truth, 1974), 2:122.
4. Russell, *The Parousia*, p. 163.
5. 같은 책, p. 192.
6. 같은 책, p. 198.
7. Charles Hodge, *Commentary on the Epistle to the Romans*(1886; reprint, Grand

Rapids: Eerdmans, 1950), pp. 410, 412.

8. C. K. Barrett, *A Commentary on the Epistle to the Romans*, Harper's New Testament Commentaries, ed. Henry Chadwick(New York: Harper & Brothers, 1957), pp. 252-253.

9. Russell, *The Parousia*, pp. 238-239.

10. C. Leslie Mitton, *Ephesians*, New Century Bible Commentary, ed. Ronald E. Clements and Matthew Black(London: Marshall, Morgan & Scott/Grand Rapids: Eerdmans, 1973), p. 55.

11. Russell, The Parousia, p. 244. W. J. Conybeare and J. S. Howson, *The Life and Epistles of St. Paul*, new ed.(1892; reprint, Grand Rapids: Eerdmans, 1953), p. 708.

12. Russell, *The Parousia*, p. 250.

13. 같은 책, p. 254.

14. Simon J. Kistemaker, *Exposition of the Epistle to the Hebrews*, New Testament Commentary(Grand Rapids: Baker, 1984), p. 265.

15. Philip Edgcumbe Hughes, *A Commentary on the Epistle to the Hebrews*(Grand Rapids: Eerdmans, 1977), p. 385.

16. 같은 책, p. 416.

17. 같은 책, pp. 416-417. F. F. Bruce, *The Epistle to the Hebrews: The English Text with Introduction, Exposition and Notes*, New International Commentary on the New Testament, ed. F. F. Bruce(Grand Rapids: Eerdmans, 1964), p. 256.

18. Russell, *The Parousia*, p. 273.

5장 예루살렘의 멸망은 무엇을 말하는가?

1. Franz Delitzsch, *Biblical Commentary on the Prophecies of Isaiah*, trans. James Martin, 3d ed., vol. 1(1877; reprint, Grand Rapids: Eerdmans, 1965), p. 189.

2. Edward J. Young, *An Introduction to the Old Testament*, rev. ed.(Grand Rapids: Eerdmans, 1960), p. 394를 참조하라.

3. James L. Price, *Interpreting the New Testament*(New York: Holt, Rinehart and Winston, 1961), p. 52.

4. Flavius Josephus, *The Wars of the Jews*, in *The Works of Flavius Josephus*, trans. William Whiston, 4 vols.(reprint, Grand Rapids: Baker, 1974), 1:1-521; *The Antiquities of the Jews*, in *The Works*, 2.59-4.149; *The Life of Flavius Josephus*, in *The Works*, 2:3-58; 그리고 *Against Apion*, in *The Works*, 4.151-238.

5. Price, *Interpreting the New Testament*, p. 53.

6. Josephus, *The Wars of the Jews*, 1:5(앞의 책 4. 참조).

7. 같은 책, 1:244(3.7.19).

8. 같은 책, 1:257-258(3.8.3).

9. 같은 책, 1:321(4.7.3).

10. 같은 책, 1:382-83(5.6.3).

11. J. Stuart Russell, *The Parousia: A Critical Inquiry into the New Testament Doctrine of Our Lord's Second Coming*, new ed.(1887; reprint, Grand Rapids: Baker, 1983), 1:482.

12. Josephus, *The Wars of the Jews*, 1:400(5.9.4).

13. 같은 책, 1:451(6.5.1).

14. 같은 책, 1:453-454(6.5.3).

15. Tacitus, *The Histories*, trans. Clifford H. Moore, 2 vols., Loeb Classical Library(London: Heinemann/Cambridge: Harvard University, 1931), 1:5-7(1.2-3). Kenneth L. Gentry Jr., *The Beast of Revelation*(Tyler, Tex.: Institute for Christian Economics, 1989), p. 72에서 인용.

16. Gary DeMar, *Last Days Madness: The Folly of Trying to Predict When Christ Will Return*(Brentwood, Tenn.: Wolgemuth & Hyatt, 1991), p. 48. Nigel Calder, *The Comet is Coming! The Feverish Legacy of Mr. Halley*(New York: Viking, 1980), pp. 12, 13에서 인용. Tacitus, *The Annals of Imperial Rome*, ed. and trans. Michael Grant, rev. ed.(London and New York: Penguin, 1971), p. 324. (14.22); Suetonius, *The Twelve Caesars*, trans. Robert Graves rev. ed., revised by Michael Grant(London and New York: penguin, 1979), p. 234(6.36).

17. Josephus, *The Wars of the Jews*, 1:454(6.5.3).

18. 같은 책, 1:455(6.5.3).

19. 같은 책, 1:469(6.9.2).

6장 요한은 계시록에서 말세에 대해 무슨 말을 했는가?

1. J. Stuart Russell, *The Parousia: A Critical Inquiry into the New Testament Doctrine of Our Lord's Second Coming*, new ed.(1887; reprint, Grand Rapids: Baker, 1983), p. 366.
2. 같은 책.
3. 같은 책, p. 367.
4. George Eldon Ladd, *A Commentary on the Revelation of John*(Grand Rapids: Eerdmans, 1972), p.22.
5. G. R. Beasley-Murray, ed., *The Book of Revelation*, New Century Bible Commentary, ed. Ronald E. Clements and Matthew Black(London: Marshall, Morgan, and Scott, 1974), pp. 52-53. Ernst Lohmeyer, *Die Offenbarung des Johannes*, Handbuch zum Neuen Testament, 2d ed.(Tübingen: Mohr, 1953), p. 8; and Arethas, *Echēgēseōn eis tēn Apokalupsin*, in *Catenae Graecorum patrum in Novum Testamentum*, ed. John Anthony Cramer, 8 vols.(1840; reprint, Hildesheim: Olms, 1967).
6. Robert H. Mounce, *The Book of Revelation*, New International Commentary on the New Testament, ed. F. F. Bruce(Grand Rapids: Eerdmans, 1977), pp. 64-65. 또한 G. B. Caird, *A Commentary on the Revelation of St. John the Divine*, Harper's New Testament Commentaries, ed. Henry Chadwick(New York: Harper & Row, 1966), p. 12를 참조하라.
7. Russell, *The Parousia*, p. 367.
8. Kenneth L. Gentry Jr., *Before Jerusalem Fell: Dating the Book of Revelation: An Exegetical and Historical Argument for a Pre-A.D. 70 Composition*(Tyler, Tex.: Institute for Christian Economics, 1989), p. 133.
9. 같은 책, p. 138. Walter Bauer, William F. Arndt, and F. Wilbur Gingrich, *A Greek-English Lexicon of the New Testament and Other Early Christian Literature*, 4th ed.(Chicago: University of Chicago, 1957), p. 814.
10. Joseph Henry Thayer, *A Greek-English Lexicon of the New Testament*, 4th ed.(1901; reprint, Grand Rapids: Baker, 1991), p. 616; G. Abbott-Smith, *A Manual Greek Lexicon of the New Testament*, 3d ed.(Edinburgh: T. & T. Clark,

1937), p. 441; F. J. A. Hort, *The Apocalypse of St. John 1-3: The Greek Text with Introduction, Commentary, and Additional Notes*(London: Macmillan, 1908), p. 6.; Kurt Aland, *A History of Christianity*, vol. 1, *From the Beginnings to the Threshold of the Reformation*, trans. James L. Schaaf(Philadelphia: Fortress, 1985), p. 88.

11. Gentry, *Before Jerusalem Fell*, p. 141. 젠트리는 다음의 네 가지 저서들을 언급한다. Henry Barclay Swete, *The Apocalypse of St. John: The Greek Text with Introduction, Notes and Indices*, 3d ed.(1922; reprint, Grand Rapids: Kregel, 1977); Albert Barnes, *Notes on the Book of Revelation*, in Albert Barnes, *Notes on the New Testament*(1884-1885; reprint, Grand Rapids: Baker, 1996); Robert H. Mounce, *The Book of Revelation*, New International Commentary on the New Testament, ed. F. F. Bruce(Grand Rapids: Eerdmans, 1977), pp. 64-65; 그리고 John F. Walvoord, *The Revelation of Jesus Christ*(Chicago: Moody, 1966), pp. 35, 37.

12. Gentry, *Before Jerusalem Fell*, pp. 141-142. Thayer, *A Greek-English Lexicon, of the New Testament*, p. 396; Abbott-Smith, *A Manual Greek Lexicon*, p. 282.

13. Gentry, *Before Jerusalem Fell*, p. 6.

14. 같은 책.

15. 같은 책, p. 27. Arthur S. Peake, *The Revelation of John*, Hartley Lectures(London: Joseph Johnson, 1919), p. 77에서 인용.

16. Gentry, *Before Jerusalem Fell*, pp. 30-38.

17. Irenaeus, *Against Heresies*, in *The Ante-Nicene Fathers: Translations of the Writings of the Fathers down to A.D. 325*, ed. Alexander Roberts and James Donaldson, 10 vols.(reprint, Grand Rapids: Eerdmans, 1975), 1:559-560(5.30.3) Gentry, *Before Jerusalem Fell*, pp. 46-47 인용.

18. F. H. Chase, "The Date of the Apocalypse: The Evidence of Irenaeus," *Journal of Theological Studies* 8(1907): 431-432. Gentry, *Before Jerusalem Fell*, pp. 50-51에서 인용.

19. Jacobus Wettstein, *Novum Testamentum Graecum*, 2 vols.(1751-1752; reprint, Graz, Austria: Akademische, 1962), 2:746; James M. Macdonald, *The Life and*

Writings of St. John, ed. J. S. Howson(London: Hodder & Stoughton/New York: Scribner, Armstrong, 1877), pp. 151-172.
20. Clement of Alexandria, The Rich Man's Salvation, in Clement of Alexandria, trans. G. W. Butterworth, Loeb Classical Library(London: Heinemann/New York: Putnam's, 1919), p. 357 (par. 42). Gentry, Before Jerusalem Fell, p. 68에서 인용.
21. Philostratus, The Life of Apollonius of Tyana, 4.38. Gentry, Before Jerusalem Fell, p. 70에서 인용함. 또한 Philostratus, The Life of Apollonius of Tyana, the Epistles of Apollonius and the Treatise of Eusebius, ed. J. S. Phillimore, 2 vols. (Oxford: Oxford, 1912), 1:437-439를 참조하라.
22. Clement of Alexandria, The Stromata, or Miscellanies, in The Ante-Nicene Fathers: Translations of the Writings of the Fathers down to A.D. 325, ed. Alexander Roberts and James Donaldson, 10 vols.(reprint, Grand Rapids: Eerdmans, 1975), 2:554-555(7.17). Gentry, Before Jerusalem Fell, p. 84에서 인용함.
23. Gentry, Before Jerusalem Fell, p. 109.
24. Charles C. Torrey, The Apocalypse of John(New Haven: Yale, 1958), p. 61. Gentry, Before Jerusalem Fell, p. 151에서 인용함.
25. Bernhard Weiss, A Manual of Introduction to the New Testament, trans. A. J. K. Davidson, 2 vols., Foreign Biblical Library, ed. W. Robertson Nicoll(New York: Funk & Wagnalls, 1889), 2:82. Gentry, Before Jerusalem Fell, p. 166에서 인용함.
26. Donald Guthrie, New Testament Introduction, 4th ed.(Leicester: Apollos/ Downers Grove, Ill.:InterVarsity, 1990), p. 961; Mounce, The Book of Revelation, p. 35.
27. Gentry, Before Jerusalem Fell, p. 336.

7장 부활은 언제 이루어지는가?

1. Kenneth L. Gentry Jr., "A Brief Theological Analysis of Hyper-Preterism," Chalcedon Report, no. 384(July 1997): 22-24; Edward E. Stevens, Stevens' Response to Gentry: A Detailed Response to Dr. Kenneth L. Gentry Jr.'s··· "A Brief Theological Analysis of Hyper-Preterism"(Bradford, Penn.: Kingdom, 1997).

2. Gentry, "A Brief Theological Analysis," pp. 22-23.
3. Stevens, *Stevens' Response to Gentry*, p. 2.
4. Gentry, "A Brief Theological Analysis," p. 23.
5. Stevens, *Stevens' Response to Gentry*, p. 9.
6. 같은 책, p. 12.
7. 같은 책, p. 1. Gentry, "*A Brief Theological Analysis,*" p. 22. 인용.
8. J. Stuart Russell, *The Parousia: A Critical Inquiry into the New Testament Doctrine of Our Lord's Second Coming*, new ed.(1887; reprint, Grand Rapids: Baker, 1983), p. 208.
9. 같은 책, p. 210.
10. Max R. King, *The Cross and the Parousia of Christ: The Two Dimensions of One Age-Changing Eschaton*(Warren, Ohio: Writing and Research Ministry, 1987), p. 410.
11. 같은 책, p. 417.
12. Stevens, *Stevens' Response to Gentry*, p. 28.
13. Murray J. Harris, *Raised Immortal: Resurrection and Immortality in the New Testament*(London: Marshall Morgan & Scott, 1983/Grand Rapids: Eerdmans, 1985); and Harris, *From Grave to Glory: Resurrection in the New Testament: Including a Response to Norman L. Geisler*(Grand Rapids: Zondervan, 1990).
14. Russell, *The Parousia*, p. 168.
15. King, *The Cross and the Parousia of Christ*, p. 641.
16. David Chilton, *Paradise Restored: A Biblical Theology of Dominion*(Fort Worth: Dominion, 1985), p. 143.

8장 적그리스도는 누구인가?

1. Alexander Ross, *The Epistles of James and John*, New International Commentary on the New Testament, ed. Ned B. Stonehouse(Grand Rapids: Eerdmans, 1954), p. 168.
2. David Chilton, *Paradise Restored: A Biblical Theology of Dominion*(Fort Worth: Dominion, 1985), p. 111.

3. G. C. Berkouwer, *The Return of Christ*, trans. James Van Oosterom, Studies in Dogmatics(Grand Rapids: Eerdmans, 1972), p. 265. 또한 Herman Bavinck, *Gereformeerde Dogmatiek*, 4th ed., 4 vols.(Kampen: Kok, 1928-1930), 4:659을 참조하라. 영어 번역은 Bavinck, *The Last Things: Hope for This World and the Next*, ed. John Bolt, trans. John Vriend(Grand Rapids: Baker, 1996), pp. 113-114를 참조하라.

4. Ross, *The Epistles of James and John*, p. 169 (n. 2).

5. John Calvin, *The Epistles of Paul the Apostle to the Romans and to the Thessalonians*, trans. Ross Mackenzie, ed. David W. Torrance and Thomas F. Torrance(Grand Rapids: Eerdmans, 1961), p. 402.

6. Benjamin Breckinridge Warfield, "The Prophecies of St. Paul," in Warfield, *Biblical Doctrines*(1929; reprint, Grand Rapids: Baker, 1981), pp. 609-610. Warfield, *Biblical and Theological Studies*, ed. Samuel G. Craig(Philadelphia: Presbyterian and Reformed, 1952), p. 472. Gary DeMar, *Last Days Madness: The Folly of Trying to Predict When Christ Will Return*(Brentwood, Tenn.: Wolgenmuth & Hyatt, 1991), p. 159에서 인용함.

7. Warfield, "The Prophecies of St. Paul"(1929), p. 612; (1952), p. 474. Gary DeMar, *Last Days Madness*, pp. 159-160에서 인용함.

8. J. B. Lightfoot, *Notes on Epistles of St. Paul: 1-2 Thessalonians, 1 Corinthians 1-7, Romans 1-7, Ephesians 1:1-14*, ed. J. R. Harmer(1895; reprint, Grand Rapids: Baker, 1980), p.111.

9. Berkouwer, *The Return of Christ*, p. 279.

10. Kenneth L. Gentry Jr., *Before Jerusalem Fell: Dating the Book of Revelation: An Exegetical and Historical Argument for a Pre-A. D. 70 Composition*(Tyler, Tex.: Institute for Christian Economics, 1989).

11. Kenneth L. Gentry Jr., *The Beast of Revelation*(Tyler, Tex.: Institute for Christian Economics, 1989).

12. Gentry, *The Beast of Revelation*, p. 10.

13. 같은 책, p. 14.

14. Suetonius, *Suetonius: The Lives of the Caesars*, trans. J. C. Rolfe, 2 vols.,

Loeb Classical Library(Cambridge and London: Harvard University, 1914), 2:133(6.29). Gentry, *The Beast of Revelation*, p. 17에서 인용함.

15. Tacitus, *The Histories*, trans. Clifford H. Moore, 2 vols., Loeb Classical Library (London: Heinemann/Cambridge: Harvard University, 1931), 2:17, 15(4.8,7); Pliny, *Natural History*, trans. Harris Rackham and W. H. S. Jones, 10 vols., Loeb Classical Library(London: Heineman/Cambridge: Harvard University, 1938-1963), 2:537(7.8.46), 6:359(22.46.92); Juvenal, *Satires*, in *Juvenal and Persius*, trans. G. G. Ramsay, rev. ed., Loeb Classical Library(Cambridge and London: Harvard University, 1940), p. 177(8.223); Philostratus, *The Life of Apollonius of Tyana*, 4.38. Gentry, *The Beast of Revelation*, p. 42에서 인용함. Philostratus, *The Life of Apollonius of Tyana*, the Epistles of Apollonius and the Treatise of Eusebius, ed. J. S. Phillimore, 2 vols.(Oxford: Oxford University, 1912), 1:437-439를 참조하라.

16. Gentry, *The Beast of Revelation*, p. 31.

17. 같은 책, p. 34. Marcus Jastrow, ed., *A Dictionary of the Targumim, the Talmud Babli and Yerushalmi, and the Midrashic Literature*, 2 vols.(1903; reprint, New York: Pardes, 1950), 2:909.

18. Bruce M. Metzger, *A Textual Commentary on the Greek New Testament*, corrected ed.(Stuttgart: United Bible Societies, 1975), p. 750. Gentry, *The Beast of Revelation*, p. 35에서 인용함.

19. Gentry, *The Beast of Revelation*, pp. 64-65.

9장 천년왕국은 언제 실현되는가?

1. Anthony A. Hoekema, *The Bible and the Future*(Grand Rapids: Eerdmans, 1979), p. 174. Kenneth L. Gentry Jr., *He Shall Have Dominion: A Postmillennial Eschatology*(Tyler, Tex.: Institute for Christian Economics, 1992), p. 56에서 인용함.

2. Gentry, *He Shall Have Dominion*, pp. 57-58.

3. Charles Caldwell Ryrie, *The Basis of the Premillennial Faith*(New York: Loizeaux, 1953), p. 12.

4. Gentry, *He Shall Have Dominion*, 60-61.
5. George Eldon Ladd, *A Theology of the New Testament*(Grand Rapids: Eerdmans, 1974); "Historic Premillennialism," in Robert G. Clouse, ed., *The Meaning of the Millennium: Four Views*(Downers Grove, Ill.: InterVarsity, 1977); and *The Blessed Hope*(Grand Rapids: Eerdmans, 1956).
6. Ladd, *The Blessed Hope*, p. 162.
7. 같은 책, pp. 163-164.
8. Gentry, *He Shall Have Dominion*, p. 63.
9. Greg L. Bahnsen, "The Prima Facie Acceptability of Postmillennialism," *Journal of Christian Reconstruction* 3(Winter 1976-1977): 66. Gentry, *He Shall Have Dominion*, p. 71에서 인용.
10. Bahnsen, "The Prima Facie Acceptability of Postmillennialism," p. 71. Gentry, *He Shall Have Dominion*, p. 71에서 인용.
11. Gentry, *He Shall Have Dominion*, p. 72. "Banner of Truth circles"과 관련된 각주에서 젠트리는 이같이 쓰고 있다. "이 그룹과 제휴하고 있는 칼뱅주의자들은 식민지 시대 미국 청교도들의 신법적 후천년설(the theonomic postmillennialism)보다는 에드워즈의 부흥운동적인 후천년설과 의도적으로 같은 입장을 취한다."